우리말로 한자를 찾는 사전

우리말 한자사전

한글을 알면
한자를 안다

초판 1쇄 인쇄 | 2023년 8월 11일
초판 1쇄 발행 | 2023년 8월 15일

지 은 이 | 박병탁
발 행 인 | 김희경
발 행 처 | 느티나무 풍경
기 획 편 집 | 윤동일
디 자 인 | 서홍식
인   쇄 | (주)소문사

주   소 | 서울시 양천구 오목로 79 4층 (신월동)
전   화 | 031-555-6405
팩   스 | 031-567-6405
출 판 등 록 | 제 2023-000002호

I S B N | 979-11-983347-1-8
가   격 | 30,000원

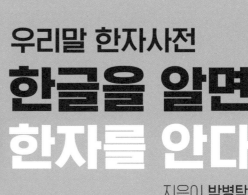

우리말 한자사전

한글을 알면
한자를 안다

지은이 **박병탁**

느티나무 풍경

우리말로 한자를 찾는 사전

지은이 박병탁

무안(務安) 박가이고 경북 봉화 출생이다. 영천이씨의 외손이며 진성이씨 가문으로 출입하였다.

1979년 경찰 공채 54기 출신으로 현재 일반행정사를 하고 있다.

어릴 때 어머니의 영향으로 한학에 심취하여 한시를 평생 즐기게 되었다.

한자는 익히기 전에는 글자의 모양과 뜻이 너무 복잡하고 다양하여 접근하기에 어려운 학문이다. 그러던 어느 날 마법 천자(千字)에 빠진 여섯 살 손주가 "마귀 마(魔), 귀신 귀(鬼)를 써 봐"라는 말을 하는 것을 듣고 한자도 놀이처럼 쉽게 배울 수 있지 않을까 하는 아이디어를 생각하게 되었다. 한자는 놀이처럼 재미있게 공부해야 지치지 않고 정진할 수 있으며, 그 원리도 쉽게 깨우칠 수 있을 것 같다는 생각이 들었다. 아울러 놀이처럼 한자학습을 하다 보면 어린이들의 정서함양에도 큰 도움이 될 것이라는 생각이 들었다. 중앙대 신문방송학과 출신 아들도 아버지의 한자 연구에 대한 응원의 메시지를 보내기도 하였다. 그리하여 지은이는 한자가 가진 마술 같은 힘을 믿고 혼자서 연구를 시작하게 되었다. 구체적으로는 아이들이 하는 놀이처럼 한자학습을 할 수 있도록 직접 교재를 만들 생각을 품게 되었다.

우리 언어가 가진 특성을 한자와 연계하면 효과적이면서도 쉽게 학습을 할 수 있다. 예를 들어

우리말로 한자를 찾는 사전

외워야 할 대상이 '집'이라고 가정하면, 다양한 집의 종류를 알아서 구체적으로 익힌다면 큰 도움이 되겠으나 실제로 집에 대한 한자 정보를 찾는 데는 현실적인 어려움이 많다. 그에 대한 방편으로서 우리말로 한자를 찾으면 훨씬 수고스러움을 덜 수 있다. 첫째, 인터넷 검색으로 '집'을 확인해 보면 집의 종류가 뜬다. '집'에 대한 한자 정보가 얼마나 다양한지 알 수 있다. 살펴보자.

집

집(堂) 당 : (숭상할 尚 흙 土)
집(宇) 우 : (집 宀 어조사 于)
집(宙) 주 : (말미암을 由 집 宀)
집(室) 실 : (이를 至 집 宀)
집(宅) 택 : (부탁할 乇 집 宀)
집(家) 가 : (돼지 豕 집 宀)
집(宮) 궁 : (등골 呂 집 宀)
집(宸) 신 : (용 辰 집 宀)
집(屋) 옥 : (이를 至 주검 尸)
집(院) 원 : (완전할 完 언덕 阝)
집(邸) 저 : (낮을 氐 고을 阝)
집(戶) 호 : (주검 尸 점 丶)
집(房) 방 : (모 方 집 戶)
집(广) 엄 : (머리 亠 삐침 丿)
집(館) 관 : (밥 食 벼슬 官)
집(舍) 사 : (사람 人 혀 舌)
집(巢) 소 : (꿩 巛 나무 木)
집(閣) 각 : (각각 各 문 門)
집(宀) 면 : (덮을 冖 점 丶)
집(軒) 헌 : (수레 車 방패 干)
집(闕) 궐 : (상기할 欮 문 門)
집(殿) 전 : (펼 展 창 殳)

정말 많다. 조금씩 의미도 다르다. 집과 관련된 많은 한자 중에 어떤 글자를 선택해야 할지 고르기가 쉽지 않다. 그런 점에서 이 책을 통해서 우리말로 한자를 찾을 수 있어 학습자에게 도움이 된다고 하겠다.

그리고 둘째, 한글이 가진 발음 그대로 단어를 찾으면 유사한 발음을 가지게 된 한자가

드러난다. 예를 들어 '길'이라고 하면, 우선 도로의 의미를 지닌 '길'이 있다. 또 좋은 일(길하다)이라는 의미의 '길'도 있고, 길들여진다는 '길'도 있다. 또한 길다는 의미의 '길'도 역시 같은 발음으로 찾을 수 있다. 이외에도 길쌈도 같은 발음을 가진 한자로 분류할 수가 있다. 한글로 '길'을 발음으로 하는 단어를 찾으면 그와 연관된 다양한 한자를 학습할 수 있는 길이 열린다. 이 책을 우리말로 한자를 찾을 수 있는 사전으로 활용하여, 많은 이들이 우리말과 한자를 쉽고 재미있게 학습하고 실생활에서 유용하게 사용할 수 있게 되기를 바란다.

한자의 유래 (漢字構成原理)

한자는 우리나라와 중국 일본, 인도 등의 고유한 언어문화이다. 한자를 조선의 백성들이 정확하게 발음하기 위한 방안으로 만든 것이 바로 한글, 훈민정음(訓民正音)이다. 훈민정음이란, 백성에게 한자의 음(音), 즉 바른 발음, 바른 소리를 가르친다는 뜻이다. 한글은 한자가 기본바탕이 되어 소리(韻)를 나열한 소리 문자다.

운(韻)은 한자의 음절에서 성모(聲母)를 제외한 부분이다. 한자는 소리글자라고 할 수 있다. 한자에 음운학(音韻學)이 필요한 이유다. 한자에서 음운학은 한자의 음운, 사성(四聲), 반절 따위에 관하여 연구하는 학문. 언어학의 한 분야이다. 추상적이고 심리적인 말소리인 음운을 대상으로 음운 체계를 밝히고, 역사적 변천을 연구하는 학문. 언어학의 한 분야이다.

우리 민족에게도 익숙한 책인 동국정운(東國正韻)이 대표적이다. 조선 세종 30년, 1448년에 신숙주, 최항, 성삼문, 박팽년, 이개 등의 집현전 학자들이 세종의 명에 따라 편찬한 운서(韻書)다. 중국의 운서인 〈홍무정운〉 등을 참고하여 우리나라의 한자음을 새로운 체계로 정리한 최초의 음운 서로, 〈훈민정음〉의 창제 원리 및 배경 연구에 매우 귀중한 자료이다.

 한자는 세계 유일의 뜻글자다. 또한, 앞서 설명한 바와 같이 소리글자다. 한자는 위대한 글자다. 천년의 세월이 지나도 의미를 그대로 전달할 수 있는 문자이기도 하다. 그리하여 한자와 한글은 우리 언어문자 문화에 깊이 자리 잡았다. 한자의 구성은, 부수(部首)라고 부르는 의미를 나타내는 의미부(意味部)와 소리를 나타내는 성부(聲部)로 구성되어있는 것으로도 증명된다.

한자는 획수(劃數)와 부수(部首)로 구성된다. 기본 한(一) 획으로 한 글자가 구성될 수 있고, 구성된 글자가 결합하여 다른 뜻의 글자가 만들어지기도 한다. 예로서 사람의 몸이라는 뜻의 글자를 알아보고, 돼지를 알아본다.

몸(己) 기 : (이미 已 뱀 巳)
몸(身) 신 : (스스로 自 눈 目 귀 耳 삐침 丿)
몸(躬) 궁 : (활 弓 몸 身)
몸(體) 체 : (풍년 豊 뼈 骨)
몸(軀) 구 : (나눌 區 몸 身)
돼지(亥) 해 : (돼지 亠 다할 ㅂ 사람 人)
돼지(豕) 시 : (더위 잡을 ㄕ 하나 一)
돼지(豚) 돈 : (돼지 豕 살 月)
돼지(猪) 저 : (개 犭 놈 者)
돼지(逐) 축 : (갈 辶 돼지 豕)

이러한 이유로 우리는 한글을 알게 되면 한자는 스스로 익혀지게 된다.

 이 책의 엮은 순서를 설명한다. 한자책은 한글의 발음기호에 따라 엮어놓았다. 어린이는 보고(볼 시 視), 들은(들을 청문 聽聞), 느낌을(느낄 감 感), 바르게(바를 정 正), 겉으로 (표현 表現)하여 나타낸다. 어린이는 사물의 이치를 처음 접하고 깨달을 때부터 발육과 성장이 동반된다. 마법 천자 동몽선습(魔法千字 童蒙先習)이다.
그리고 214자 부수와 천자문(千字文)을 포함하여 인명한자(人名漢字)에 사용하는 3,000자를 파자(破子)하여 5,700자를 수록하였고, 끝으로 부수를 별도로 수록하였다.
 이 책을 활용하여 현재 독자분들이 사용하는 한자 이름을 대비시켜 볼 수 있고, 태어나는 후세들의 이름을 지을 때 뜻과 발음이 명쾌한지 가늠해서 만들 수 있다. 한글을 중심으로 한 한자는 일상생활의 유물이자 우리의 고유한 문화이고 언어이다. 그래서 한글을 터득 중인 어린 세대부터 한글을 알고 있는 다문화인까지 접근이 쉽도록 엮어놓았다.

제1부
PART

ㄱ
~ㅎ

가

가(邊) 변 : (보이지 않을 奧 갈 辶)
가(際) 제 : (제사 祭 언덕 阝)
가까울(近) 근 : 殆辱近恥 (갈 辶 도끼 斤)
가까울(邇) 이 : 遐邇壹體 (갈 辶 너 爾)
가까울(呈) 음 : (천 간 壬 손톱 爫)
가게(店) 점 : (차지할 占 집 广)
가난할(乏) 핍 : (갈 之 삐침 丿)
가난할(貧) 빈 : (나눌 分 조개 貝)
가냘플(奐) 연 : (말 이을 而 큰 大)
가는 털(毫) 호 : (높을 高 털 毛)

가늘(孅) 섬 : (부추 韱 여자 女)
가늘(細) 세 : (실 糸 밭 田)

가닥(支) 지 : (또 又 열 十)
가닥(岐) 기 : (가를 支 뫼 山)
가둘(囚) 수 : (에울 囗 사람 人)
가득할(充) 충 : (어질 儿 이를 云)
가득히 괼(湛) 담 : (심할 甚 물 氵)
가랑비(濛) 몽 : (입을 蒙 물 氵)
가로(橫) 횡 : 趙魏困橫 (누를 黃 나무 木)
가로(曰) 왈 : 曰嚴與敬 (입 口 한 一)
가로 막을(闌) 란 : (가릴 柬 문 門)
가래(痰) 담 : (불꽃 炎 병 疒)
가래(臿) 삽 : (일천 千 절구 臼)
가래(耒) 뢰 : (아니 未 삐침 丿)
가래나무(楸) 추 : (가을 秋 나무 木)
가려울(痒) 양 : (양 羊 병 疒)

가르칠(斅) 효 : (글 攴 배울 學)
가르칠(敎) 교 : (교도할 孝 글 攵)
가르칠(訓) 훈 : 外受傅訓 (내 川 말씀 言)
가르칠(導) 도 : (길 道 마디 寸)
가르칠(誨) 회 : (매양 每 말씀 言)

가를(析) 석 : (도끼 斤 나무 木)
가를(支) 지 : (또 又 열 十)
가루(屑) 설 : (닮을 肖 주검 尸)
가루(粉) 분 : (나눌 分 쌀 米)
가리킬(指) 지 : 指薪修祐 (손 扌 뜻 旨)

가릴(丏) 면 : (장인 工 갈고리 亅)
가릴(揀) 간 : (가릴 柬 손 扌)
가릴(巽) 찬 : (함께 共 뱀 巳 뱀 巳)
가릴(選) 선 : (갈 辶 가릴 巽)
가릴(擇) 택 : (엿볼 睪 손 扌)
가릴(涓) 연 : (물 氵 벌레 肙)
가릴(柬) 간 : (삐침 丿 묶을 束 점 丶)
가릴(掩) 엄 : (가릴 奄 손 扌)
가릴(奄) 엄 : 奄宅曲阜 (큰 大 번개 电)
가릴(擁) 옹 : (막을 雍 손 扌)
가릴(蔽) 폐 : (해질 敝 풀 艹)
가릴(遮) 차 : (갈 辶 몇 庶)

가마(窯) 요 : (염소 羔 구멍 穴)
가마(轎) 교 : (높을 喬 수레 車)
가마(釜) 부 : (벨 乂 쇠 金)
가물(旱) 한 : (가로 曰 방패 干)
가물 귀신(魃) 발 : (개 달릴 犮 귀신 鬼)

가벼울(輕) 경 : 車駕肥輕 (줄기 巠 수레 車)
가벼울(嫖) 표 : (여자 女 불똥 票)
가벼울(輶) 유 : 易輶攸畏 (두목 酋 수레 車)
가벼울(僄) 표 : (사람 亻 불똥 票)

가사(袈) 가 : (더할 加 옷 衣)
가사(裟) 사 : (모래 沙 옷 衣)

가시(蒂) 체 : (임금 帝 풀 艹)
가시(朿) 자 : (덮을 冖 나무 木)
가시나무(棘) 극 : (가시 朿 가시 朿)

가시나무(荊) 형 : (풀 艹 형벌 刑)

가슴(臆) 억 : (살 月 뜻 意)
가슴(膺) 응 : (매 雁 살 月)
가슴(胸) 흉 : (흉할 匈 살 月)
가슴걸이(靷) 인 : (당길 引 가죽 革)
가슴 두드릴(擗) 벽 : (임금 辟 손 扌)

가운데(屮) 중 : (가운데 中 하나 一)
가운데(中) 중 : 庶幾中庸 (뚫을 丨 입 口)
가운데(央) 앙 : (큰 大 멀 冂)

가위(剪) 전 : (앞 前 칼 刀)
가을(秋) 추 : 秋收冬藏 (불 火 벼 禾)
가장 귀(丫) 아 : (뚫을 丨 점 丶 삐침 丿)
가장(最) 최 : 用軍最精 (취할 取 가로 曰)
가짜(贋) 안 : (기러기 雁 조개 貝)
가져올(賫) 재 : (가지런할 齊 조개 貝)

가죽(皮) 피 : (또 又 뚫을 丨 언덕 厂)
가죽(革) 혁 : (스물 廿 가운데 屮)
가죽(韋) 위 : (나 吾 걸을 帀)

가지(條) 조 : 園莽抽條 (나무 木 바 攸)
가지(枝) 지 : 同氣連枝 (가를 支 나무 木)

가지런할(齊) 제 : (옷 衣 가닥 丫 칼 刀 ㅣ둘 二)
가지런할(整) 정 : (바를 正 칙서 敕)
가지런할(侔) 모 : (사람 亻 소리 牟)

가질(携) 휴 : (영리할 隽 손 扌)
가질(取) 취 : 淵澄取暎 (또 又 귀 耳)
가질(持) 지 : 堅持雅操 (손 扌 절 寺)

가축(圂) 혼 : (에울 囗 돼지 豕)
가축(畜) 축 : (검을 玄 밭 田)

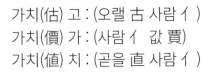

가치(估) 고 : (오랠 古 사람 亻)
가치(價) 가 : (사람 亻 값 賈)
가치(値) 치 : (곧을 直 사람 亻)

가파를(峭) 초 : (닮을 肖 뫼 山)

각

각각(各) 각 : (뒤져올 夊 입 口)
각시(娘) 랑 : (좋을 良 여자 女)
각시(氏) 씨 : (백성 民)

간

간(肝) 간 : (방패 干 살 月)
간기(癇) 간 : (한가할 閒 병 疒)
간들거릴(嫋) 뇨 : (약할 弱 여자 女)
간략할(略) 략 : (각각 各 밭 田)

간사할(姦) 간 : (송사할 奻 여자 女)
간사할(奸) 간 : (여자 女 방패 干)
간사할(邪) 사 : (어금니 牙 언덕 阝)

간장(醬) 장 : (장수 將 닭 酉)

간절할(狠) 간 : (머무를 艮 벌레 豸)
간절할(懇) 간 : (간절할 狠 마음 心)
간절할(偲) 시 : (사람 亻 생각할 思)

간통할(婬) 음 : (여자 女 가까울 㸒)
간편할(簡) 간 : 牋牒簡要 (대 竹 사이 間)

간할(諫) 간 : (가릴 柬 말씀 言)
간할(諍) 쟁 : (다툴 爭 말씀 言)

갈

갈(行) 행 : (자축거릴 彳 걸을 亍)
갈(辶) 착 : (갈 之 점 丶)
갈(辵) 착 : (그칠 止 털 彡)
갈(往) 왕 : 寒來暑往 (주인 主 걸을 彳)

갈(徂) 조 : (또 且 걸을 彳)
갈(逝) 서 : (꺾을 折 갈 辶)
갈(厺) 거 : (큰 大 나 厶)
갈(去) 거 : 去而益詠 (나 厶 흙 土)
갈(邁) 매 : (일만 萬 갈 辶)
갈(之) 지 : 如松之盛 (점 丶 삐침 丿 파임 乀)
갈(屮) 지 : (왼 屮 하나 一)
갈(適) 적 : (갈 辶 밑동 啇)
갈(復) 복 : (가로 曰 걸을 夂 사람 人)
갈(厲) 려 : (일만 萬 언덕 厂)
갈(研) 연 : (평평할 幵 돌 石)
갈(磨) 마 : 切磨箴規 (삼 麻 돌 石)
갈(摩) 마 : 凌摩絳霄 (삼 麻 손 手)
갈(礱) 롱 : (용 龍 돌 石)
갈(磋) 차 : (어긋날 差 돌 石)

갈까마귀(鴉) 아 : (어금니 牙 새 鳥)
갈고리(釗) 쇠 : (쇠 金 칼 刂)
갈고리(鉤) 구 : (쇠 金 글 句)
갈고리(亅) 궐 : (亅)

갈대(荻) 적 : (오랑캐 狄 풀 艹)
갈대(葭) 가 : (빌 叚 풀 艹)
갈대(蘆) 로 : (검을 盧 풀 艹)

갈래(爪) 파 : (당길 厂 옷 衣)
갈래(派) 파 : (물 氵 갈래 爪)
갈래(支) 지 : (또 又 열 十)
갈릴(遞) 체 : (갈 辶 뿔 범 虍)
갈림길(岐) 기 : (그칠 止 가닥 支)
갈매기(鷗) 구 : (구분 區 새 鳥)
갈빗대(肋) 륵 : (힘 力 살 月)

감
감독할(督) 독 : (아재비 叔 눈 目)

감쌀(雍) 옹 : (검을 玄 새 隹)
감실(龕) 감 : (합할 合 용 龍)
감옥(獄) 옥 : (개 犭 개 犬 말씀 言)
감질(疳) 감 : (달 甘 병 疒)
감출(匸) 혜 : (둘 二)
감출(匸) 혜 : (상자 匚)
감출(藏) 장 : 秋收冬藏 (착할 臧 풀 艹)
감출(韜) 도 : (퍼낼 舀 가죽 韋)
감히(敢) 감 : 豈敢毁傷 (아래 丅 귀 耳 글 攵)

갑

갑(匣) 갑 : (갑옷 甲 상자 匚)
갑(甲) 갑 : 甲帳對楹 (뚫을 丨 가로 曰)

갑옷(甲) 갑 : (가로 曰 뚫을 丨)
갑옷(鉀) 갑 : (쇠 金 갑옷 甲)
갑옷(鎧) 개 : (어찌 豈 쇠 金)

갑자기(忽) 홀 : (말라 勿 마음 心)
갑자기(俄) 아 : (나 我 사람 亻)
갑자기(突) 돌 : (개 犬 구멍 穴)

값

값(估) 고 : (옛 古 사람 亻)
값(値) 치 : (곧을 直 사람 亻)
값(賈) 가 : (덮을 襾 조개 貝)
값(價) 가 : (값 賈 사람 亻)

갓

갓(冠) 관 : 高冠陪輦 (둥글 冗 덮을 冖)
갓(冖) 면 : (덮을 冖 점 丶)
갓끈(纓) 영 : 驅轂振纓 (어릴 嬰 실 糸)

강

강(渭) 위 : 浮渭據涇 (밥통 胃 물 氵)
강(絳) 강 : 凌摩絳霄 (내릴 夅 실 糸)
강(江) 강 : (장인 工 물 氵)
강(河) 하 : 海鹹河淡 (옳을 可 물 氵)
강(磻) 반 : 磻溪伊尹 (돌 石 차례 番)
강개할(慷) 강 : (편안 康 마음 忄)
강론할(講) 강 : (얽을 冓 말씀 言)
강아지풀(莠) 유 : (빼어날 秀 풀 艹)
강아지풀(稂) 랑 : (좋을 良 벼 禾)
강 이름(渭) 위 : 浮渭據涇 (물 氵 밥통 胃)
강 이름(灨) 공 : (줄 贛 물 氵)
강 이름(淮) 준 : (물 氵 새 隹)
강철(鋼) 강 : (쇠 金 산 岡)
강할(強) 강 : (비록 虽 활 弓)

갖

갖출(該) 해 : (돼지 亥 말씀 言)
갖출(具) 구 : 具膳殮飯 (조개 貝 한 一)
갖출(幵) 비 : (삐침 丿 함께 廾)
갖출(葡) 비 : (갖출 幵 쓸 用)
갖출(備) 비 : (갖출 葡 사람 亻)

같

같을(如) 여 : 如松之盛 (여자 女 입 口)
같을(同) 동 : 同氣連枝 (한 一 들 同)
같을(肖) 초 : (작을 小 달 月)
같을(似) 사 : 似蘭斯馨 (사람 亻 써 以)
같을(若) 약 : 容止若思 (오른 右 풀 艹)

갚

갚을(報) 보 : (다행 幸 다스릴 艮)
갚을(償) 상 : (상줄 賞 사람 亻)

개

개(浦) 포 : (클 甫 물 氵)
개(犬) 견 : (큰 大 점 丶)
개(犹) 방 : (개 犬 털 彡)
개(犭) 견 : (갈고리 亅 삐침 丿丿)
개(狗) 구 : (개 犭 글 句)
개(戌) 술 : (천 간 戊 한 一)

개간할(墾) 간 : (간절할 狠 흙 土)
개고기(肰) 연 : (개 犬 살 月)
개구리(蛙) 와 : (홀 圭 벌레 虫)
개구리밥(苹) 평 : (평평할 平 풀 艹)
개구리밥(萍) 평 : (물소리 泙 풀 艹)
개구리밥(蘋) 빈 : (자주 頻 풀 艹)

개 달릴(犮) 발 : (삐침 丿 개 犬)
개똥벌레(螢) 형 : (등불 熒 벌레 虫)
개미(蟻) 의 : (옳을 義 벌레 虫)
개미허리(巛) 천 : (뚫을 丨 큰 도랑 巜)
개 사슴(犭) 견 : (삐침 丿 丿 갈고리 亅)
개선할(凱) 개 : (어찌 豈 안 석 几)
개암나무(榛) 진 : (성 秦 나무 木)

개천(溝) 구 : (얽을 冓 물 氵)
개천(渠) 거 : 渠荷的歷 (큰물 洰 나무 木)
개천(涂) 도 : (나 余 물 氵)
개천물(泌) 필 : (반듯이 必 물 氵)
개 풀(茣) 망 : (개 犬 풀 艹)
개흙(涅) 녈 : (막을 𡈼 물 氵)

객

객지에 살(僑) 교 : (높을 喬 사람 亻)

갤
갤(晴) 청 : (푸를 靑 날 日)

거
거간(儈) 쾌 : (모일 會 사람 亻)
거꾸러질(蹉) 차 : (어긋날 差 발 足)
거꾸러질(跌) 질 : (잃을 失 발 足)

거느릴(摠) 총 : (바쁠 悤 손 扌)
거느릴(總) 총 : (바쁠 悤 실 糸)
거느릴(率) 솔 : 率賓歸王 (검을 玄 열 十 얼 丷 冫)
거느릴(帥) 솔 : (쌓을 𠂤 수건 巾)
거느릴(統) 통 : (채울 充 실 糸)
거느릴(御) 어 : 妾御績紡 (풀 卸 걸을 彳)
거느릴(領) 령 : 矩步引領 (영 令 머리 頁)
거느릴(部) 부 : (침 音 고을 阝)

거느림 집(廡) 무 : (없을 無 집 广)
거닐(彷) 방 : (걸을 彳 모 方)
거닐(徨) 황 : (걸을 彳 임금 皇)
거닐(逍) 소 : (같을 肖 갈 辶)
거동(儀) 의 : 入奉母儀 (옳을 義 사람 亻)

거둘(揱) 철 : (손 扌 기를 育)
거둘(撤) 철 : (거둘 揱 글 攵)
거둘(收) 수 : 秋收冬藏 (넝쿨 丩 글 攵)
거둘(斂) 렴 : (다 僉 글 攵)
거둘(穫) 확 : (자 蒦 벼 禾)
거둘(穡) 색 : 務玆稼穡 (아낄 嗇 벼 禾)
거둘(掊) 부 : (손 扌 침 音)
거둘(戢) 즙 : (참소할 咠 창 戈)
거듭(申) 신 : (뚫을 丨 깍지 낄 臼)
거듭(諄) 순 : (누릴 享 말씀 言)

거듭할(洊) 천 : (이를 至 있을 存)
거듭할(荐) 천 : (있을 存 풀 艹)
거듭할(妾) 첩 : 妾御績紡 (설 立 여자 女)
거듭할(疊) 첩 : (마땅 宜 밭 畾)

거를(漉) 록 : (사슴 鹿 물 氵)
거를(濾) 려 : (생각할 慮 물 氵)
거를(瀝) 력 : (지날 歷 물 氵)

거루(艇) 정 : (조정 廷 배 舟)
거리(巷) 항 : (함께 共 뱀 巳)
거리(街) 가 : (다닐 行 홀 圭)

거리낄(拘) 구 : (손 扌 글 句)
거리낄(碍) 애 : (막을 㝵 돌 石)
거리낄(礙) 애 : (의심할 疑 돌 石)

거만할(敖) 오 : (흙 土 모 方 글 攵)
거만할(傲) 오 : (거만할 敖 사람 亻)
거만할(慢) 만 : (끌 曼 마음 忄)
거만할(倨) 거 : (살 居 사람 亻)
거머리(蛭) 질 : (이를 至 벌레 虫)
거문고(琴) 금 : 嵇琴阮嘯 (이제 今 쌍 옥 玨)
거문고(瑟) 슬 : 鼓瑟吹笙 (반듯이 必 쌍 옥 玨)
거미(蛛) 주 : (붉을 朱 벌레 虫)
거미(蜘) 지 : (알 知 벌레 虫)
거북(龜) 귀 : (쌀 勹 맹꽁이 黽)

거스를(牾) 오 : (나 吾 조각 爿)
거스를(忤) 오 : (마음 忄 낮 午)
거스를(悖) 패 : (살별 孛 마음 忄)
거스를(屰) 역 : (왼손 屮 초 두 艹)
거스를(逆) 역 : (거스를 屰 갈 辶)
거스를(遡) 소 : (갈 辶 초하루 朔)
거스를(泝) 소 : (내칠 斥 물 氵)

거여초(茝) 목 : (그물 罒 풀 艹)
거여초(苜) 목 : (눈 目 풀 艹)
거울(鑑) 감 : 鑑貌辨色 (볼 監 쇠 金)
거울(鏡) 경 : (다할 竟 쇠 金)
거의(殆) 태 : 殆辱近恥 (나 台 뼈 歹)
거적(苫) 점 : (차지할 占 풀 艹)
거죽(表) 표 : (옷 衣 흙 土)

거짓(佯) 양 : (사람 亻 양 羊)
거짓(假) 가 : (빌 叚 사람 亻)
거짓(僞) 위 : (할 爲 사람 亻)
거짓(訛) 와 : (될 化 말씀 言)

거칠(充) 황 : (이를 云 내 川)
거칠(巟) 황 : (망할 亡 내 川)
거칠(荒) 황 : 宇宙洪荒 (풀 艹 거칠 巟)
거칠(笨) 분 : (대 竹 근본 本)
거칠(粗) 조 : (또 且 쌀 米)

거푸집(型) 형 : (형벌 刑 흙 土)
거품(沫) 말 : (물 氵 끝 末)
거품(泡) 포 : (쌀 包 물 氵)

건

건강할(健) 건 : (세울 建 사람 亻)
건널(涉) 섭 : (걸음 步 물 氵)
건널(渡) 도 : (물 氵 법 度)
건널(濟) 제 : 濟弱扶傾 (가지런할 齊 물 氵)
건장할(佶) 길 : (좋을 吉 사람 亻)
건질(拯) 증 : (도울 丞 손 扌)
건질(撈) 로 : (일할 勞 손 扌)

걷

걷을(捲) 권 : (책 卷 손 扌)
걷을(撤) 철 : (손 扌 글 攵 기를 育)

걸

걸(帯) 면 : (풀 艹 수건 巾)
걸(賭) 도 : (조개 貝 놈 者)
걸(掛) 괘 : (손 扌 걸 卦)
걸(卦) 괘 : (점 卜 홀 圭)
걸(懸) 현 : 璇璣懸斡 (고을 縣 마음 心)

걸릴(係) 계 : (이을 系 사람 亻)
걸릴(罹) 리 : (생각할 惟 그물 罒)
걸상(凳) 등 : (오를 登 안석 几)

걸을(彳) 척 : (삐침 丿 사람 亻)
걸을(屮) 과 : (뚫을 丨 둘 二)
걸을(夊) 쇠 : (쌀 勹 파임 乀)
걸을(夂) 인 : (삐침 丿 파임 乀)
걸음(辵) 보 : 矩辵引領 (그칠 止 그칠 止)
걸음(步) 보 : 矩步引領 (그칠 止 밟을 少)

검

검(鋏) 협 : (낄 夾 쇠 金)
검사할(檢) 검 : (다 僉 나무 木)
검소할(儉) 검 : (다 僉 사람 亻)
검열할(閱) 열 : (기쁠 兌 문 門)

검은 털(彡) 진 : (사람 人 털 彡)
검을(玆) 자 : 務玆稼穡 (검을 玄 검을 玄)
검을(玄) 현 : 天地玄黃 (작을 幺 머리 亠)
검을(盧) 노 : (술독 虍 그릇 皿)

검을(黔) 검 : (이제 今 검을 黑)
검을(黑) 흑 : (붉을 赤 그물 罒)
검을(墨) 묵 : 墨悲絲染 (검을 黑 흙 土)
검을(黎) 려 : 愛育黎首 (삐침 丿 쌀 勹 기장 黍)

겁

겁낼(怯) 겁 : (갈 去 마음 忄)
겁낼(懭) 광 : (넓을 廣 마음 忄)
겁낼(慴) 습 : (익힐 習 마음 忄)
겁탈할(刦) 겁 : (갈 去 칼 刂)
겁탈할(劫) 겁 : (갈 去 힘 力)

겉

겉(表) 표 : 形端表正 (주인 主 옷 衣)

게

게(蟹) 해 : (풀 解 벌레 虫)
게으를(怠) 태 : (마음 心 별 台)
게으를(慵) 용 : (쓸 庸 마음 忄)
게으를(惰) 타 : (마음 忄 왼 左 달 月)
게으를(劵) 권 : (밥 뭉칠 关 힘 力)
게으를(倦) 권 : (쇠뇌 卷 사람 亻)

겨

겨(糠) 강 : 飢厭糟糠 (편안 康 쌀 米)
겨(糟) 조 : 饑厭糟糠 (쌀 米 무리 曹)
겨드랑이(腋) 액 : (밤 夜 살 月)
겨레(族) 족 : (본뜰 仿 화살 矢)
겨레(戚) 척 : (천 간 戊 콩 尗)
겨룰(抗) 항 : 寵增抗極 (손 扌 목 亢)
겨우(僅) 근 : (진흙 堇 사람 亻)

겨울(冬) 동 : 秋收冬藏 (뒤져올 夊 얼음 冫)
겨울잠(蟄) 칩 : (잡을 執 벌레 虫)
겨자(芥) 개 : 菜重芥薑 (끼일 介 풀 艹)

격

격문(檄) 격 : (노래할 敫 나무 木)
격식(格) 격 : (각각 各 나무 木)
격할(激) 격 : (노래할 敫 물 氵)

견

견딜(堪) 감 : (심할 甚 흙 土)
견딜(耐) 내 : (말 이을 而 마디 寸)
견줄(竝) 병 : 竝皆佳妙 (설 立 설 立)
견줄(比) 비 : 猶子比兒 (윗 上 비수 匕)
견줄(較) 교 : (사귈 交 수레 車)

결

결단할(夬) 결 : (큰 大 한 一)
결단할(決) 결 : (터놓을 夬 물 氵)

겸

겸손할(遜) 손 : (갈 辶 손자 孫)
겸손할(謙) 겸 : 勞謙謹勅 (겸할 兼 말씀 言)
겸연쩍을(怩) 니 : (여승 尼 마음 忄)
겸할(兼) 겸 : (나눌 八 대 丌 돼지 彐)

겹

겹옷(袷) 겹 : (합할 合 옷 衤)
겹옷(複) 복 : (갈 复 옷 衤)
겹칠(複) 복 : (갈 复 옷 衤)

경계할(戒) 계 : (맞잡을 廾 창 戈)
경계할(警) 경 : (공경할 敬 말씀 言)
경계할(誡) 계 : 省躬譏誡 (경계할 戒 말씀 言)
경계할(箴) 잠 : 切磨箴規 (다 咸 대 竹)
경계할(儆) 경 : (공경할 敬 사람 亻)

경단(麭) 포 : (쌀 包 보리 麥)
경련할(痙) 경 : (병 疒 줄기 巠)
경사(慶) 경 : 福緣善慶 (집 广 함께 艹ㄱ 사랑 夊)
경서(經) 경 : 漆書壁經 (실 糸 줄기 巠)
경영할(營) 영 : 微旦孰營 (등불 熒 성 呂)
경기(甸) 전 : (쌀 勹 밭 田)
경기(畿) 기 : (밭 田 작을 幺 창 戈)

곁

곁(側) 측 : (법칙 則 사람 亻)
곁(傍) 방 : 丙舍傍啓 (두루 旁 사람 亻)

계

계곡(谷) 곡 : 空谷傳聲 (나눌 八 입 口)
계보(譜) 보 : (말씀 言 족보 普)
계수나무(桂) 계 : (홀 圭 나무 木)
계절(季) 계 : (벼 禾 아들 子)
계승(承) 승 : 左達承明 (이을 氶 셋 三)

계집(女) 녀 : 女慕貞烈 (삐침 丿 한 一 점 丶)
계집(姬) 희 : (여자 女 신하 臣)
계집(孃) 양 : (돕을 襄 여자 女)
계집(娘) 낭 : (좋을 良 여자 女)
계집(姈) 령 : (영 令 여자 女)
계집종(婢) 비 : (낮을 卑 여자 女)

고

고깔(弁) 변 : 弁轉疑星 (맞잡을 廾 나 厶)
고깔(允) 윤 : (어질 儿 나 厶)
고개(坂) 판 : (되돌릴 反 흙 土)
고개(坡) 파 : (흙 土 가죽 皮)
고개(領) 령 : (영 令 머리 頁)
고개(嶺) 령 : (재 領 뫼 山)
고기(魚) 어 : 史魚秉直 (쌀 勹 밭 田 불 灬)
고기 잡을(漁) 어 : (물 氵 고기 魚)
고기(月) 월 : (육 달 月)
고기(肉) 육 : (멀 冂 엉길 乆)
고니(鵠) 곡 : (알릴 告 새 鳥)
고달플(憊) 비 : (갖출 備 마음 心)
고래(鯨) 경 : (고기 魚 서울 京)

고를(勻) 균 : (쌀 勹 둘 二)
고를(均) 균 : (고를 勻 흙 土)
고를(鈞) 균 : 鈞巧任釣 (고를 勻 쇠 金)
고를(掄) 론 : (둥글 侖 손 扌)
고를(調) 조 : 律呂調陽 (두루 周 말씀 言)
고를(稱) 칭 : 珠稱夜光 (벼 禾 들 爯)

고름(膿) 농 : (살 月 농사 農)
고리(環) 환 : 晦魄環照 (놀랄 睘 임금 王)
고리(鐶) 환 : (놀랄 睘 쇠 金)
고무래(丁) 정 : 說感武丁 (갈고리 亅 한 一)
고비(薇) 미 : (작을 微 풀 艹)
고삐(轡) 비 : (굴대 轠 실 絲)
고삐(縻) 미 : 好爵自縻 (삼 麻 실 糸)
고상할(崔) 각 : (덮을 冖 새 隹)
고소할(皀) 급 : (흰 白 비수 匕)
고슴도치(彑) 계 : (셋 三)
고슴도치(彖) 단 : (두 二 돼지 豕)
고양이(猫) 묘 : (모 苗 개 犭)

고요할(寂) 적 : 沈默寂寥 (아재비 叔 집 宀)
고요할(寞) 막 : (없을 莫 집 宀)
고요할(靜) 정 : 性靜情逸 (푸를 靑 투쟁할 爭)
고요할(謐) 밀 : (솥 㿣 말씀 言)

고울(嬋) 선 : (홑 單 여자 女)
고울(妍) 연 : 工嚬妍笑 (평평할 幵 여자 女)
고울(丽) 려 : (덮을 冂 한 一 덮을 冂 한 一)
고울(麗) 려 : 金生麗水 (고울 丽 사슴 鹿)
고울(鮮) 선 : (고기 魚 양 羊)
고을(阝) 부 : (언덕 阝)
고을(部) 부 : (침 音 언덕 阝)
고을(府) 부 : 府羅將相 (줄 付 집 广)
고을(州) 주 : 九州禹跡 (내 川 점 丶丶丶)
고을(郡) 군 : 百郡秦幷 (임금 君 고을 阝)
고을(邑) 읍 : (땅 巴 입 口)
고을(縣) 현 : 戶封八縣 (이을 系 고을 県)
고을(面) 면 : (구결 丆 돌아올 囬)
고을(洞) 동 : 鉅野洞庭 (한가지 同 물 氵)
고을(里) 리 : (흙 土 밭 田)

고자(閹) 엄 : (가릴 奄 문 門)
고지식할(戇) 당 : (줄 贛 마음 心)
고질(痼) 고 : (굳을 固 병 广)
고질(癈) 폐 : (쏠 發 병 广)

고치(繭) 견 : (실 糸 걸 艹 벌레 虫)
고치 켤(繅) 소 : (집 巢 실 糸)
고치 켤(繰) 조 : (시끄러울 喿 실 糸)

고칠(改) 개 : 知過必改 (몸 己 글 攵)
고칠(更) 경 : 晉楚更覇 (어두울 曰 다섯 乂)
고칠(悛) 전 : (마음 忄 모양 夋)

고할(告) 고 : (소 牛 입 口)
고할(詔) 조 : (말씀 言 부를 召)
고함(喊) 함 : (다 咸 입 口)

곡

곡식(耒) 곡 : (선비 士 덮을 冖 한 一 벼 禾)
곡식(穀) 곡 : (곡식 彖 창 殳)
곡식 여물(稔) 임 : (생각할 念 벼 禾)

곤

곤룡포(袞) 곤 : (늪 습 옷 衣)
곤륜산(崑) 곤 : 玉出崑岡 (형 昆 뫼 山)
곤 어(鯤) 곤 : 遊鯤獨運 (섞일 昆 고기 魚)
곤할(困) 곤 : 趙魏困橫 (에울 口 나무 木)

곧

곧(卽) 즉 : 林皐幸卽 (고소할 皀 병부 卩)
곧(則) 즉 : (조개 貝 칼 刂)
곧은 말(諤) 악 : (놀랄 咢 말씀 言)
곧은 말(讜) 당 : (무리 黨 말씀 言)
곧은 목(頡) 힐 : (좋을 吉 머리 頁)
곧을(俓) 경 : (사람 亻 줄기 巠)
곧을(直) 직 : 史魚秉直 (눈 目 하나 一)
곧을(貞) 정 : 女慕貞烈 (점 卜 조개 貝)
곧을(矗) 촉 : (곧을 直 곧을 直 곧을 直)

골

골(谷) 곡 : 空谷傳聲 (나눌 八 입 口)
골(洞) 동 : 鉅野洞庭 (물 氵 한가지 同)
골(叡) 학 : (또 又 밝을 睿)
골(壑) 학 : (골 叡 흙 土)
골(囟) 뇌 : (정수리 囟 내 巛)
골(腦) 뇌 : (골 囟 살 月)
골수(髓) 수 : (따를 遀 뼈 骨)
골짜기(峽) 협 : (낄 夾 뫼 山)

골풀(藺) 린 : (새 이름 閵 풀 艹)

곰
곰(熊) 웅 : (능할 能 불 灬)

곱
곱(倍) 배 : (사람 亻 침 咅)

곳
곳(處) 처 : 索居閑處 (뒤져 올 夂 범 虍)
곳(所) 소 : 榮業所基 (날 斤 집 戶)
곳집(囷) 균 : (에울 囗 벼 禾)
곳집(倉) 창 : (합할 合 한 一 집 戶)
곳집(庫) 고 : (수레 車 집 广)
곳집(向) 름 : (돌 回 머리 亠)
곳집(稟) 름 : (곳집 向 벼 禾)
곳집(廩) 름 : (곳집 稟 집 广)
곳집(府) 부 : 府羅將相 (줄 付 집 广)

공
공(功) 공 : 策功茂實 (장인 工 힘 力)
공(勳) 훈 : (연기 熏 힘 力)
공(毬) 구 : (구할 求 털 毛)

공경할(敬) 경 : 曰嚴與敬 (진실로 苟 글 攵)
공경할(憼) 경 : (공경할 敬 마음 心)
공경할(欽) 흠 : (하품 欠 쇠 金)
공경할(祇) 지 : (볼 示 근본 氏)

공교할(巧) 교 : 鈞巧任釣 (공교할 丂 장인 工)
공교할(丂) 교 : (한 一 갈고리 亅)

공급할(給) 급 : 家給千兵 (합할 合 실 糸)
공변(公) 공 : (나 厶 여덟 八)
공손할(恭) 공 : (함께 共 물 氺)
공손할(恭) 공 : 恭惟鞠養 (마음 小 함께 共)
공손할(悌) 제 : (아우 弟 마음 忄)
공평할(公) 공 : (나 厶 여덟 八)
공포할(宣) 선 : 宣威沙漠 (뻗칠 亘 집 宀)
공후(箜) 공 : (빌 空 대 竹)
공후(篌) 후 : (대 竹 과녁 侯)

곳

곳(岬) 갑 : (갑옷 甲 뫼 山)
곳(串) 곳 : (입 口 뚫을 丨 입 口)
곶감(串) 곶 : (성 呂 뚫을 丨)

과

과격할(激) 격 : (노래할 敫 물 氵)
과녁(埻) 준 : (누릴 享 흙 土)
과녁(的) 적 : 渠荷的歷 (흰 白 구기 勺)
과녁(侯) 후 : (사람 亻 화살 矢 둘 二)
과목(科) 과 : (벼 禾 말 斗)

과부(嫠) 리 : (여자 女 글 攵 아니 未)
과부(嫠) 리 : (과부 嫠 언덕 厂)
과부(孀) 상 : (서리 霜 여자 女)
과부(寡) 과 : 孤陋寡聞 (집 宀 구결 丆 또 且 나눌 分)

과실(菓) 과 : (과일 果 풀 艹)
과실(果) 과 : 果珍李奈 (나무 木 밭 田)
과정(課) 과 : (과일 果 말씀 言)

관

관계(關) 관 : (문 門 실 꿸 絲)
관계(聯) 련 : (귀 耳 실 꿸 絲)
관계할(关) 관 : (여덟 八 하늘 天)
곽란(癨) 곽 : (빠를 霍 병 疒)
관리(吏) 리 : (한 一 역사 史)
관원(員) 원 : (조개 貝 입 口)

관청(廨) 해 : (풀 解 집 广)
관청(官) 관 : 鳥官人皇 (써 㠯 집 宀)
관청(廳) 청 : (들을 聽 집 广)
관청(署) 서 : (그물 罒 놈 者)
관청(府) 부 : 府羅將相 (줄 付 집 广)

광

광대(俳) 배 : (사람 亻 아니 非)
광대(倡) 창 : (창성할 昌 사람 亻)
광대뼈(顴) 관 : (머리 頁 황새 雚)
광 중(壙) 광 : (넓을 廣 흙 土)

괴

괴로울(苦) 고 : (오랠 古 풀 艹)
괴로울(惱) 뇌 : (골 甾 마음 忄)
괴수(魁) 괴 : (말 斗 귀신 鬼)
괴수(蒐) 수 : (귀신 鬼 풀 艹)
괴이할(怪) 괴 : (힘쓸 圣 마음 忄)
괴팍할(愎) 퍅 : (갈 复 마음 忄)
괴화나무(槐) 괴 : 路夾槐卿 (귀신 鬼 나무 木)

교

교만할(驕) 교 : (높을 喬 말 馬)
교묘할(初) 괄 : (예쁠 丰 칼 刀)
교의(椅) 의 : (기이할 奇 나무 木)

교도할(孝) 교 : (다섯 乂 왼 ナ 아들 子)
교도할(敎) 교 : (교도할 孝 글 攵)
교활할(狡) 교 : (사귈 交 개 犭)
교활할(猾) 활 : (개 犭 뼈 骨)

구

구결자(乂)(仒)(ア)(丆)(ㄱ)
구경할(翫) 완 : 耽讀翫市 (익힐 習 으뜸 元)
구기(勺) 작 : (쌀 勹 점 丶)
구더기(蛆) 저 : (또 且 벌레 虫)

구덩이(坎) 감 : (하품 欠 흙 土)
구덩이(坑) 갱 : (목 亢 흙 土)
구덩이(塹) 참 : (벨 斬 흙 土)
구덩이(户) 호 : 户封八縣 (주검 尸 점 丶)

구레나룻(髯) 염 : (나아갈 冉 긴 머리 髟)
구를(轉) 전 : 弁轉疑星 (오로지 專 수레 車)
구름(雲) 운 : 雲騰致雨 (이를 云 비 雨)
구리(銅) 동 : (한가지 同 쇠 金)
구리때 (芷) 지 : (그칠 止 풀 艹)
구멍(孔) 공 : 孔懷兄弟 (새 乙 아들 子)
구멍(穴) 혈 : (여덟 八 집 宀)
구멍(竅) 규 : (노래할 敫 구멍 穴)

구부릴(俯) 부 : 俯仰廊廟 (곳집 府 사람 亻)
구부릴(傴) 구 : (나눌 區 사람 亻)
구부릴(僂) 루 : (포갤 婁 사람 亻)
구부릴(跼) 국 : (발 足 판 局)

구분(段) 단 : (삐침 丿 뚫을 丨 셋 三 창 殳)
구분(區) 구 : (상자 匚 품성 品)
구불(宛) 완 : (뒹굴 夗 집 宀)
구석(陬) 추 : (취할 取 언덕 阝)

구슬(玉) 옥 : 玉出崑岡 (임금 王 점 ㆍ)
구슬(珠) 주 : 珠稱夜光 (붉을 朱 임금 王)
구슬(璣) 기 : 璇璣懸斡 (몇 幾 임금 王)
구슬(球) 구 : (구할 求 임금 王)
구슬(璧) 벽 : 尺璧非寶 (임금 辟 구슬 玉)
구실(徭) 요 : (걸을 彳 질그릇 䍃)
구실(租) 조 : (또 且 벼 禾)
구실(賦) 부 : (조개 貝 호반 武)
구실(稅) 세 : 稅熟貢新 (기쁠 兌 벼 禾)

구약나물(蒟) 구 : (다듬을 竘 풀 艹)
구약나물(蒻) 약 : (약할 弱 풀 艹)
구역(區) 구 : (상자 匚 품성 品)

구울(灸) 구 : (오랠 久 불 火)
구울(灼) 작 : (구기 勺 불 火)
구울(炙) 적 : (불 火 고기 月)
구울(炮) 포 : (쌀 包 불 火)
구울(煬) 양 : (볕 昜 불 火)
구울(燔) 번 : (불 火 차례 番)

구원할(救) 구 : (구할 求 글 攵)
구원할(助) 조 : 謂語助者 (또 且 힘 力)
구유(槽) 조 : (무리 曹 나무 木)
구차할(苟) 구 : (풀 艹 글 句)
구할(要) 요 : (덮을 襾 여자 女)
구할(求) 구 : 求古尋論 (한 一 점 ㆍ 물 氺)
구할(需) 수 : (말 이을 而 비 雨)
구할(護) 호 : (자 蒦 소리 音)

국

국(羹) 갱 : (아름다울 美 염소 羔)
국수(麵) 면 : (보리 麥 얼굴 面)
국화(菊) 국 : (움킬 匊 풀 艹)

군

군사(軍) 군 : 用軍最精 (수레 車 덮을 冖)
군사(卒) 졸 : (또 亠 열 十)
군사(兵) 병 : 家給千兵 (언덕 丘 여덟 八)
군색할(窘) 군 : (임금 君 구멍 穴)

굳

굳셀(桓) 환 : 桓公匡合 (뻗칠 亘 나무 木)
굳셀(彊) 강 : (지경 畺 흙 土 활 弓)
굳셀(强) 강 : (비록 虽 활 弓)
굳셀(強) 강 : (비록 虫 활 弓)
굳셀(倔) 굴 : (굽을 屈 사람 亻)
굳셀(偲) 시 : (생각할 思 사람 亻)
굳셀(侃) 간 : (사람 亻 품성 品)
굳셀(剛) 강 : (산등성이 岡 칼 刂)
굳셀(勁) 경 : (힘 力 줄기 巠)
굳셀(豙) 의 : (설 立 더위 잡을 豕)
굳셀(毅) 의 : (창 殳 굳셀 豙)
굳셀(健) 건 : (세울 建 사람 亻)
굳을(堅) 견 : 堅持雅操 (굳을 臤 흙 土)
굳을(臤) 간 : (또 又 신하 臣)
굳을(固) 고 : (에울 囗 옛 古)
굳을(巩) 공 : (무릇 凡 장인 工)
굳을(確) 확 : (높이 날 寉 돌 石)
굳을(硬) 경 : (다시 更 돌 石)

굴

굴(窩) 와 : (삐뚤 咼 구멍 穴)
굴(窟) 굴 : (굽을 屈 구멍 穴)
굴(厈) 엄 : (방패 干 언덕 厂)
굴(窠) 과 : (과일 果 구멍 穴)
굴(蠣) 려 : (갈 厲 벌레 虫)

굴대(軸) 축 : (말미암을 由 수레 車)
굴대(轊) 세 : (수레 車 입 口)
굴대(輗) 예 : (입 벌릴 凵 수레 車)
굴뚝(栥) 심 : (구멍 穴 나무 木)
굴레(勒) 륵 : 勒碑刻銘 (가죽 革 힘 力)
굴레(羈) 기 : (욕할 罵 가죽 革)

굵

굵은 베옷(褐) 갈 : (어찌 曷 옷 衤)

굽

굽(蹄) 제 : (임금 帝 발 足)
굽을(屈) 굴 : (날 出 주검 尸)
굽을(彎) 만 : (어지러울 䜌 활 弓)
굽을(勾) 구 : (나 厶 쌀 勹)
굽을(樛) 규 : (높을 翏 나무 木)
굽을(橈) 뇨 : (높을 堯 나무 木)
굽을(宛) 완 : (뒹굴 夗 집 宀)
굽을(詘) 굴 : (날 出 말씀 言)
굽을(曲) 곡 : 奄宅曲阜 (스물 卄 입 口)

궁

궁할(仒) 퇴 : (조상할 弔 여덟 八)
궁할(窮) 궁 : (구멍 穴 몸 躬)
궁구할(究) 구 : (구멍 穴 아홉 九)
궁궁이(芎) 궁 : (활 弓 풀 艹)
궁궁이(蘺) 리 : (떠날 離 풀 艹)
궁벽할(僻) 벽 : (임금 辟 사람 亻)
궁여(嬪) 빈 : (여자 女 손 賓)

권

권면할(獎) 장 : (개 犬 장수 將)
권세(權) 권 : (황새 雚 나무 木)
권할(勸) 권 : 勸賞黜陟 (힘 力 황새 雚)
권할(侑) 유 : (있을 有 사람 亻)
권할(慫) 종 : (따를 從 마음 心)
권할(慂) 용 : (솟을 涌 마음 心)

궤

궤(匱) 궤 : (귀할 貴 상자 匚)
궤(櫃) 궤 : (나무 木 궤 匱)
궤(賣) 독 : (상자 匚 팔 賣)

귀

귀(耳) 이 : 屬耳垣牆 (뚫을 丨 丨 넉 三)
귀고리(珫) 충 : (채울 充 임금 王)
귀고리(珥) 이 : (임금 王 귀 耳)
귀뚜라미(蛆) 저 : (또 且 벌레 虫)
귀뚜라미(蟀) 솔 : (거느릴 率 벌레 虫)
귀뚜라미(蟋) 실 : (다 悉 벌레 虫)
귀먹을(聾) 롱 : (용 龍 귀 耳)
귀밝을(聰) 총 : (밝을 悤 귀 耳)
귀 벨(聝) 괵 : (혹시 或 귀 耳)
귀뿌리(耴) 첩 : (귀 耳 숨을 乚)

귀신(甶) 귀 : (삐침 丿 밭 田)
귀신(鬼) 귀 : (나 厶 어질 儿 귀신 甶)
귀신(傀) 괴 : (사람 亻 귀신 鬼)
귀신(魁) 괴 : (말 斗 귀신 鬼)
귀신(魂) 혼 : (이를 云 귀신 鬼)
귀신(魄) 백 : 晦魄環照 (흰 白 귀신 鬼)
귀신(魏) 위 : (맡길 委 귀신 鬼)

귀신(魔) 마 : (삼 麻 귀신 鬼)
귀신(魍) 망 : (그물 罔 귀신 鬼)
귀신(魃) 발 : (개 달릴 犮 귀신 鬼)
귀신(魅) 매 : (아닐 未 귀신 鬼)
귀신(魅) 매 : (털 彡 귀신 鬼)
귀신(神) 신 : 心動神疲 (볼 示 납 申)
귀신(祕) 비 : (반듯이 必 볼 示)

귀할(公) 공 : 桓公匡合 (나 厶 여덟 八)
귀할(貴) 귀 : 樂殊貴賤 (모양 虫 조개 貝)

귓

귓바퀴 없을(聃) 담 : (나아갈 冉 귀 耳)
귓속말(聶) 집 : (귀 耳 입 口)

규

규소(硅) 규 : (홀 圭 돌 石)
규정(典) 전 : 旣集墳典 (함께 共 멀 冂)

귤

귤(橘) 귤 : (빛날 冏 부드러울 柔)

그

그(厥) 궐 : 貽厥嘉猷 (언덕 厂 상기할 欮)
그(其) 기 : 勉其祗植 (함께 共 둘 二)
그(該) 해 : (돼지 亥 말씀 言)
그네(鞦) 추 : (가을 秋 가죽 革)
그네(韆) 천 : (옮길 遷 가죽 革)
그늘(阴) 음 : (달 月 언덕 阝)
그늘(侌) 음 : (이제 今 이를 云)
그늘(陰) 음 : 寸陰是競 (그늘 侌 언덕 阝)
그늘(蔭) 음 : (그늘 陰 풀 艹)
그럴(然) 연 : (개고기 肰 불 灬)
그르칠(誤) 오 : (나라 吳 말씀 言)

그릇(器) 기 : 器欲難量 (부르짖을 叩 울 哭)
그릇(冖) 명 : (어질 儿 덮을 冖)
그릇(皿) 명 : (멀 冂 뚫을 丨丨 한 一)
그릇(壏) 성 : (담을 盛 흙 土)
그릇(虘) 희 : (호피 虍 콩 豆)

그릇될(謬) 유 : (높을 翏 말씀 言)
그루(株) 주 : (붉을 朱 나무 木)
그루(檮) 도 : (목숨 壽 나무 木)
그리워할(戀) 련 : (어지러울 䜌 마음 心)
그릴(慕) 모 : 女慕貞烈 (아닐 莫 마음 忄)
그릴(描) 묘 : (모 苗 손 扌)

그림(圖) 도 : 圖寫禽獸 (인색할 啚 에울 囗)
그림(画) 화 : (입 벌릴 凵 말미암을 由 한 一)
그림(畵) 화 : (붓 聿 그림 画)
그림(畫) 화 : 畫彩仙靈 (붓 聿 밭 田 한 一)
그림 족자(幀) 정 : (곧을 貞 수건 巾)

그림자(影) 영 : (볕 景 털 彡)

그물(冖) 명 : (덮을 冖 어질 儿)

그물(罒) 망 : (에울 口 뚫을 丨 丨)
그물(罓) 망 : (멀 冂 다섯 乂)
그물(网) 망 : (멀 冂 다섯 乂 다섯 乂)
그물(罒) 망 : (멀 冂 초 두 ⺌)
그물(罔) 망 : 罔談彼短 (멀 冂 초 두 ⺌ 망할 亡)
그물(罟) 고 : (옛 古 그물 罒)
그물(罠) 민 : (백성 民 그물 罒)
그물(罨) 엄 : (가릴 奄 그물 罒)
그물(罗) 라 : (저녁 夕 그물 罒)

그믐(晦) 회 : 晦魄環照 (매양 每 날 日)
그슬릴(燋) 초 : (그을릴 焦 불 火)
그윽할(幽) 유 : (뫼 山 작을 幺)
그을(劃) 획 : (그림 畵 칼 刂)
그을(畫) 획 : (붓 聿 밭 田 한 一)
그을릴(煤) 매 : (아무 某 불 火)
그을릴(焦) 초 : (새 隹 불 灬)
그칠(导) 애 : (아침 旦 마디 寸)
그칠(止) 지 : 容止若思 (뚫을 丨 위 上)
그칠(艮) 간 : (문 尸 파임 乀 삐침 丿)

극

극진할(極) 극 : 寵增抗極 (빠를 亟 나무 木)

근

근거(據) 거 : 浮渭據涇 (원숭이 豦 손 扌)
근본(彔) 로 : (돼지 彑 물 氺)
근본(柢) 저 : 勉其祗植 (낮을 氐 나무 木)
근본(氐) 저 : (각시 氏 한 一)
근본(本) 본 : 治本於農 (나무 木 한 一)

근심할(虞) 우 : 有虞陶唐 (나라 吳 범 虍)
근심할(憂) 우 : (일백 百 덮을 冖 사랑 愛)

근심할(患) 환 : (꿸 串 마음 心)
근심할(愁) 수 : (가을 秋 마음 心)
근심할(忡) 충 : (가운데 中 마음 忄)
근심할(怲) 병 : (남녘 丙 마음 忄)
근심할(恤) 휼 : (피 血 마음 忄)
근심할(悒) 읍 : (마음 忄 고을 邑)
근심할(悄) 초 : (닮을 肖 마음 忄)
근심할(慽) 척 : (슬플 戚 마음 忄)
근심할(慼) 척 : 感謝歡招 (슬플 戚 마음 心)
근심할(恙) 양 : (마음 心 양 羊)
근심할(閔) 민 : (글 文 문 門)
근심할(瘐) 유 : (잠시 臾 병 疒)
근원(源) 원 : (원인 原 물 氵)
근원(原) 원 : (흰 泉 언덕 厂)

글

글(劃) 획 : (그림 畫 칼 刂)
글(詞) 사 : (말씀 言 맡을 司)
글(書) 서 : 漆書壁經 (붓 聿 가로 曰)
글(句) 구 : (쌀 勹 입 口)
글(詩) 시 : 詩讚羔羊 (절 寺 말씀 言)
글(文) 문 : 始制文字 (벨 乂 머리 亠)
글(章) 장 : 垂拱平章 (열 十 소리 音)
글(箋) 전 : (해칠 戔 대 竹)
글(攴) 복 : (또 又 점 卜)
글(攵) 복 : (벨 乂 사람 人)
글방(塾) 숙 : (흙 土 누구 孰)
글자(字) 자 : 始制文字 (아들 子 집 宀)

긁

긁을(搔) 소 : (손 扌 벼룩 蚤)
긁을(爬) 파 : (손톱 爪 땅 巴)

금

금(鏋) 만 : (평평할 㒼 쇠 金)
금석소리(鏗) 갱 : (굳을 堅 쇠 金)
금할(禁) 금 : (볼 示 숲 林)

급

급할(急) 급 : (꼴 刍 마음 心)
급할(劻) 광 : (바를 匡 힘 力)
급할(勷) 양 : (돋을 襄 힘 力)
급할(遑) 황 : (갈 辶 임금 皇)
급할(遽) 거 : (갈 辶 원숭이 豦)
급할(霍) 곽 : (비 雨 새 隹)

기

기(丌) 기 : (한 一 대 丌)
기(幢) 당 : (수건 巾 아이 童)
기(幡) 번 : (수건 巾 차례 番)
기(幟) 치 : (찰흙 哉 수건 巾)
기(旗) 기 : (그 其 사람 人 모 方)

기계 있을(倜) 척 : (두루 周 사람 亻)
기계(械) 계 : (경계할 戒 나무 木)
기다릴(待) 대 : (절 寺 걸을 彳)
기다릴(偫) 치 : (기다릴 待 사람 亻)
기다릴(俟) 사 : (어조사 矣 사람 亻)
기댈(靠) 고 : (고할 告 아니 非)
기둥(楹) 영 : 甲帳對楹 (찰 盈 나무 木)
기둥(柱) 주 : (주인 主 나무 木)

기러기(雁) 안 : (추할 催 언덕 厂)
기러기(鴈) 안 : (새 鳥 언덕 厂)
기러기(鴈) 안 : 鴈門紫塞 (기러기 鴈 사람 亻)
기러기(鴻) 홍 : (강 江 새 鳥)
기러기(鴨) 압 : (갑옷 甲 새 鳥)

기록(記) 기 : (몸 己 말씀 言)
기록(錄) 록 : (새길 彔 쇠 金)
기록(誌) 지 : (뜻 志 말씀 言)

기를(養) 양 : 恭惟鞠養 (양 羊 밥 食)
기를(育) 육 : 愛育黎首 (이를 云 고기 月)
기를(牧) 목 : 起翦頗牧 (칠 攵 소 牛)
기를(鞠) 국 : 恭惟鞠養 (움켜 뜰 匊 가죽 革)
기를(頤) 이 : (그칠 止 머리 頁)

기름(油) 유 : (말미암을 由 물 氵)
기름(肪) 방 : (고기 月 모 方)
기름(膏) 고 : (높을 高 살 月)

기름(膩) 니 : (살 月 두 貳)
기름질(塿) 육 : (기를 育 흙 土)
기름질(沃) 옥 : (요절할 夭 물 氵)

기린(麒) 기 : (그 其 사슴 鹿)
기린(麟) 린 : (이웃 粦 사슴 鹿)
기릴(褒) 포 : (보호할 保 옷 衣)
기릴(譽) 예 : 馳譽丹靑 (줄 與 말씀 言)
기릴(讚) 찬 : 詩讚羔羊 (도울 贊 말씀 言)
기미(幾) 기 : (작을 絲 수 자리 戍)

기쁠(驩) 환 : (말 馬 황새 雚)
기쁠(慆) 도 : (퍼낼 舀 마음 忄)
기쁠(悅) 열 : 悅豫且康 (기쁠 兌 마음 忄)
기쁠(怡) 이 : (별 台 마음 忄)
기쁠(懽) 환 : (마음 忄 황새 雚)
기쁠(喜) 희 : (악기 壴 입 口)
기쁠(憙) 희 : (기쁠 喜 마음 心)
기쁠(欣) 흔 : 欣奏累遣 (하품 欠 날 斤)
기쁠(歡) 환 : 感謝歡招 (하품 欠 황새 雚)
기쁠(忻) 흔 : (마음 忄 날 斤)
기쁠(訢) 흔 : (말씀 言 날 斤)
기쁠(雍) 옹 : (검을 玄 새 隹)
기쁠(兌) 태 : (여덟 八 형 兄)
기쁠(說) 열 : 說感武丁 (기쁠 兌 말씀 言)

기생(妓) 기 : (지탱할 支 여자 女)
기세(勢) 세 : (심을 執 힘 力)
기약(期) 기 : (그 其 달 月)
기와(瓦) 와 : (서로 互 점 丶)
기우제(雩) 우 : (어조사 亏 비 雨)

기운(氣) 기 : 同氣連枝 (쌀 米 기운 气)
기운(气) 기 : (빌 乞 하나 一)
기운(氛) 분 : (나눌 分 기운 气)
기운(氳) 온 : (기운 气 온화할 昷)

기울(丐) 면 : (장인 工 갈고리 亅)
기울(仄) 측 : (사람 人 언덕 厂)
기울(昃) 측 : 日月盈昃 (기울 仄 가로 曰)
기울(昗) 측 : (가로 曰 여섯 六)
기울(昦) 측 : (큰 大 가로 曰)
기울(傾) 경 : 濟弱扶傾 (될 化 머리 頁)
기울(葺) 즙 : (참소할 咠 풀 艹)
기울(補) 보 : (클 甫 옷 衤)
기울(繕) 선 : (착할 善 실 糸)

기이(奇) 기 : (큰 大 옳을 可)
기장(黍) 서 : 我藝黍稷 (물 氺 벼 禾)
기장(稷) 직 : 我藝黍稷 (날카로울 畟 벼 禾)
기지(拓) 척 : (돌 石 손 扌)
기침(咳) 해 : (입 口 돼지 亥)
기침(嗽) 수 : (묶을 束 하품 欠)
기침할(嗽) 수 : (입 口 기침 欶)
기후(候) 후 : (뚫을 丨 과녁 侯)

긴

긴 머리(髟) 표 : (어른 長 털 彡)
긴 옷(袁) 원 : (좋은 吉 옷 衣)
긴요할(緊) 요 : (굳을 臤 실 糸)

길

길(逕) 경 : (갈 辶 줄기 巠)
길(途) 도 : 假途滅虢 (갈 辶 나 余)
길(道) 도 : 坐朝問道 (갈 辶 머리 首)
길(路) 로 : 路夾槐卿 (각각 各 발 足)
길(甬) 용 : (쓸 用 또 又)
길(軌) 궤 : (아홉 九 수레 車)
길(永) 영 : 永綏吉邵 (점 丶 물 水)
길(長) 장 : 靡恃己長 (뚫을 丨 셋 三 옷 衣)

길(羕) 양 : (길 永 양 羊)
길(匍) 포 : (클 甫 쌀 勹)
길(匐) 복 : (쌀 勹 찰 畐)

길게 걸을(廴) 인 : (삐침 丿 파임 乀)
길 드려질(棲) 서 : (아내 妻 나무 木)
길 드려질(馴) 순 : (말 馬 내 川)
길쌈할(績) 적 : 妾御績紡 (실 糸 책임 責)
길쌈할(紡) 방 : 妾御績紡 (실 糸 모 方)
길할(吉) 길 : 永綏吉邵 (입 口 선비 士)

김

김(汽) 기 : (물 氵 기운 气)
김맬(耘) 기 : (이를 云 쟁기 耒)
김오를(烝) 증 : (도울 丞 불 灬)
김치(菹) 저 : (저릴 沮 풀 艹)

깁

깁(紗) 사 : (적을 少 실 糸)

깃

깃(羽) 우 : 鱗潛羽翔 (익힐 習 익힐 習)
깃발(斿) 유 : (이를 云 내 川)
깃발(斿) 유 : (모 方 사람 人 아들 子)

깊

깊을(浚) 준 : (물 氵 모양 夋)
깊을(深) 심 : 臨深履薄 (무릅쓸 罙 물 氵)
깊을(奧) 오 : (삐침 丿 멀 冂 무리 类)
깊을(奧) 오 : (깊을 奧 삐침 丿)
깊을(澳) 오 : (깊을 奧 물 氵)

깊을(濬) 준 : (밝을 睿 물 氵)
깊을(潭) 담 : (미칠 覃 물 氵)

까

까끄라기(芒) 망 : (망할 亡 풀 艹)
까끄라기(秒) 묘 : (적을 少 벼 禾)
까부를(箕) 기 : (그 其 대 竹)
까부를(簸) 파 : (키 箕 가죽 皮)
까치(鵲) 작 : (옛 昔 새 鳥)

깎

깎아내릴(貶) 폄 : (가난할 乏 조개 貝)
깎을(刓) 완 : (으뜸 元 칼 刂)
깎을(削) 삭 : (닮을 肖 칼 刂)
깎을(刪) 산 : (책 冊 칼 刂)
깎을(剗) 잔 : (해칠 戔 칼 刂)
깎을(剟) 철 : (연할 叕 칼 刂)
깍지낄(叉) 차 : (또 又 점 丶)
깍지낄(臼) 국 : (절구 臼)

깜

깜부기(燼) 신 : (다할 盡 불 火)

깨

깨끗할(淨) 정 : (다툴 爭 물 氵)
깨끗할(絜) 결 : (새길 㓞 실 糸)
깨끗할(潔) 결 : 紈扇圓潔 (깨끗할 絜 물 氵)
깨달을(覚) 각 : (작게 덮을 冖 볼 見)
깨달을(覺) 각 : (배울 學 볼 見)
깨달을(悟) 오 : (나 吾 마음 忄)
깨달을(憬) 경 : (볕 景 마음 忄)

깨달을(惺) 성 : (별 星 마음 忄)
깨뜨릴(破) 파 : (돌 石 가죽 皮)
깨물(韧) 교 : (예쁠 丰 칼 刀)
깨물(咬) 교 : (사귈 交 입 口)
깨물(嚙) 교 : (이 齒 입 口)
깨우칠(喩) 유 : (점점 兪 입 口)
깨우칠(諭) 유 : (점점 兪 말씀 言)

깰

깰(寤) 오 : (거스를 㐭 집 宀)
꺼릴(憚) 탄 : (홑 單 마음 忄)

꺼

꺼릴(忌) 기 : (몸 己 마음 心)
꺼릴(諱) 휘 : (말씀 言 가죽 韋)
꺾을(挫) 좌 : (앉을 坐 손 扌)
꺾을(拗) 요 : (어릴 幼 손 扌)
꺾을(折) 절 : (도끼 斤 손 扌)
꺾을(摧) 최 : (높을 崔 손 扌)

껍

껍질(殻) 각 : (선비 士 덮을 冖 안 석 几 한 一)
껍질(殼) 각 : (창 殳 껍질 殻)

꼬

꼬리(尾) 미 : (주검 尸 털 毛)
꼬치(串) 관 : (입 口 뚫을 丨 입 口)

꼭

꼭두각시(傀) 괴 : (사람 亻 귀신 鬼)

꼭두각시(儡) 뢰 : (사람 亻 밭 畾)
꼭두서니(蒐) 수 : (귀신 鬼 풀 艹)

꼴

꼴(芻) 추 : (쌀 勹 왼손 屮 쌀 勹 왼손 屮)
꼴(腳) 추 : (꼴 芻 살 月)
꼴(皺) 추 : (꼴 芻 가죽 皮)
꼴(撚) 연 : (그러할 然 손 扌)
꼴(彐) 추 : (쌀 勹 돼지 彐)

꼽

꼽추(佝) 구 : (사람 亻 글 句)
꼽추(傴) 구 : (나눌 區 사람 亻)
꼽추(僂) 루 : (포갤 婁 사람 亻)

꽂

꽂을(揷) 삽 : (손 扌 가래 臿)
꽂을(搢) 진 : (나아갈 晉 손 扌)

꽃

꽃(花) 화 : (될 化 풀 艹)
꽃(華) 화 : 都邑夏華 (풀 艹 예쁠 千 장인 工 뚫을 丨)
꽃다울(芳) 방 : (모 方 풀 艹)
꽃받침(萼) 악 : (놀랄 咢 풀 艹)
꽃밥(葯) 약 : (묶을 約 풀 艹)
꽃봉오리(蕾) 뢰 : (번개 雷 풀 艹)
꽃부리(英) 영 : 亦聚群英 (가운데 央 풀 艹)

꾀

꾀(策) 책 : 策功茂實 (대 竹 가시 束)

꾀(謨) 모 : (없을 莫 말씀 言)
꾀(猷) 유 : 貽厥嘉猷 (개 犬 두목 酋)
꾀(計) 계 : (열 十 말씀 言)
꾀(逭) 환 : (갈 辶 벼슬 官)
꾀꼬리(鶯) 앵 : (등불 熒 새 鳥)
꾀할(謀) 모 : (아무 某 말씀 言)
꾀할(企) 기 : (그칠 止 사람 人)

꾈

꾈(誘) 유 : (빼어날 秀 말씀 言)
꾈(拐) 괴 : (헤어질 另 손 扌)
꿸(丱) 관 : (열 十 입 口)
꿸(貫) 관 : (조개 貝 꿸 毌)
꿸(絲) 관 : (작을 幺 상투 卝)
꿸(串) 곶 : (성 吕 뚫을 丨)

꾸

꾸물거릴(蠢) 준 : (봄 春 벌레 䖵)
꾸물거릴(蠕) 연 : (구할 需 벌레 虫)
꾸밀(扮) 분 : (나눌 分 손 扌)
꾸밀(裝) 장 : (씩씩할 壯 옷 衣)
꾸밀(賁) 분 : (조개 貝 풀 卉)
꾸밀(飾) 식 : (베 布 밥 食)

꾸짖을(吘) 홍 : (장인 工 입 口)
꾸짖을(誚) 초 : 愚蒙等誚 (닮을 肖 말씀 言)
꾸짖을(吋) 촌 : (입 口 마디 寸)
꾸짖을(訶) 가 : (옳을 可 말씀 言)
꾸짖을(呵) 가 : (옳을 可 입 口)
꾸짖을(叱) 질 : (입 口 일곱 七)
꾸짖을(咤) 타 : (집 宅 입 口)
꾸짖을(責) 책 : (조개 貝 주인 主)
꾸짖을(咄) 돌 : (날 出 입 口)

꾸짖을(喝) 갈 : (어찌 曷 입 口)
꾸짖을(嚇) 혁 : (빛날 赫 입 口)
꾸짖을(詈) 리 : (그물 罒 말씀 言)
꾸짖을(詬) 후 : (임금 后 말씀 言)
꾸짖을(誶) 수 : (마칠 卒 말씀 言)
꾸짖을(謫) 적 : (밑동 啇 말씀 言)
꾸짖을(詢) 구 : (글 句 말씀 言)
꾸짖을(罵) 매 : (그물 罒 말 馬)

꿀

꿀(蜜) 밀 : (반듯이 必 집 宀 벌레 虫)

꿇

꿇을(跪) 궤 : (위태할 危 발 足)
꿇을(坐) 좌 : (좇을 从 흙 土)

꿈

꿈(夢) 몽 : (덮을 冖 쑥 夢)

꿩

꿩(甾) 치 : (밭 田 개미허리 巛)
꿩(雉) 치 : (화살 矢 새 隹)
꿩(翟) 적 : (깃 羽 새 隹)

끈

끈(組) 조 : (또 且 실 糸)
끈끈할(粘) 점 : (차지할 占 쌀 米)

끊

끊을(切) 절 : 切磨箴規 (칼 刀 일곱 七)
끊을(斷) 단 : (이을 鐵 도끼 斤)
끊을(截) 절 : (다칠 戈 새 隹)
끊을(絶) 절 : (실 糸 빛 色)
끓일(湯) 탕 : 周發殷湯 (볕 昜 물 氵)

끌

끌(夆) 봉 : (뒤져올 夂 예쁠 丰)
끌(銶) 구 : (구할 求 쇠 金)
끌(消) 소 : (닮을 肖 물 氵)
끌(防) 방 : (고을 阝 모 方)
끌(延) 연 : (걸을 廴 삐침 丿 발 止)
끌(提) 제 : (이 是 손 扌)
끌(構) 구 : (얽을 冓 손 扌)
끌(曼) 만 : (또 又 어질 冒)
끌(掣) 체 : (마를 制 손 手)
끌(牽) 견 : (검을 玄 덮을 冖 소 牛)
끌(引) 인 : 矩步引領 (뚫을 丨 활 弓)
끌(曳) 예 : (삐침 丿 번개 电)
끌(携) 휴 : (영리할 雋 손 扌)
끌릴(惹) 야 : (같을 若 마음 心)
끓을(沸) 비 : (아닐 弗 물 氵)

끙

끙끙거릴(呻) 신 : (입 口 납 申)

끝

끝(垠) 은 : (그칠 艮 흙 土)
끝(季) 계 : (아들 子 벼 禾)
끝(末) 말 : (나무 木 한 一)

끝(耑) 단 : (말 이을 而 뫼 山)
끝(端) 단 : 形端表正 (설 立 끝 耑)
끝날(終) 종 : 愼終宜令 (실 糸 겨울 冬)

끼

끼칠(貽) 이 : 貽厥嘉猷 (나 台 조개 貝)

낄

낄(介) 개 : (사람 人 칼 刂)
낄(夾) 협 : 路夾槐卿 (큰 大 쫓을 从)

나

나(我) 아 : 我藝黍稷 (손 扌 창 戈)
나(朕) 짐 : (웃을 关 달 月)
나(余) 여 : (사람 人 여덟 八 어조사 于)
나(予) 여 : (또 又 한 一 갈고리 亅)
나(吾) 오 : (입 口 다섯 五)
나(俺) 엄 : (가릴 奄 사람 亻)
나(儂) 농 : (사람 亻 농사 農)
나(台) 태 : (나 厶 입 口)
나(卬) 앙 : (삐침 丿 갈고리 乚 병부 卩)
나(厶) 사 : (삐침 丿 점 丶)

나갈(冉) 염 : (멀 冂 둘 二)
나그네(旅) 려 : (사람 人 모 方 옷 衣)
나귀(驢) 려 : 驢騾犢特 (검을 盧 말 馬)
나누어줄(俵) 표 : (사람 亻 겉 表)
나눌(區) 구 : (상자 匸 품성 品)
나눌(分) 분 : 交友投分 (여덟 八 칼 刀)
나눌(仌) 별 : (여덟 八 여덟 八)
나눌(割) 할 : (해할 害 칼 刂)
나눌(頒) 반 : (나눌 分 머리 頁)
나눌(別) 별 : 禮別尊卑 (헤어질 另 칼 刂)
나눌(班) 반 : (쌍 옥 珏 칼 刂)
나라(囗) 국
나라(囻) 국 : (에울 囗 다섯 乂)
나라(國) 국 : 推位讓國 (혹시 或 에울 囗)
나라(魯) 노 : (고기 魚 가로 曰)
나라(趙) 조 : 趙魏困橫 (달릴 走 닮을 肖)
나라(邦) 방 : (예쁠 丰 고을 阝)
나라(楚) 초 : 晉楚更霸 (발 疋 숲 林)
나라(唐) 당 : 有虞陶唐 (집 广 붓 肀 입 口)
나라(吳) 오 : (큰 大 입 口 한 一)
나라(彭) 팽 : (악기 壴 털 彡)
나라(鄂) 악 : (놀랄 咢 고을 阝)
나라(鄒) 추 : (고을 阝 꼴 芻)

나라(邢) 형 : (열 开 고을 阝)
나라(鄭) 정 : (정할 奠 고을 阝)
나라(韓) 한 : 韓弊煩刑 (열 十 일찍 早 가죽 韋)
나라(魏) 위 : 趙魏困橫 (맡길 委 귀신 鬼)
나라(禹) 우 : 九州禹跡 (짐승 발자국 内 삐침 丿 입 口)
나라(秦) 진 : 百郡秦幷 (클 𡗗 벼 禾)
나라(虢) 괵 : 假途滅虢 (범 虎 취할 寽)
나라(豳) 빈 : (뫼 山 돼지 豩)
나라(邠) 빈 : (나눌 分 고을 阝)
나라(罜) 촉 : (쌀 勹 그물 罒)
나라(蜀) 촉 : (나라 罜 벌레 虫)
나라(竺) 축 : (두 二 대 竹)
나라(薛) 설 : (쌍을 𦣞 매울 辛 풀 艹)
나라(蔡) 채 : (제사 祭 풀 艹)
나라(漢) 한 : 綺回漢惠 (물 氵 가죽 革 큰 大)
나라금고(帑) 탕 : (종 奴 수건 巾)

나란히(竝) 병 : 竝皆佳妙 (설 立 설 立)
나란히(並) 병 : (초 두 丷 상투 业 한 一)
나란히 설(丞) 음 : (삐침 丿 사람 亻 파임 乀)
나를(輸) 수 : (점점 兪 수레 車)
나루(津) 진 : (붓 聿 물 氵)
나막신(屐) 극 : (지탱할 支 주검 尸)
나막신(屐) 극 : (나막신 屐 걸을 彳)
나무(樹) 수 : 鳴鳳在樹 (나무 木 세울 尌)
나무(木) 목 : 化被草木 (열 十 사람 人)
나무(梢) 초 : (닮을 肖 나무 木)
나무랄(譏) 기 : 省躬譏誡 (몇 幾 말씀 言)
나무할(樵) 초 : (그을릴 焦 나무 木)
나무 빽빽할(森) 삼 : (나무 木 나무 木 나무 木)
나물(菜) 채 : 菜重芥薑 (캘 采 풀 艹)
나물(蔬) 소 : (트일 疏 풀 艹)
나뭇잎(枼) 엽 : (인간 世 나무 木)
나뭇잎(葉) 엽 : (나뭇잎 枼 풀 艹)
나쁠(歉) 겸 : (겸할 兼 하품 欠)
나부낄(飄) 표 : 落葉飄颻 (불똥 票 바람 風)

나부낄(飆) 요 : 落葉飄飆 (바람 風 질그릇 盍)
나비(蝴) 호 : (턱 살 胡 벌레 虫)
나비(蝶) 접 : (나뭇잎 枼 벌레 虫)

나아갈(尢) 임 : (덮을 冖 사람 人)
나아갈(半) 토 : (물 氺 하나 一)
나아갈(冉) 염 : (멀 冂 흙 土)
나아갈(冄) 염 : (멀 冂 둘 二)
나아갈(詵) 신 : (먼저 先 먼저 先)
나아갈(進) 진 : (갈 辶 새 隹)
나아갈(晉) 진 : 晉楚更覇 (가로 曰 둘 二 이웃 厸)
나아갈(迪) 적 : (말미암을 由 갈 辶)
나아갈(赴) 부 : (달릴 走 점 卜)
나아갈(詣) 예 : (뜻 旨 말씀 言)
나약할(孱) 잔 : (삼갈 孨 주검 尸)

나이(年) 년 : 年矢每催 (한 一 낮 午)
나이(齡) 령 : (이 齒 영 令)
나타날(著) 저 : (풀 艹 놈 者)
나타날(現) 현 : (볼 見 임금 王)
나타날(顯) 현 : (드러날 㬎 머리 頁)
나팔(喇) 라 : (찌를 剌 입 口)
나팔(叭) 팔 : (여덟 八 입 口)

낙
낙타(駝) 타 : (다를 它 말 馬)
낙타(駱) 락 : (각각 各 말 馬)

낚
낚시(釣) 조 : 釣巧任釣 (구기 勺 쇠 金)
낚싯줄(罠) 민 : (백성 民 그물 罒)
낚싯줄(緡) 민 : (어두울 昏 실 糸)
낚을(鷲) 취 : (이를 就 새 鳥)

난
난간(欄) 란 : (난간 闌 나무 木)
난간(闌) 란 : (가릴 柬 문 門)
난간(欖) 람 : (볼 覽 나무 木)
난새(鸞) 란 : (어지러울 䜌 새 鳥)
난쟁이(侏) 주 : (붉을 朱 사람 人)
난초(蘭) 란 : 似蘭斯馨 (난간 闌 풀 艹)
난초(蕙) 혜 : (은혜 惠 풀 艹)

날
날(出) 출 : 玉出崑岡 (뫼 山 뫼 山)
날(生) 생 : 金生麗水 (사람 人 흙 土)
날(日) 일 : 日月盈昃 (입 口 한 一)
날(辰) 신 : (언덕 厂 옷 衣)
날(斤) 근 : (삐침 丿 아래 丅)
날(斤) 근 : (당길 𠂆 뚫을 丨)
날(飛) 비 : 樓觀飛驚 (날 飞 뚫을 丨 사람 亻)
날(翔) 상 : 鱗潛羽翔 (양 羊 깃 羽)

날카로울(兌) 예 : (여덟 八 형 兄)
날카로울(銳) 예 : (날카로울 兌 쇠 金)

날카로울(夐) 측 : (걸을 夂 어질 儿 밭 田)
날카로울(剗) 측 : (날카로울 夐 칼 刂)
날카로울(穋) 측 : (날카로울 夐 가래 耒)
날카로울(妭) 침 : (목맬 兂 목맬 兂)

날개(翼) 익 : (다를 異 깃 羽)
날개(翰) 한 : (햇빛 倝 깃 羽)
날개 칠(奞) 탈 : (큰 大 새 隹)
날기와(坏) 배 : (흙 土 아니 不)

날랠(仡) 흘 : (빌 乞 사람 亻)
날랠(勇) 용 : (또 又 사내 男)
날랠(驍) 효 : (높을 堯 말 馬)

날릴(揚) 양 : (손 扌 볕 昜)
날씬할(娜) 나 : (어찌 那 여자 女)
날짐승(禽) 금 : (산신 离 사람 人)

남

남길(遺) 유 : (귀할 貴 갈 辶)
남녘(丙) 병 : 丙舍傍啓 (멀 冂 한 一 사람 人)
남녘(南) 남 : 俶載南畝 (멀 冂 열 十 찌를 半)
남루할(褸) 루 : (포갤 婁 옷 衤)
남색(藍) 람 : 藍筍象床 (풀 艹 볼 監)

남을(奴) 찬 : (또 又 뼈 歺)
남을(剩) 잉 : (탈 乘 칼 刂)
남을(餘) 여 : 閏餘成歲 (나 余 밥 食)
남을(及) 영 : (이에 乃 또 又)
남을(嬴) 영 : (노 亡 썩을 肰 무릇 凡)
남을(殘) 잔 : (남을 戔 뼈 歹)
남을(戔) 잔 : (창 戈 창 戈)

납

납(鉛) 연 : (안 석 几 쇠 金 입 口)
납(申) 신 : (가로 曰 뚫을 丨)
납작할(扁) 편 : (책 冊 집 戶)

낫

낫(剳) 답 : (좀 콩 荅 칼 刂)
낫(釗) 쇠 : (쇠 金 칼 刂)

낭

낭떠러지(崖) 애 : (뫼 山 언덕 厓)

낮

낮(午) 오 : (열 十 사람 人)
낮(晝) 주 : 晝眠夕寐 (아침 旦 붓 聿)
낮을(氏) 저 : (각시 氏 한 一)
낮을(低) 저 : (낮을 氏 사람 亻)
낮을(卑) 비 : 禮別尊卑 (귀신 由 삐침 丿 열 十)

낯

낯(顏) 안 : (선비 彦 머리 頁)
낯(面) 면 : 背邙面洛 (구결 丆 돌아올 囬)

낱

낱(個) 개 : (굳을 固 사람 亻)
낱(枚) 매 : (글 攵 나무 木)

낳

낳을(产) 산 : (삐침 丿 설 立)
낳을(產) 산 : (낳을 产 날 生)

내

내(川) 천 : 川流不息 (내 巛)
내릴(夅) 강 : (뒤져올 夂 걸을 屮)
내릴(降) 강 : (내릴 夅 언덕 阝)
내칠(黜) 출 : 勸賞黜陟 (검을 黑 날 出)
내칠(斥) 척 : (날 斤 점 丶)

냄

냄비(鎬) 호 : (높을 高 쇠 金)
냄새 맡을(臭) 취 : (스스로 自 개 犬)
냄새 맡을(嗅) 후 : (입 口 냄새 맡을 臭)

너

너(尒) 이 : (사람 人 마음 小)
너(汝) 여 : (물 氵 여자 女)
너(爾) 이 : (효 爻 효 爻)
너(爾) 이 : (두루 帀 너 爾 여덟 八)
너(儞) 이 : (너 爾 사람 亻)
너그러울(寬) 관 : (산양 莧 집 宀)
너그러울(愃) 선 : (베풀 宣 마음 忄)
너럭바위(磐) 반 : (돌 般 돌 石)

넉

넉(四) 사 : 四大五常 (에울 口 어질 儿)
넉(亖) 사 : (두 二 두 二)

넉

넉넉할(優) 우 : 學優登仕 (근심할 憂 사람 亻)
넉넉할(富) 부 : 世祿侈富 (찰 畐 집 宀)
넉넉할(饒) 요 : (높을 堯 밥 食)

넉넉할(贍) 섬 : (볼 詹 조개 貝)
넉넉할(給) 합 : (합할 合 실 糸)
넉넉할(賰) 춘 : (봄 春 조개 貝)
넉넉할(裕) 유 : (골 谷 옷 衤)

넋

넋(魂) 혼 : (이를 云 귀신 鬼)
넋(魄) 백 : 晦魄環照 (흰 白 귀신 鬼)

널

널(板) 판 : (되돌릴 反 나무 木)
널(匚) 구 : (오랠 久 상자 匚)
널(柩) 구 : (나무 木 널 匚)
널(郭) 곽 : (누릴 享 언덕 阝)
널(槨) 곽 : (널 郭 나무 木)
널(牔) 박 : (펼 尃 조각 片)

넘

넘어질(倒) 도 : (이를 到 사람 亻)
넘어질(跌) 질 : (잃을 失 발 足)
넘어질(蹉) 차 : (어긋날 差 발 足)
넘어질(僨) 분 : (클 賁 사람 亻)
넘어질(僵) 강 : (사람 亻 지경 畺)
넘어질(蹶) 궐 : (그 厥 발 足)
넘어질(躓) 질 : (모탕 質 발 足)

넘을(超) 초 : 駿躍超驤 (달릴 走 부를 召)
넘을(躐) 렵 : (쥐 털 巤 발 足)
넘을(踰) 유 : (점점 俞 발 足)
넘을(越) 월 : (달릴 走 도끼 戉)
넘을(逾) 유 : (점점 俞 갈 辶)

넘칠(溢) 일 : (더할 益 물 氵)
넘칠(氾) 범 : (물 氵 병부 卩)
넘칠(濫) 람 : (볼 監 물 氵)

넓

넓고 클(瀚) 한 : (물 氵 날개 翰)
넓을(巸) 이 : (뱀 巳 신하 臣)
넓을(廣) 광 : 右通廣內 (누를 黃 집 广)
넓을(弘) 홍 : (나 厶 활 弓)
넓을(洪) 홍 : 宇宙洪荒 (함께 共 물 氵)
넓을(浩) 호 : (고할 告 물 氵)
넓을(溥) 부 : (펼 專 물 氵)
넓을(漠) 막 : 宣威沙漠 (물 氵 아니 莫)
넓을(博) 박 : (펼 專 열 十)
넓을(闊) 활 : (살 活 문 門)
넓을(普) 보 : (나란히 並 가로 曰)
넓적할(扁) 편 : (책 冊 집 戶)
넓적다리(髀) 비 : (낮을 卑 뼈 骨)
넓적다리(腿) 퇴 : (물러날 退 살 月)
넓힐(擴) 확 : (넓을 廣 손 扌)
넓힐(拓) 척 : (손 扌 돌 石)

넝

넝쿨(丩) 규 : (갈고리 亅 뚫을 丨)
넝쿨(艽) 규 : (넝쿨 丩 풀 艹)

노

노(恼) 망 : (망할 亡 입 口)
노(櫓) 로 : (나라 魯 나무 木)
노(棹) 도 : (높을 卓 나무 木)
노(槳) 장 : (장수 將 나무 木)
노(楫) 즙 : (소곤댈 咠 나무 木)

노끈(繩) 승 : (밭 田 번개 电 실 糸)

노닐(逍) 소 : 散慮逍遙 (닮을 肖 갈 辶)
노닐(徘) 배 : 徘徊瞻眺 (아니 非 걸을 彳)
노닐(徊) 회 : 徘徊瞻眺 (걸을 彳 돌 回)

노래(唱) 창 : 夫唱婦隨 (창성할 昌 입 口)
노래(哥) 가 : (옳을 可 옳을 可)
노래(歌) 가 : 絃歌酒讌 (하품 欠 노래 哥)
노래(謠) 요 : (질그릇 䍃 말씀 言)
노래할(皦) 교 : (놓을 放 흰 白)

노략질할(擄) 노 : (사로잡을 虜 손 扌)
노략질할(掠) 략 : (서울 京 손 扌)
노려볼(眈) 탐 : (머뭇거릴 冘 눈 目)
노루(獐) 장 : (개 사슴 犭 글 章)
노린내 날(羶) 전 : (양 羊 단 亶)
노새(騾) 라 : 驢騾犢特 (묶을 累 말 馬)

뇌

뇌물(賄) 회 : (있을 有 조개 貝)
뇌물(賂) 뢰 : (각각 各 조개 貝)

뇌(腦) 뇌 : (골 甾 살 月)

녹

녹(彔) 록 : (돼지 彑 물 氺)
녹(菉) 록 : (풀 艹 근본 彔)
녹(綠) 록 : (실 糸 근본 彔)
녹(祿) 록 : 世祿侈富 (볼 示 근본 彔)

녹나무(樟) 장 : (글 章 나무 木)
녹나무(楠) 남 : (남녘 南 나무 木)

녹두(菉) 록 : (풀 艹 근본 录)
녹봉(祿) 록 : 世祿侈富 (볼 示 근본 录)
녹을(溶) 용 : (물 氵 얼굴 容)
녹일(鎔) 용 : (쇠 金 얼굴 容)

논

논(畓) 답 : (물 水 밭 田)
논할(論) 논 : 求古尋論 (둥글 侖 말씀 言)

놀

놀(霞) 하 : (빌 叚 비 雨)
놀(赮) 하 : (붉을 赤 빌 叚)
놀(敖) 오 : (흙 土 놓을 放)
놀(翫) 완 : 耽讀翫市 (익힐 習 으뜸 元)
놀(遊) 유 : 遊鯤獨運 (갈 辶 깃발 㫃)
놀랄(唇) 진 : (용 辰 입 口)
놀랄(驚) 경 : 樓觀飛驚 (말 馬 공경 敬)
놀랄(愕) 악 : (놀랄 咢 마음 忄)
놀랄(駭) 해 : 駭躍超驤 (돼지 亥 말 馬)
놀랄(瞿) 구 : (새 隹 두리번거릴 䀠)
놀랄(咢) 악 : (어조사 亐 부르짖을 吅)
놀이(戱) 희 : (빌 虛 창 戈)

놈

놈(者) 자 : 謂語助者 (흰 白 늙을 耂)

놋

놋쇠(鉐) 석 : (돌 石 쇠 金)

농

농(籠) 롱 : (용 龍 대 竹)
농사(農) 농 : 治本於農 (굽을 曲 용 辰)
농막(墅) 서 : (들 野 흙 土)
농막(庄) 장 : (흙 土 집 广)
농부(畯) 준 : (밭 田 모양 夋)

높

높고 클(巍) 외 : (나라 魏 뫼 山)
높아질(亢) 항 : (머리 ㅗ 안 석 几)
높은 땅(塏) 개 : (어찌 豈 흙 土)
높은 집(龐) 방 : (용 龍 집 广)
높을(敞) 창 : (숭상할 尙 글 攵)
높을(喬) 교 : (삼킬 呑 들 冋)
높을(尊) 존 : 禮別尊卑 (마디 寸 두목 酋)
높을(峻) 준 : (뫼 山 모양 夋)
높을(崔) 최 : (뫼 山 새 隹)
높을(高) 고 : 高冠陪輦 (들 冋 머리 ㅗ 입 口)
높을(僑) 교 : (높을 喬 사람 亻)
높을(卓) 탁 : (일찍 早 점 卜)
높을(邵) 소 : 永綏吉邵 (부를 召 병부 卩)
높을(垚) 요 : (선비 士 선비 士 선비 士)
높을(堯) 요 : (우뚝할 兀 높을 垚)
높을(崇) 숭 : (뫼 山 마루 宗)
높을(翏) 료 : (검은 털 彡 깃 羽)
높을(麦) 릉 : (걸을 攵 버섯 先)
높을(隆) 융 : (언덕 阝 제사 夆)
높이 날(雈) 확 : (덮을 冖 새 隹)
높이들(揭) 게 : (어찌 曷 손 扌)
높이 솟을(埈) 준 : (흙 土 모양 夋)
높일(崇) 숭 : (뫼 山 마루 宗)

농

놓을(放) 방 : (글 夊 모 方)

누

누각(閣) 각 : (각각 各 문 門)
누대(臺) 대 : (좋을 吉 덮을 冖 이를 至)
누구(孰) 숙 : 微旦孰營 (누릴 享 알 丸)
누구(誰) 수 : 解組誰逼 (새 隹 말씀 言)
누룩(麴) 국 : (움켜 뜰 匊 보리 麥)

누를(抑) 억 : (나 卬 손 扌)
누를(壓) 압 : (싫을 厭 흙 土)
누를(押) 압 : (갑옷 甲 손 扌)
누를(捺) 날 : (어찌 奈 손 扌)
누를(黃) 황 : 天地玄黃 (스물 廿 한 一 말미암을 由 여덟 八)

누릴(享) 향 : (아들 子 입 口 머리 亠)
누릴(歆) 흠 : (하품 欠 소리 音)
누울(偃) 언 : (엎드릴 匽 사람 亻)
누울(臥) 와 : (신하 臣 사람 人)

누이(姐) 저 : (또 且 여자 女)
누이(姉) 자 : (저자 市 여자 女)
누이(妹) 매 : (아니 未 여자 女)

눈

눈(雪) 설 : (비 雨 돼지 彐)
눈(眼) 안 : (머무를 艮 눈 目)
눈(目) 목 : 寓目囊箱 (입 口 둘 二)
눈(䀠) 목 : (눈 目 열 十)
눈 깜짝할(瞬) 순 : (임금 舜 눈 目)
눈동자(瞳) 동 : (아이 童 눈 目)

눈동자(睛) 정 : (푸를 靑 눈 目)
눈동자(眸) 모 : (소리 牟 눈 目)
눈멀(盲) 맹 : (망할 亡 눈 目)

눈물(涕) 체 : (아우 弟 물 氵)
눈물(涙) 루 : (어그러질 戾 물 氵)
눈물(泪) 루 : (눈 目 물 氵)
눈물(沱) 타 : (다를 它 물 氵)

눈썹(黛) 대 : (대신 代 검을 黑)
눈썹(眉) 미 : (주검 尸 눈 目)
눈초리(眥) 제 : (이 此 눈 目)

눈 흘길(睚) 애 : (눈 目 언덕 厓)
눈 흘길(睥) 비 : (낮을 卑 눈 目)
눈 흘길(睨) 예 : (아이 兒 눈 目)
눈 흘길(盻) 혜 : (어조사 兮 눈 目)
눈 흘길(眄) 면 : (가릴 丏 눈 目)

눕

눕힐(偃) 언 : (엎드릴 匽 사람 亻)

뉘

뉘우칠(懺) 참 : (부추 韱 마음 忄)
뉘우칠(悔) 회 : (매양 每 마음 忄)

느

느낄(芔) 공
느낄(共) 공 : (함께 廾 여덟 八)
느낄(感) 감 : 說感武丁 (다 咸 마음 心)
느릴(緩) 완 : (당길 爰 실 糸)

늘

늘릴(擴) 확 : (넓을 廣 손 扌)
늘어놓을(陳) 진 : 陳根委翳 (고을 阝 동녘 東)
늘어질(縱) 종 : (따를 從 실 糸)
늘일(延) 연 : (걸을 廴 삐침 丿 그칠 止)

늙

늙을(翁) 옹 : (귀할 公 깃 羽)
늙을(老) 노 : 老少異糧 (늙을 耂 비수 匕)
늙을(耂) 노 : (삐침 丿 흙 土)
늙을(叟) 수 : (거듭 申 또 又)

능

능(陵) 릉 : (높을 夌 언덕 阝)
능가할(凌) 능 : (얼 冫 높을 夌)
능금(柰) 내 : 果珍李柰 (볼 示 나무 木)
능금나무(檎) 금 : (짐승 禽 나무 木)
능할(能) 능 : 得能莫忘 (벌레 肙 비수 匕 匕)

늦

늦을(旰) 간 : (방패 干 날 日)
늦을(遲) 지 : (갈 辶 무소 犀)
늦을(晚) 만 : 枇杷晚翠 (면할 免 날 日)

늪

늪(㕣) 연 : (여덟 八 입 口)
늪(沼) 소 : (부를 召 물 氵)
늪(湫) 추 : (가을 秋 물 氵)
늪(沛) 패 : (저자 市 물 氵)

다

다(丿) 진 : (삐침 丿 하나 一)
다(僉) 첨 : (모일 스 쫓을 从 부르짖을 吅)
다(皆) 개 : 竝皆佳妙 (흰 白 견줄 比)
다(悉) 실 : (분별할 釆 마음 心)
다(這) 저 : (갈 辶 말씀 言)
다(咸) 함 : (개 戌 입 口)

다급할(慌) 황 : (거칠 荒 마음 忄)
다닐(行) 행 : 景行維賢 (자축거릴 彳 걸을 亍)
다다를(赴) 부 : (달릴 走 점 卜)
다다를(達) 달 : 左達承明 (어린양 羍 갈 辶)
다듬을(朐) 구 : (설 立 글 句)
다락(樓) 루 : 樓觀飛驚 (포갤 婁 나무 木)

다를(他) 타 : (사람 亻 이다 也)
다를(殊) 수 : 樂殊貴賤 (붉을 朱 뼈 歹)
다를(差) 차 : (삐침 丿 양 羊 장인 工)
다를(另) 령 : (입 口 힘 力)
다를(別) 별 : 禮別尊卑 (다를 另 칼 刂)
다를(異) 이 : 老少異糧 (함께 共 밭 田)
다를(它) 타 : (비수 匕 집 宀)

다룬 가죽(韋) 위 : (나 吾 걸을 㐭)
다리(橋) 교 : (높을 喬 나무 木)
다리(脚) 각 : (물리칠 却 살 月)
다리미(熨) 위 : (벼슬 尉 불 火)
다만(但) 단 : (사람 亻 아침 旦)
다만(只) 지 : (여덟 八 입 口)
다만(啻) 시 : (임금 帝 입 口)
다섯 곱(蓰) 사 : (옮길 徙 풀 艹)
다섯(乂) 오 : (삐침 丿 점 丶)
다섯(五) 오 : 四大五常 (뚫을 丨 셋 三)

다스릴(皮) 복 : (또 又 병부 卩)

다스릴(尼) 직 : (또 又 주검 尸)
다스릴(理) 리 : 聆音察理 (임금 王 마을 里)
다스릴(政) 정 : 攝職從政 (바를 正 글 攵)
다스릴(治) 치 : 治本於農 (물 氵 별 台)
다스릴(綝) 련 : (실 絲 말씀 言)
다스릴(攝) 섭 : 攝職從政 (손 扌 소곤거릴 聶)
다스릴(撥) 발 : (필 發 손 扌)
다스릴(尹) 윤 : 磻溪伊尹 (돼지 彑 삐침 丿)
다스릴(乂) 예 : 俊乂密勿 (삐침 丿 파임 丶)

다시(復) 부 : (다시 复 걸을 彳)
다시(复) 복 : (걸을 夂 가로 曰 사람 人)
다시(更) 갱 : 晉楚更霸 (어두울 亖 다섯 乂)
다음(次) 차 : 造次弗離 (얼 冫 하품 欠)
다음날(翌) 익 : (설 立 깃 羽)

다짐할(盟) 맹 : 踐土會盟 (밝을 明 그릇 皿)
다칠(戈) 재 : (창 戈 열 十)
다툴(竞) 경 : (설 立 형 兄)
다툴(競) 경 : 寸陰是競 (다툴 竞 다툴 竞)

다할(亅) 진 : (갈고리 亅 삐침 丿)
다할(竟) 경 : 籍甚無竟 (어질 儿 소리 音)
다할(盡) 진 : 忠則盡命 (붓 聿 불 灬 그릇 皿)
다할(竭) 갈 : 孝當竭力 (어찌 曷 설 立)
다할(殄) 진 : (검은 털 㐱 뼈 歹)
다할(殫) 탄 : (뼈 歹 홑 單)
다할(窮) 궁 : (몸 躬 구멍 穴)
다할(極) 극 : 寵增抗極 (빠를 亟 나무 木)

다행(幸) 행 : 林皐幸卽 (찌를 䒑 흙 土)

닥

닥나무(楮) 저 : (나무 木 놈 者)

닦

닦을(拭) 식 : (격식 式 손 扌)
닦을(掣) 철 : (마를 制 손 扌)
닦을(修) 수 : 指薪修祐 (바 攸 털 彡)
닦을(崐) 밀 : (반듯이 必 그릇 皿)
닦을(嵃) 선 : (취할 㳂 그물 罒)

단

단(亶) 단 : (곳집 㐭 아침 旦)
단(壇) 단 : (흙 土 단 亶)
단(彖) 단 : (더위잡을 彑 고슴도치 互)

단금질(淹) 엄 : (가릴 奄 물 氵)
단련할(鍛) 단 : (구분 段 쇠 金)
단련할(鍊) 련 : (가릴 柬 쇠 金)
단속할(撿) 검 : (다 僉 손 扌)
단술(醴) 예 : (풍년 豊 닭 酉)
단위(程) 정 : (드릴 呈 벼 禾)
단장할(粧) 장 : (쌀 米 농막 庄)
단정할(姃) 정 : (바를 正 여자 女)
단정할(靚) 정 : (푸를 靑 볼 見)
단풍(楓) 풍 : (바람 風 나무 木)

닫

닫을(閉) 폐 : (재주 才 문 門)

달

달(糖) 당 : (쌀 米 나라 唐)
달(甜) 첨 : (혀 舌 달 甘)
달(甘) 감 : 存以甘棠 (스물 廿 한 一)
달(月) 월 : 日月盈昃 (멀 冂 둘 二)

달릴(犇) 분 : (소 牛 소 牛 소 牛)
달릴(驟) 취 : (모일 聚 말 馬)
달릴(馳) 치 : 馳譽丹靑 (이다 也 말 馬)
달릴(奔) 분 : (큰 大 풀 卉)
달릴(趨) 추 : (달릴 走 꼴 芻)
달릴(犮) 발 : (개 犬 삐침 丿)
달릴(犮) 발 : (벗 友 삐침 丿)
달릴(走) 주 : (흙 土 발 止)

달빛(朦) 몽 : (어릴 蒙 달 月)
달빛(朧) 롱 : (용 龍 달 月)
달빛(晈) 교 : (사귈 交 날 日)
달아날(竄) 찬 : (쥐 鼠 구멍 穴)
달아날(遁) 둔 : (갈 辶 방패 盾)
달아날(逋) 보 : (갈 辶 클 甫)
달아날(逃) 도 : (갈 辶 징조 兆)
달아날(犇) 분 : (소 牛 물건 牪)

달일(煎) 전 : (불 灬 앞 前)
달팽이(蝸) 와 : (삐뚤 咼 벌레 虫)

닭

닭(酉) 유 : (우뚝할 兀 가로 曰)
닭(鷄) 계 : 鷄田赤城 (어찌 奚 새 鳥)
닭 소리(喔) 악 : (집 屋 입 口)

닮

닮을(肖) 초 : (작을 小 달 月)
닮을(似) 사 : 似蘭斯馨 (써 以 사람 亻)
닮을(盛) 성 : 如松之盛 (이룰 成 그릇 皿)

담

담(堵) 도 : (흙 土 놈 者)
담(垣) 원 : 屬耳垣牆 (뻗칠 亘 흙 土)
담(牆) 장 : 屬耳垣牆 (인색할 嗇 조각 爿)
담(墻) 장 : (인색할 嗇 흙 土)
담(痰) 담 : (불꽃 炎 병 疒)
담금질(淬) 쉬 : (마칠 卒 물 氵)
담박할(澹) 담 : (볼 詹 물 氵)
담 제(禫) 담 : (미칠 覃 볼 示)
담요(氈) 전 : (털 毛 제단 亶)
담을(盛) 성 : 如松之盛 (이룰 成 그릇 皿)
담쌓을(厽) 투 : (나 厶 나 厶 나 厶)

답

답답할(鬱) 울 : 宮殿盤鬱 (덮을 冖 털 彡 장군 缶 숲 林 술 鬯)
답답할(怫) 불 : (마음 忄 아니 弗)

당

당길(厂) 예
당길(厃) 예 : (당길 厂 하나 一)
당길(拽) 예 : (끌 曳 손 扌)
당길(挽) 만 : (면할 免 손 扌)
당길(控) 공 : (빌 空 손 扌)
당길(掎) 기 : (기이할 奇 손 扌)
당길(爰) 원 : (벗 友 손톱 爫 한 一)
당길(引) 인 : (활 弓 뚫을 丨)
당나라(唐) 당 : (집 广 붓 肀 입 口)
당부할(叮) 정 : (입 口 못 丁)
당연할(適) 적 : 適口充腸 (갈 辶 밑동 啇)

닻

닻(錨) 묘 : (쇠 金 모 苗)
닻(碇) 정 : (정할 定 돌 石)
닻(纜) 람 : (볼 覽 실 糸)

닿

닿을(觸) 촉 : (뿔 角 나라 蜀)

대

대(世) 세 : 世祿侈富 (스물 廿 한 一)
대(刀) 기 : (한 一 칼 刂)
대(臺) 대 : (좋을 吉 덮을 冖 이를 至)
대(竹) 죽 : (뚫을 丨 갈고리 亅 좇을 从)
대개(槪) 개 : (이미 旣 나무 木)
대개(括) 괄 : (혀 舌 손 扌)
대개(梗) 경 : (고칠 更 나무 木)
대궐(闕) 궐 : 劍號巨闕 (상기할 欮 문 門)
대궐(殿) 전 : (펼 展 창 殳)
대낮(旿) 오 : (날 日 낮 午)
대 눈(筲) 죽 : (대 竹 눈 目)
대답(對) 대 : 甲帳對楹 (업 业 마디 寸 양 羊)
대답(諾) 낙 : (같을 若 말씀 言)
대답할(答) 답 : 顧答審詳 (합할 合 대 竹)
대략(約) 약 : (실 糸 구기 勺)
대머리(禿) 독 : (어질 儿 벼 禾)
대모(瑁) 모 : (무릅쓸 冒 임금 王)
대롱(管) 관 : (대 竹 벼슬 官)
대산(岱) 대 : 嶽宗恒岱 (대신 代 뫼 山)
대신(代) 대 : (주살 弋 사람 亻)
대자리(筵) 연 : 肆筵設席 (끌 延 대 竹)
대적할(敵) 적 : (글 攵 밑동 啇)
대쪽(簡) 간 : (대 竹 사이 間)

대포(砲) 포 : (쌀 包 돌 石)
대할(對) 대 : 甲帳對楹 (업 业 마디 寸 양 羊)
대항할(抗) 항 : (손 扌 목 亢)

댈

댈(接) 접 : (거듭 妾 손 扌)

더

더듬을(摸) 모 : (없을 莫 손 扌)
더딜(遲) 지 : (갈 辶 무소 犀)

더러울(汚) 오 : (땅이름 亐 물 氵)
더러울(濊) 예 : (해 歲 물 氵)
더러울(陋) 루 : 孤陋寡聞 (한 一 고을 阝 남녘 丙)
더러울(鄙) 비 : (인색할 몹 언덕 阝)
더러울(醜) 추 : (귀신 鬼 닭 酉)
더러울(褻) 설 : (심을 埶 옷 衣)
더러울(穢) 예 : (해 歲 벼 禾)

더럽힐(忝) 첨 : (요절할 夭 마음 小)
더럽힐(汶) 문 : (물 氵 글 文)
더럽힐(瀆) 독 : (팔 賣 물 氵)

더불(与) 여 : (두 二 뚫을 丨 구결 丂)
더불(與) 여 : (마주들 舁 더불 与)

더욱(尤) 우 : (절름발이 尢 점 丶)
더욱(愈) 유 : (점점 兪 마음 心)

더울(燠) 욱 : (불 火 속 奧)
더울(蒸) 증 : 祭祀蒸嘗 (김 오를 烝 풀 艹)
더울(熱) 열 : 執熱願凉 (심을 埶 불 灬)
더울(暑) 서 : 寒來暑往 (가로 曰 놈 者)
더위잡을(攀) 반 : (개 犭 삐침 丿丿 파임 乀)

더할(積) 적 : 禍因惡積 (꾸짖을 責 벼 禾)
더할(益) 익 : 去而益詠 (한 一 그릇 皿 나눌 八)
더할(增) 증 : 寵增抗極 (일찍 曾 흙 土)
더할(加) 가 : (입 口 힘 力)
더할(添) 첨 : (더럽힐 忝 물 氵)
더할(沾) 첨 : (차지할 占 물 氵)
더할(陪) 배 : 高冠陪輦 (고을 阝 침 咅)

덕

덕(德) 덕 : 德建名立 (걸을 彳 덕 悳)
덕(悳) 덕 : (곧을 直 마음 心)

던

던질(抛) 포 : (아홉 九 손 扌 힘 力)
던질(投) 투 : 交友投分 (창 殳 손 扌)
던질(擲) 척 : (손 扌 나라 鄭)

덜

덜(減) 감 : (다 咸 물 氵)
덜(控) 공 : (빌 空 손 扌)
덜(損) 손 : (수요 員 손 扌)
덜(除) 제 : (나 余 언덕 阝)

덩

덩굴(蔓) 만 : (끌 曼 풀 艹)
덩어리(塊) 괴 : (흙 土 귀신 鬼)
덩어리(錠) 정 : (정할 定 쇠 金)

덮

덮어쓸(冢) 몽 : (덮을 冖 돼지 豕 한 一)
덮을(覆) 복 : 信使可覆 (덮을 襾 회복할 復)
덮을(丆) 멱 : (삐침 丿 한 一)
덮을(冢) 몽 : (덮을 冖 돼지 豕 한 一)
덮을(冂) 모 : (멀 冂 한 一)
덮을(襾) 아 : (멀 冂 입 凵 한 一)
덮을(幎) 멱 : (어두울 冥 수건 巾)
덮을(庀) 비 : (견줄 比 집 广)
덮을(廕) 음 : (그늘 陰 집 广)

덮을(蓋) 개 : 蓋此身髮 (덮을 盍 풀 艹)
덮을(盍) 합 : (갈 去 그릇 皿)
덮을(蔽) 폐 : (해질 敝 풀 艹)

도

도가니(坩) 감 : (달 甘 흙 土)
도가니(堝) 과 : (삐뚤 咼 흙 土)
도깨비불(燐) 린 : (도깨비불 粦 불 火)
도깨비불(粦) 린 : (어그러질 舛 쌀 米)
도금할(鍍) 도 : (쇠 金 법 度)

도끼(斧) 부 : (아비 父 날 斤)
도끼(斤) 근 : (당길 厂 뚫을 ㅣ)
도끼(戉) 월 : (뚫을 ㅣ 창 戈)
도달할(達) 달 : 左達承明 (갈 辶 어린양 幸)

도둑(寇) 구 : (칠 攴 으뜸 元 집 宀)
도둑(盜) 도 : 誅斬賊盜 (물 氵 그릇 皿 하품 欠)
도둑(賊) 적 : 誅斬賊盜 (오랑캐 戎 조개 貝)
도둑(匪) 비 : (상자 匚 아니 非)
도둑(竊) 절 : (사람 离 구멍 穴 분별할 釆)

도라지(桔) 길 : (좋을 吉 나무 木)
도랑(涂) 도 : (나 余 물 氵)
도랑(渠) 거 : 渠荷的歷 (큰물 洰 나무 木)
도랑(溝) 구 : (얽을 冓 물 氵)
도려낼(抉) 결 : (터놓을 夬 손 扌)
도롱이(蓑) 사 : (시들 衰 풀 艹)
도르레(車) 차 : (뻗칠 亘 뚫을 ㅣ)
도리킬(反) 반 : (또 又 언덕 厂)
도리(桁) 형 : (다닐 行 나무 木)
도마(梡) 완 : (완전 完 나무 木)
도마뱀(蜥) 석 : (쪼갤 析 벌레 虫)
도망할(逭) 환 : (갈 辶 벼슬 官)
도망할(逋) 포 : (클 甫 갈 辶)

도박(賭) 도 : (조개 貝 놈 者)

도울(與) 여 : (깍지낄 臼 줄 与 한 一 여덟 八)
도울(幇) 방 : (봉할 封 비단 帛)
도울(陪) 배 : 高冠陪輦 (침 音 고을 阝)
도울(襄) 양 : (옷 衣 부르짖을 吅 오를 𠀎)
도울(輔) 보 : (클 甫 수레 車)
도울(扶) 부 : 濟弱扶傾 (지아비 夫 손 扌)
도울(裨) 비 : (낮을 卑 옷 衤)
도울(佐) 좌 : 佐時阿衡 (왼 左 사람 亻)
도울(祐) 우 : 指薪修祐 (보일 示 오른 右)
도울(援) 원 : (당길 爰 손 扌)
도울(助) 조 : 謂語助者 (또 且 힘 力)
도울(弼) 필 : (활 弓 弓 일백 百)
도울(翊) 익 : (설 立 깃 羽)
도울(毗) 비 : (견줄 比 밭 田)
도울(護) 호 : (자 蒦 말씀 言)
도울(丞) 승 : (이을 氶 한 一)
도울(贊) 찬 : (나아갈 兟 조개 貝)

도읍(都) 도 : 都邑華夏 (고을 阝 놈 者)
도읍(邑) 읍 : 都邑華夏 (땅 巴 입 口)
도장(印) 인 : (삐침 丿 뚫을 丨 둘 二 병부 卩)
도타울(忳) 돈 : (진칠 屯 마음 忄)
도타울(敦) 돈 : 孟軻敦素 (누릴 享 글 攵)
도타울(篤) 독 : 篤初誠美 (대 竹 말 馬)

독

독(甕) 옹 : (막을 雍 기와 瓦)
독(瓮) 옹 : (귀할 公 기와 瓦)
독(毒) 독 : (어미 母 주인 宔)
독수리(鷲) 취 : (이룰 就 새 鳥)
독특할(特) 특 : 驢騾犢特 (소 牛 절 寺)

돈

돈(錢) 전 : (남을 戔 쇠 金)
돈대(臺) 대 : (좋을 吉 이룰 至 덮을 冖)
돈대(墩) 돈 : (도타울 敦 흙 土)
돈대(堠) 후 : (임금 侯 흙 土)

돋

돋울(挑) 도 : (손 扌 조짐 兆)
돋을(襄) 양 : (옷 衣 부르짖을 吅 오를 𠦝)

돌

돌(朞) 기 : (그 其 달 月)
돌(晬) 수 : (마칠 卒 날 日)
돌(循) 순 : (걸을 彳 방패 盾)
돌(石) 석 : 混池碣石 (구결 丆 입 口)
돌(運) 운 : 遊鵾獨運 (갈 辶 무리 軍)
돌(回) 회 : 綺回漢惠 (에울 囗 입 口)
돌(旋) 선 : 旋璣懸斡 (사람 人 발 疋 모 方)
돌(斡) 알 : 旋璣懸斡 (햇빛 倝 말 斗)
돌(徘) 배 : 徘徊瞻眺 (아니 非 걸을 彳)
돌(徊) 회 : 徘徊瞻眺 (돌 回 걸을 彳)
돌(般) 반 : (배 舟 창 殳)
돌볼(眷) 권 : (뭉칠 龹 눈 目)
돌아갈(戶) 은 : (집 戶 갈고리 亅 하나 一)

돌아갈(复) 복 : (가로 曰 걸을 夂 사람 人)
돌아볼(顧) 고 : 顧答審詳 (품팔 雇 머리 頁)
돌아볼(盼) 반 : (나눌 分 눈 目)
돌아올(囬) 회 : (나라 囗 뚫을 丨丨 두 二)
돌아올(回) 회 : 綺回漢惠 (에울 囗 입 口)
돌아올(歸) 귀 : 率賓歸王 (쌓을 自 그칠 止 비 帚)
돌아올(還) 환 : (놀랄 睘 갈 辶)
돌아올(返) 반 : (되돌릴 反 갈 辶)
돌아올(復) 복 : (다시 复 걸을 彳)
돌이킬(返) 반 : (되돌릴 反 갈 辶)
돌침(砭) 폄 : (가난할 乏 돌 石)
돌피(稊) 제 : (아우 弟 벼 禾)

동

동경할(憧) 동 : (아이 童 마음 忄)
동관(寮) 료 : (횃불 尞 집 宀)
동관(寀) 채 : (캘 采 집 宀)
동네(坊) 방 : (흙 土 모 方)
동녘(東) 동 : 東西二京 (가로 曰 나무 木)
동료(僚) 료 : 布射僚丸 (횃불 尞 사람 亻)
동산(苑) 원 : (뒹굴 夗 풀 艹)
동산(園) 원 : 園莽抽條 (에울 囗 긴 옷 袁)
동산(囿) 원 : (있을 有 에울 囗)
동서(娅) 아 : (버금 亞 여자 女)
동아줄(索) 삭 : (실 糸 덮을 冖 열 十)
동이(盆) 분 : (나눌 分 그릇 皿)
동이(盎) 앙 : (가운데 央 그릇 皿)

돛

돛(帆) 범 : (무릇 凡 수건 巾)
돛대(檣) 장 : (인색할 嗇 나무 木)

되

되(升) 승 : (받들 廾 삐침 丿)
되돌릴(反) 반 : (또 又 언덕 厂)
되살아날(蘇) 소 : (풀 艹 벼 禾 고기 魚)
되풀이할(繙) 번 : (차례 番 실 糸)

될

될(化) 화 : 化被草木 (사람 亻 비수 匕)

돼

돼지(猪) 저 : (개 犭 놈 者)
돼지(彘) 체 : (견줄 比 화살 矢 돼지 彑)
돼지(屍) 시 : (주검 尸 수건 巾)
돼지(豕) 시 : (더위잡을 豕 한 一))
돼지(豖) 축 : (점 丶 돼지 豕)
돼지(逐) 축 : (갈 辶 돼지 豕)
돼지(豚) 돈 : (돼지 豕 살 月)
돼지(豩) 빈 : (돼지 豕 돼지 豕)
돼지(亥) 해 : (머리 亠 다할 ㄅ 사람 人)
돼지(彐) 계 : (셋 三)
돼지(彐) 계 : (셋 三)
돼지(彑) 계 : (셋 三)
돼지(亠) 두 : (뚫을 丨 한 一)
돼지(彖) 단 : (더위잡을 豕 머리 彑)

두

두(復) 부 : (다시 复 걸을 彳)
두(兩) 양 : 兩疏見機 (두루 币 들 从)
두(貳) 이 : (두 弍 조개 貝)
두(二) 이 : 東西二京 (한 一 한 一)
두(再) 재 : 稽顙再拜 (나아갈 冉 한 一)

두 갈래(歧) 기 : (그칠 止 갈래 支)
두건(巾) 건 : 侍巾帷房 (뚫을 丨 덮을 冖)
두근거릴(悸) 계 : (마음 忄 계절 季)
두드릴(攉) 각 : (고상할 隺 손 扌)
두드릴(叩) 고 : (병부 卩 입 口)
두드릴(拷) 고 : (상고할 考 손 扌)
두드릴(敲) 고 : (높을 高 칠 攴)
두드릴(鼓) 고 : 鼓瑟吹笙 (가를 支 악기 壴)
두드릴(捆) 곤 : (곤할 困 손 扌)

두레박(罐) 관 : (장군 缶 황새 雚)
두런거릴(啾) 추 : (가을 秋 입 口)

두려울(悚) 송 : 悚懼恐惶 (묶을 束 마음 忄)
두려울(懼) 구 : 悚懼恐惶 (볼 瞿 마음 忄)
두려울(恐) 공 : 悚懼恐惶 (굳을 巩 마음 心)
두려울(惶) 황 : 悚懼恐惶 (임금 皇 마음 忄)
두려울(懍) 름 : (곳집 稟 마음 忄)
두려울(懾) 섭 : (소곤거릴 聶 마음 忄)
두려울(慄) 율 : (밤 栗 마음 忄)
두려울(怕) 파 : (흰 白 마음 忄)
두려울(怖) 포 : (베 布 마음 忄)
두려울(惕) 척 : (쉬울 易 마음 忄)
두려울(惴) 췌 : (끝 耑 마음 忄)
두려울(恟) 흉 : (흉할 匈 마음 忄)
두려울(怵) 출 : (삽주 朮 마음 忄)
두려울(慴) 습 : (익힐 習 마음 忄)
두려울(畏) 외 : 易輶攸畏 (옷 衣 밭 田)
두려울(觫) 속 : (묶을 束 뿔 角)
두려울(竦) 송 : (설 立 묶을 束)

두

두루(彌) 미 : (너 爾 활 弓)
두루(周) 주 : 周發殷湯 (멀 冂 좋을 吉)
두루(遍) 편 : (넓적할 扁 갈 辶)

두루(帀) 잡 : (수건 巾 하나 一)
두루(旁) 방 : (설 立 모 方)
두루마기(袍) 포 : (쌀 包 옷 衤)
두루미(鶴) 학 : (고상할 隺 새 鳥)
두리번거릴(眴) 구 : (눈 目 눈 目)
두리번거릴(矍) 확 : (또 又 볼 瞿)
두목(酋) 추 : (여덟 八 닭 酉)
두주(栱) 공 : (함께 共 나무 木)
두 사람 걸을(彳) 척 : (삐침 丿 사람 亻)
두터울(渥) 악 : (집 屋 물 氵)
두터울(厚) 후 : (가로 曰 아들 子)
두터울(厚) 후 : (두터울 旱 언덕 厂)
두풍(瘋) 풍 : (바람 風 병 疒)

둑

둑(塢) 오 : (까마귀 烏 흙 土)
둑(堤) 제 : (이 是 흙 土)

둔

둔한 말(駑) 노 : (종 奴 말 馬)
둔할(鈍) 둔 : (진 칠 屯 쇠 金)

둘

둘(二) 이 : (한 一 한 一)
둘(措) 조 : (옛 昔 손 扌)
둘(置) 치 : (곧을 直 그물 罒)
둘레(圍) 위 : (에울 口 가죽 韋)
둘레(郭) 곽 : (누릴 享 고을 阝)
둘레(廓) 곽 : (둘레 郭 집 广)

둥

둥글(丸) 환 : 布射僚丸 (아홉 九 점 丶)
둥글(侖) 윤 : (모일 스 책 冊)
둥글(圓) 원 : 紈扇圓潔 (에울 口 수요 員)
둥글(圜) 원 : (놀랄 睘 에울 口)
둥글(團) 단 : (오로지 專 에울 口)
둥글(冠) 원 : (으뜸 元 마디 寸)

뒤

뒤(後) 후 : 嫡後嗣續 (뒤져올 夊 작을 幺 걸을 彳)
뒤따를 (扈) 호 : (집 戶 고을 邑)
뒤섞일 (混) 혼 : 混池碣石 (맏 昆 물 氵)
뒤져올 (夊) 치 : (또 又 삐침 丿)

뒷

뒷간 (廁) 측 : (집 广 법칙 則)

딩

딩굴 (夗) 원 : (저녁 夕 병부 巳)

드

드러날 (㬎) 현 : (가로 曰 작을 絲 불 灬)
드디어 (彖) 수 : (돼지 豕 여덟 八)
드디어 (遂) 수 : (갈 辶 드디어 彖)
드리울 (垂) 수 : 垂拱平章 (북방 壬 장인 工 뚫을 丨)
드리워질 (髟) 표 : (길 長 털 彡)
드릴 (呈) 정 : (입 口 천 간 壬)
드릴 (獻) 헌 : (개 犬 솥 鬳)
드물 (罕) 한 : (그물 罒 방패 干)
드물 (稀) 희 : (바랄 希 벼 禾)

들

들(入) 입 : 入奉母儀 (삐침 丿 파임 乀)
들(从) 양 : (들 入 들 入)
들(掀) 흔 : (기쁠 欣 손 扌)
들(擧) 거 : 接杯擧觴 (줄 與 손 手)
들(冉) 칭 : (나아갈 冉 손톱 爫)
들(偁) 칭 : (들 冉 사람 亻)
들(擡) 대 : (누대 臺 손 扌)
들(羅) 라 : 府羅將相 (그물 罒 바 維)
들(冋) 경 : (멀 冂 입 口)
들(坰) 경 : (들 冋 흙 土)
들(郊) 교 : (사귈 交 언덕 阝)
들(野) 야 : 鉅野洞庭 (나 予 마을 里)

들보(梁) 량 : (칼날 刅 나무 木 물 氵)
들보(樑) 량 : (들보 梁 나무 木)

들을(聽) 청 : (클 悳 귀 耳)
들을(聽) 청 : 虛堂習聽 (들을 聽 임금 王)
들을(聞) 문 : 孤陋寡聞 (귀 耳 문 門)
들을(聆) 령 : 聆音察理 (귀 耳 영 令)
들일(納) 납 : 陞階納陛 (안 內 실 糸)

등

등(背) 배 : 背邙面洛 (북녘 北 살 月)
등(脊) 척 : (사람 人 얼 冫 얼 冫 살 月)
등(燈) 등 : (오를 登 불 火)
등골(膂) 려 : (나그네 旅 살 月)
등골(呂) 려 : 律呂調陽 (성 呂 점 丶)
등 글월(支) : (또 又 점 卜)
등 글월(攵) : (벨 乂 사람 人)
등급(級) 급 : (미칠 及 실 糸)
등 나라(鄧) 등 : (오를 登 언덕 阝)

등 나무(藤) 등 : (물 솟을 滕 풀 艹)
등불(熒) 형 : (덮을 冖 불꽃 炎)
등불(燈) 형 : (등불 熒 불 火)
등질(癶) 발 : (또 又 삐침 丿 丿 파임 乀)
등창(疽) 저 : (또 且 병 疒)

디

디딜판(疌) 섭 : (한 一 붓 聿 그칠 止)
디딤돌(碥) 편 : (넓적할 扁 돌 石)

따

따뜻할(溫) 온 : 夙興溫凊 (온화할 昷 물 氵)
따뜻할(暖) 난 : (이에 爰 날 日)
따뜻할(燠) 욱 : (불 火 속 奧)
따를(追) 추 : (갈 辶 쌓을 自)
따를(遀) 수 : (왼 左 달 月 갈 辶)
따를(隨) 수 : 夫唱婦隨 (갈 辶 수나라 隋)
따를(從) 종 : 攝職從政 (걸을 彳 좇을 从 그칠 止)
따를(遵) 준 : (높을 尊 갈 辶)
따를(叒) 약 : (또 又 또 又 또 又)
따라 죽을(殉) 순 : (열흘 旬 뼈 歹)
따질(辡) 변 : (매울 辛 매울 辛)

딸

딸(摘) 적 : (손 扌 밑동 商)
딸기(莓) 매 : (매양 每 풀 艹)

땀

땀(汗) 한 : (물 氵 방패 干)

땅

땅(坤) 곤 : (납 申 흙 土)
땅(土) 토 : 踐土會盟 (뚫을 ㅣ 둘 二)
땅(地) 지 : 天地玄黃 (이다 也 흙 土)
땅(巴) 파 : (뚫을 ㅣ 뱀 巳)
땅 평평할(坪) 평 : (평평할 平 흙 土)
땅이름(亐) 울 : (갈고리 亅 둘 二)
땅이름(堣) 우 : (원숭이 禺 흙 土)
땅이름(邯) 한 : (달 甘 언덕 阝)
땅이름(邵) 소 : 永綏吉邵 (부를 召 언덕 阝)
땅이름(郢) 영 : (드릴 呈 언덕 阝)

때

때(垢) 구 : 骸垢想浴 (임금 后 흙 土)
때(時) 시 : 佐時阿衡 (절 寺 날 日)

떠

떠날(离) 리 : (흉할 凶 짐승 발자국 內)
떠날(離) 리 : 造次弗離 (떠날 离 새 佳)
떠다닐(漂) 표 : (불똥 票 물 氵)
떠들썩할(噪) 조 : (시끄러울 喿 입 口)
떠들썩할(嘖) 책 : (입 口 꾸짖을 責)
떠들썩할(吅) 홍 : (장인 工 입 口)
떠들(哄) 홍 : (함께 共 입 口)
떠들(騷) 소 : (말 馬 벼룩 蚤)

떡

떡(麭) 포 : (쌀 包 보리 麥)
떡(餬) 편 : (넓적할 扁 밥 食)

떨

떨(顫) 전 : (머리 頁 단 亶)
떨(拂) 불 : (손 扌 아니 弗)
떨어질(墜) 추 : (흙 土 무리 隊)
떨어질(落) 락 : 落葉飄颻 (풀 艹 물 洛)
떨어질(隕) 운 : (수요 員 언덕 阝)
떨어질(墮) 타 : (수나라 隋 흙 土)
떨어질(距) 거 : (클 巨 발 足)
떨어질(零) 령 : (비 雨 영 令)

떫

떫을(澁) 삽 : (웃을 歮 물 氵)

떨

떨칠(奮) 분 : (큰 大 밭 田)
떨칠(奮) 분 : (떨칠 奮 새 隹)
떨칠(振) 진 : 驅轂振纓 (별 辰 손 扌)

떳

떳떳(常) 상 : 四大五常 (숭상할 尚 수건 巾)
떳떳(庸) 용 : 庶幾中庸 (붓 聿 쓰개 冃 집 广)

떼

떼(群) 군 : 亦聚群英 (양 羊 임금 君)
떼(黨) 당 : (검을 黑 숭상할 尚)
떼(徒) 도 : (달릴 走 두 사람 걸을 彳)
떼(等) 등 : 愚蒙等誚 (절 寺 대 竹)
떼(類) 류 : (쌀 米 개 犬 머리 頁)
떼(輩) 배 : (수레 車 아니 非)
떼(暈) 운 : (가로 曰 군사 軍)

떼(曹) 조 : (가로 曰 굽을 曲 한 一)
떼(儕) 제 : (가지런할 齊 사람 亻)
떼(衆) 중 : (피 血 나란히 㐺)
떼(彙) 휘 : (머리 彑 덮을 冖 과일 果)
떼(輦) 연 : 高冠陪輦 (함께 扶 수레 車)
떼(軍) 군 : (덮을 冖 수레 車)
떼(隊) 대 : (드디어 㒸 언덕 阝)
떼(部) 부 : (침 咅 언덕 阝)
떼(卒) 졸 : (또 亣 열 十)

또

또(叹) 우 : (또 又 입 口)
또(亣) 역 : (좇을 从 머리 亠)
또(亦) 역 : 亦聚群英 (머리 亠 마음 小)
또(且) 차 : 悅豫且康 (달 月 한 一)
또(又) 우 : (삐침 丿 점 丶)

똥

똥(屎) 시 : (주검 尸 쌀 米)
똥(糞) 분 : (다를 異 쌀 米)

뜨

뜨물(潘) 반 : (물 氵 차례 番)

뜰

뜰(間) 간 : (가로 曰 문 門)
뜰(隔) 격 : (솥 鬲 언덕 阝)
뜰(隙) 극 : (틈 𡭴 언덕 阝)
뜰(浮) 부 : 浮渭據涇 (미쁠 孚 물 氵)
뜰(汎) 범 : (무릇 凡 물 氵)
뜰(泛) 범 : (가난할 乏 물 氵)

뜰(漂) 표 : (불똥 票 물 氵)
뜰(庭) 정 : 鉅野洞庭 (조정 廷 집 广)

뜸

뜸(篷) 봉 : (대 竹 만날 逢)

뜻

뜻(情) 정 : 性靜情逸 (푸를 靑 마음 忄)
뜻(吂) 지 : (입 口 하나 一)
뜻(旨) 지 : (가로 曰 비수 匕)
뜻(意) 의 : 逐物意移 (마음 心 소리 音)
뜻(志) 지 : 守眞志滿 (선비 士 마음 心)

뚫

뚫을(徹) 철 : (걸을 彳 기를 育 글 攵)
뚫을(穿) 천 : (어금니 牙 구멍 穴)
뚫을(丨) 곤
뚫을(鑿) 착 : (무성할 丵 절구 臼 창 殳)
뚫을(鑿) 착 : (뚫을 鑿 쇠 金)

뛰

뛰어날(良) 량 : 男效才良 (그칠 艮 점 丶)
뛰어날(雋) 준 : (오목할 凹 새 隹)
뛰어날(翹) 교 : (높을 堯 깃 羽)
뛰어날(逸) 일 : (갈 辶 토끼 兎)
뛰어날(俊) 준 : 俊乂密勿 (사람 亻 모양 夋)
뛰어날(傑) 걸 : (사람 亻 홰 桀)
뛰어넘을(驀) 맥 : (말 馬 아니 莫)
뛰어넘을(超) 초 : 駭躍超驤 (부를 召 달릴 走)
뛰어넘을(越) 월 : (달릴 走 도끼 戉)

뛸

뛸(跳) 도 : (발 足 조짐 兆)
뛸(躍) 약 : 駭躍超驤 (꿩 翟 발 足)

띠

띠(帶) 대 : 束帶矜莊 (스물 廿 어질 儿 덮을 冖 수건 巾)
띠(茅) 모 : (창 矛 풀 艹)

마

마개(栓) 전 : (온전할 全 나무 木)
마구(廐) 구 : (집 广 제기 㲁)
마구(廠) 창 : (높을 敞 집 广)
마(藇) 여 : (맡길 預 풀 艹)
마귀(魔) 마 : (삼 麻 귀신 鬼)
마늘(葫) 호 : (턱 살 胡 풀 艹)
마늘모(厶) 사 : (점 丶 점 丶)
마땅할(當) 당 : 孝當竭力 (숭상할 尙 밭 田)
마땅할(宜) 의 : 愼終宜令 (또 且 집 宀)
마당(場) 장 : 白駒食場 (흙 土 볕 昜)

마디(節) 절 : 節義廉退 (곧 卽 대 竹)
마디(寸) 촌 : 寸陰是競 (갈고리 亅 한 一 점 丶)
마디(吋) 촌 : (입 口 마디 寸)
마디 충(螟) 명 : (어두울 冥 벌레 虫)

마를(制) 제 : (소 牛 덮을 冖 칼 刂)
마를(裁) 재 : (다칠 戈 옷 衣)
마를(枯) 고 : (오랠 古 나무 木)
마를(槀) 고 : 杜槀鐘隸 (높을 高 나무 木)
마를(涸) 학 : (굳을 固 물 氵)
마를(乾) 건 : (햇빛 軋 새 乙)

마를(燥) 조 : (시끄러울 喿 불 火)
마를(凋) 조 : 梧桐早凋 (얼 冫 두루 周)
마를(菱) 릉 : (언덕 夌 풀 艹)

마루(宗) 종 : 嶽宗恒岱 (보일 示 집 宀)
마루(棟) 동 : (동녘 東 나무 木)
마루(楪) 접 : (나무 木 잎 枼)
마마(痘) 두 : (콩 豆 병 疒)
마마(疹) 진 : (검은 털 彡 병 疒)
마부(圉) 어 : (에울 囗 다행 幸)
마실(飮) 음 : (하품 欠 밥 食)
마실(喫) 끽 : (맺을 契 입 口)
마실(吸) 흡 : (미칠 及 입 口)

마을(閭) 여 : (등골 呂 문 門)
마을(閻) 염 : (함정 臽 문 門)
마을(洞) 동 : 鉅野洞庭 (물 氵 한가지 同)
마을(里) 리 : (흙 土 밭 田)
마을(衙) 아 : (다닐 行 나 吾)
마을(村) 촌 : (마디 寸 나무 木)
마을(府) 부 : 府羅將相 (줄 付 집 广)

마음(心) 심 : 心動神疲 (숨을 乚 저 丶丶)
마음(小) 심 : (갈고리 亅 점 丶丶丶)
마음(忄) 심 : (뚫을 丨 점 丶丶)
마음대로 할(逞) 정 : (드릴 呈 갈 辶)
마주들(舁) 여 : (받들 廾 절구 臼)
마칠(丹) 종 : (삐침 丿 멀 冂 하나 一)
마칠(終) 종 : 愼終宜令 (겨울 冬 실 糸)
마칠(了) 료 : (갈고리 亅 한 一)
마칠(畢) 필 : (밭 田 함께 卝 열 十)
마칠(罷) 파 : (능할 能 그물 罒)
마칠(卒) 졸 : (또 众 열 十)
마침내(竟) 경 : 籍甚無竟 (어질 儿 소리 音)
마판(櫪) 력 : (지날 歷 나무 木)

막을(垔) 열 : (가로 曰 흙 土)
막을(扞) 한 : (방패 干 손 扌)
막을(拒) 거 : (클 巨 손 扌)
막을(塞) 색 : 鴈門紫塞 (틈 寒 흙 土)
막을(雍) 옹 : (검을 玄 새 隹)
막을(壅) 옹 : (막을 雍 흙 土)
막을(導) 애 : (아침 旦 마디 寸)
막을(捱) 애 : (언덕 厓 손 扌)
막을(抵) 저 : (낮을 氐 손 扌)
막을(捍) 한 : (손 扌 가물 旱)
막을(沮) 저 : (또 且 물 氵)
막을(閼) 알 : (문 門 어조사 於)
막을(窒) 질 : (이를 至 구멍 穴)
막을(禦) 어 : (어거할 御 볼 示)
막을(礙) 애 : (의심할 疑 돌 石)
막을(遏) 알 : (어찌 曷 갈 辶)
막을(杜) 두 : 杜稾鐘隸 (흙 土 나무 木)
막을(消) 소 : (닮을 肖 물 氵)
막을(防) 방 : (고을 阝 모 方)
막을(隔) 격 : (언덕 阝 틈 鬲)
막을(闌) 란 : (가릴 柬 문 門)
막을(翳) 예 : 陳根委翳 (앓는 소리 殹 깃 羽)
막을(垔) 인 : (서녘 西 흙 土)

막힐(阨) 액 : (재앙 厄 언덕 阝)
막힐(隔) 격 : (언덕 阝 틈 鬲)
막힐(洴) 호 : (서로 互 물 氵)
막힐(鬱) 울 : 宮殿盤鬱 (덮을 冖 털 彡 장군 缶 숲 林 술 鬯)
막힐(滯) 체 : (띠 帶 물 氵)
막힐(障) 장 : (글 章 언덕 阝)

만

만날(遭) 조 : (갈 辶 나라 曹)
만날(遇) 우 : (갈 辶 원숭이 禺)
만날(逅) 후 : (갈 辶 임금 后)

만날(夆) 봉 : (예쁠 丰 글 夂)
만날(逢) 봉 : (갈 辶 만날 夆)
만날(晤) 오 : (나 吾 날 日)
만두(饅) 만 : (거만할 曼 밥 食)
만물(物) 물 : 逐物意移 (말라 勿 소 牛)
만자(卍) 만 : (바람개비 卍)
만장(誄) 뢰 : (가래 耒 말씀 言)

많

많을(多) 다 : 多士寔寧 (저녁 夕 저녁 夕)
많을(夥) 과 : (많을 多 과일 果)
많을(繁) 번 : (재빠를 敏 실 糸)

맏

맏(尹) 윤 : 磻溪伊尹 (삐침 丿 돼지 彐)
맏(昆) 곤 : (견줄 比 가로 曰)
맏(兄) 형 : 孔懷兄弟 (어질 儿 입 口)
맏(孟) 맹 : 孟軻敦素 (아들 子 그릇 皿)
맏(伯) 백 : 諸姑伯叔 (흰 白 사람 亻)
맏동서(姒) 사 : (써 以 여자 女)
맏아들(胄) 주 : (말미암을 由 살 月)

말

말(言) 언 : 言辭安定 (입 口 넉 三)
말(辭) 사 : 言辭安定 (매울 辛 어지러울 𤔔)
말(詞) 사 : (맡을 司 말씀 言)
말(毋) 무 : (뚫을 丨 여자 女)
말(斗) 두 : (열 十 점 丶丶)
말(馬) 마 : (뚫을 丨 한 一 예쁠 千 갈고리 亅 불 灬)
말(午) 오 : (열 十 사람 人)
말고삐(紲) 설 : (인간 世 실 糸)
말라(勿) 물 : (구할 要 말라 勿)

말라(勿) 물 : 俊乂密勿 (삐침 丿 丿 쌀 勹)
말리(莉) 리 : (이로울 利 풀 艹)

말을 더듬을(訥) 눌 : (말씀 言 안 內)
말을 더듬을(吃) 흘 : (빌 乞 입 口)
말을 더듬을(嚅) 유 : (구할 需 입 口)
말을 더듬을(囁) 섭 : (소곤거릴 聶 입 口)
말을 더듬을(悱) 비 : (마음 忄 아니 非)
말먹이(秣) 말 : (벼 禾 끝 末)
말미암을(由) 유 : (뚫을 丨 가로 曰)
말부릴(馭) 어 : (또 又 말 馬)
말씀(談) 담 : 罔談彼短 (불꽃 炎 말씀 言)
말씀(語) 어 : 謂語助者 (나 吾 말씀 言)
말씀(說) 설 : 說感武丁 (기쁠 兌 말씀 言)
말씀(詞) 사 : (맡을 司 말씀 言)
말씀(言) 언 : 言辭安定 (넉 三 입 口)
말씀(辭) 사 : 言辭安定 (매울 辛 어지러울 㪉)
말씀(話) 화 : (말씀 言 혀 舌)

말 없을(黙) 묵 : (검을 黑 개 犬)
말이 잴(甹) 병 : (공교할 丂 말미암을 由)
말 이을(丌) 이 : (삐침 丿 멀 冂 뚫을 丨丨)
말 이을(而) 이 : 去而益詠 (말 이을 丌 하나 一)
말 잘할(辯) 변 : (따질 辡 말씀 言)
말 탈(騎) 기 : (기이할 奇 말 馬)
말할(謂) 위 : (밥통 胃 말씀 言)

맑

맑을(冽) 렬 : (벌일 列 물 氵)
맑을(潔) 결 : 紈扇圓潔 (깨끗할 絜 물 氵)
맑을(淑) 숙 : 毛施淑姿 (아재비 叔 물 氵)
맑을(淸) 청 : (푸를 靑 물 氵)
맑을(淏) 호 : (하늘 昊 물 氵)
맑을(湜) 식 : (이 是 물 氵)
맑을(湙) 재 : (어조사 哉 물 氵)

맑을(漢) 근 : (진흙 堇 물 氵)
맑을(澄) 징 : 淵澄取暎 (오를 登 물 氵)
맑을(澈) 철 : (기를 育 글 攵 물 氵)
맑을(澯) 찬 : (선명할 粲 물 氵)
맑을(瀅) 형 : (밝을 瑩 물 氵)
맑을(淡) 담 : 海鹹河淡 (불꽃 炎 물 氵)
맑을(瀏) 류 : (성 劉 물 氵)

맛

맛(味) 미 : (입 口 아니 未)
맛(旨) 지 : (가로 曰 비수 匕)
맛볼(嘗) 상 : 祭祀蒸嘗 (숭상할 尚 맛 旨)

망

망망할(茫) 망 : (황급할 汒 풀 艹)
망볼(哨) 초 : (닮을 肖 입 口)
망설일(尤) 유 : (덮을 冖 사람 人)
망아지(駒) 구 : 白駒食場 (말 馬 글 句)
망치(亇) 마 : (갈고리 亅 쌀 勹)
망칠(妄) 망 : (망할 亡 여자 女)
망할(罔) 망 : 罔談彼短 (그물 罒 망할 亡)
망할(亡) 망 : 捕獲叛亡 (한 一 머리 亠)
망할(亾) 망 : (숨을 乚 사람 人)

맞

맞을(訝) 아 : (어금니 牙 말씀 言)
맞을(迎) 영 : (갈 辶 나 卬)
맞을(的) 적 : 渠荷的歷 (흰 白 구기 勺)
맞을(適) 적 : 適口充腸 (갈 辶 밑동 啇)
맞을(邀) 요 : (노래할 敫 갈 辶)
맞잡을(廾) 공 : (삐침 丿 뚫을 丨 한 一)

맡

맡길(任) 임 : 釣巧任釣 (천 간 壬 사람 亻)
맡길(委) 위 : 陳根委翳 (여자 女 벼 禾)
맡길(托) 탁 : (부탁할 乇 손 扌)
맡을(任) 임 : 釣巧任釣 (천 간 壬 사람 亻)

매

매 벼(秔) 갱 : (목 亢 벼 禾)
매(雁) 응 : (집 广 추할 隹)
매(鷹) 응 : (매 雁 새 鳥)

매달(縣) 현 : 戶封八縣 (이을 系 고을 県)
매달(懸) 현 : (고을 縣 마음 心)
매미(蟬) 선 : (홑 單 벌레 虫)
매양(每) 매 : 年矢每催 (어미 母 사람 人)
매울(辣) 랄 : (묶을 束 매울 辛)
매울(烈) 열 : 女慕貞烈 (벌일 列 불 灬)
매울(辛) 신 : (설 立 열 十)
매질할(搥) 추 : (드리울 垂 손 扌)
매화(梅) 매 : (매양 每 나무 木)

맥

맥(脈) 맥 : (살 月 갈래 辰)

맨

맨발(跣) 선 : (먼저 先 발 足)

맬

맬(維) 유 : (새 隹 실 糸)
맬(絏) 설 : (끌 曳 실 糸)
맬(紲) 설 : (인간 世 실 糸)

맬(紐) 뉴 : (실 糸 소 丑)
맬(係) 계 : (이을 系 사람 亻)
맬(繫) 계 : (실 糸 부딪칠 轂)

맷

맷돌(磑) 애 : (어찌 豈 돌 石)
맷돌(碾) 년 : (펼 展 돌 石)

맺

맺을(締) 체 : (임금 帝 실 糸)
맺을(結) 결 : 露結爲霜 (좋을 吉 실 糸)
맺을(契) 계 : (큰 大 새길 刧)
맺을(約) 약 : 何遵約法 (구기 勺 실 糸)

맹

맹꽁이(黽) 맹 : (멀 冂 절구 臼 숨을 乚 뚫을 丨)
맹세할(盟) 맹 : 踐土會盟 (밝을 明 그릇 皿)
맹세할(誓) 서 : (꺾을 折 말씀 言)

머리

머리(彑) 계 : (돼지 彑)
머리(亠) 두 : (점 丶 한 一)
머리(頭) 두 : (콩 豆 머리 頁)
머리(頁) 혈 : (구결 丆 조개 貝)
머리(首) 수 : 愛育黎首 (초 두 亠 스스로 自)
머리 감을(沐) 목 : (물 氵 나무 木)
머리 깍을(髡) 곤 : (우뚝할 兀 긴 머리 髟)
머리들(驤) 양 : 駭躍超驤 (돋을 襄 말 馬)
머리 숙일(俛) 면 : (면할 免 사람 亻)
머리 헐(瘍) 양 : (병 疒 볕 昜)
머무를(停) 정 : (사람 亻 정자 亭)

머무를(駐) 주 : (말 馬 주인 主)
머무를(畱) 류 : (부르짖을 吅 밭 田)
머무를(艮) 간 : (문 尸 파임 乀 삐침 丿)
머무를(留) 류 : (토끼 夘 칼 刀 밭 田)
머무를(泊) 박 : (흰 白 물 氵)
머무를(稽) 계 : 稽顙再拜 (벼 禾 더욱 尤 위 上 가로 曰)
머무를(寓) 우 : 寓目囊箱 (원숭이 禺 집 宀)

머뭇거릴(躑) 척 : (나라 鄭 발 足)
머뭇거릴(躇) 저 : (분별할 著 발 足)
머뭇거릴(躊) 주 : (목숨 壽 발 足)
머뭇거릴(蹰) 주 : (부엌 廚 발 足)
머뭇거릴(踟) 지 : (알 知 발 足)
머뭇거릴(尤) 유 : (덮을 冖 사람 人)

먹

먹(墨) 묵 : 墨悲絲染 (검을 黑 흙 土)
먹을(餐) 찬 : (남을 奴 밥 食)
먹을(茹) 여 : (풀 艹 같을 如)
먹을(啖) 담 : (불꽃 炎 입 口)
먹을(食) 식 : 白駒食場 (좋을 良 사람 人)
먹음을(含) 함 : (이제 今 입 口)
먹이(餌) 이 : (귀 耳 밥 食)
먹일(哺) 포 : (클 甫 입 口)
먹일(飼) 사 : (맡을 司 밥 食)

먼

먼저(先) 선 : (어질 儿 소 牛)

멀

멀(冂) 경 : (뚫을 丨 갈고리 亅)
멀(悠) 유 : (바 攸 마음 心)

멀(邈) 막 : 曠遠綿邈 (갈 辶 얼굴 貌)
멀(遼) 료 : (갈 辶 횃불 尞)
멀(遠) 원 : 曠遠綿邈 (갈 辶 긴 옷 袁)
멀(遐) 하 : 遐邇壹體 (빌 叚 갈 辶)
멀(逖) 적 : (갈 辶 오랑캐 狄)
멀(迢) 초 : (부를 召 갈 辶)
멀(逴) 탁 : (높을 卓 갈 辶)
멀(迥) 형 : (향할 向 갈 辶)
멀(杳) 묘 : 巖岫杳冥 (가로 曰 나무 木)
멀(遙) 요 : 散慮逍遙 (갈 辶 질그릇 䍃)

멈
멈출(宁) 저 : (못 丁 집 宀)

멍
멍들(瘀) 어 : (어조사 於 병 疒)
멍에(軛) 액 : (수레 車 재앙 厄)
멍에(轅) 원 : (옷이길 袁 수레 車)
멍할(頊) 욱 : (임금 王 머리 頁)

메
메달(懸) 현 : (고을 縣 마음 心)
메뚜기(螽) 종 : (겨울 冬 벌레 虫 虫)
메울(塡) 전 : (참 眞 흙 土)
메울(埋) 매 : (흙 土 마을 里)

멜
멜(擔) 담 : (볼 詹 손 扌)
멜(維) 유 : 景行維賢 (새 隹 실 糸)
멜(儋) 담 : (볼 詹 사람 亻)

며

며느리(婦) 부 : 夫唱婦隨 (비 帚 여자 女)
며느리(媳) 식 : (쉴 息 여자 女)

면

면할(免) 면 : (쌀 勹 입 口 어질 儿)

멸

멸할(威) 멸 : (개 戌 불 火)
멸할(滅) 멸 : 假道滅虢 (멸할 威 물 氵)

명

명(冖) 망 : (덮을 冖 어질 儿)
명령할(命) 명 : (모일 亼 두드릴 叩)
명령할(令) 령 : 愼終宜令 (이제 今 갈고리 亅)
명아주(萊) 래 : (올 來 풀 艹)
명주(紬) 주 : (말미암을 由 실 糸)
명치(肓) 황 : (망할 亡 살 月)

몇

몇(庶) 서 : 庶幾中庸 (불 灬 스물 廿 집 广)
몇(幾) 기 : 庶幾中庸 (작을 幺 수 자리 戍)

모

모(苗) 묘 : (밭 田 풀 艹)
모(稜) 릉 : (높을 夌 벼 禾)
모(方) 방 : 賴及萬方 (머리 亠 쌀 勹)
모금도(劉) 유 : (토끼 卯 칼 刀 쇠 釗)
모기(蚊) 문 : (글 文 벌레 虫)

모날(矩) 구 : 矩步引領 (클 巨 화살 矢)

모두(悉) 실 : (분별할 釆 마음 心)
모두(諸) 제 : 諸姑伯叔 (놈 者 말씀 言)
모두(咸) 함 : (개 戌 입 口)
모두(皆) 개 : (견줄 比 흰 白)
모두(僉) 첨 : (모일 스 좇을 从 부르짖을 吅)

모래(沙) 사 : 宣威沙漠 (젊을 少 물 氵)
모름지기(須) 수 : (머리 頁 털 彡)
모습(姿) 자 : 毛施淑姿 (버금 次 여자 女)
모시(紵) 저 : (쌓을 宁 실 糸)
모시(苧) 저 : (쌓을 宁 풀 艹)
모실(侍) 시 : 侍巾帷房 (절 寺 사람 亻)
모실(陪) 배 : 高冠陪輦 (고을 阝 침 咅)
모실(從) 종 : (좇을 从 걸을 彳 그칠 止)

모양(樣) 양 : (나무 木 길 羕)
모양(像) 상 : (코끼리 象 사람 亻)
모양(形) 형 : 形端表正 (열 开 털 彡)
모양(態) 태 : (능할 能 마음 心)
모양(屮) 자 : (가운데 中 하나 一)
모양(姿) 자 : 毛施淑姿 (버금 次 여자 女)
모양(貌) 모 : 鑑貌辨色 (벌레 豸 얼굴 皃)
모양(夋) 준 : (걸을 夊 고깔 允)

모을(敆) 갑 : (합할 合 글 攴)
모을(募) 모 : (힘 力 아닐 莫)
모을(集) 집 : 旣集墳典 (새 隹 나무 木)
모을(綜) 종 : (실 糸 마루 宗)
모을(合) 합 : 桓公匡合 (모일 스 입 口)
모을(萃) 췌 : (무리 卒 풀 艹)
모을(輯) 집 : (참소할 咠 수레 車)
모을(裒) 부 : (절구 臼 옷 衣)
모을(纂) 찬 : (셀 算 실 糸)
모을(蓄) 축 : (쌓을 畜 풀 艹)

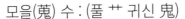

모을(蒐) 수 : (풀 艹 귀신 鬼)
모일(叢) 총 : (취할 取 풀 무성할 丵)
모일(輳) 주 : (아뢸 奏 수레 車)
모일(聚) 취 : 亦聚群英 (나란히 乑 가질 取)
모일(湊) 주 : (아뢸 奏 물 氵)
모일(亼) 집 : (사람 人 하나 一)
모일(集) 집 : 旣集墳典 (새 隹 나무 木)
모일(會) 회 : 踐土會盟 (일찍 曾 한 一)
모일(欑) 찬 : (도울 贊 나무 木)

모자(冃) 모 : (멀 冂 둘 二)
모자(帽) 모 : (무릅쓸 冒 수건 巾)
모질(獷) 광 : (넓을 廣 개 犭)
모탕(櫍) 질 : (바탕 質 나무 木)
모탕(斦) 질 : (도끼 斤 도끼 斤)
모퉁이(隈) 외 : (두려울 畏 언덕 阝)
모퉁이(隅) 우 : (원숭이 禺 언덕 阝)

묘

묘할(妙) 묘 : 竝皆佳妙 (젊을 少 여자 女)

목

목(領) 령 : (머리 頁 영 令)
목(項) 항 : (장인 工 머리 頁)
목(亢) 항 : (안 석 几 머리 ㅗ)
목(頸) 경 : (줄기 巠 머리 頁)
목걸이(賏) 영 : (조개 貝 조개 貝)
목구멍(吭) 항 : (목 亢 입 口)
목구멍(咽) 인 : (인할 因 입 口)
목구멍(喉) 후 : (제후 侯 입 口)
목구멍(嗌) 익 : (더할 益 입 口)
목마를(渴) 갈 : (어찌 曷 물 氵)
목맬(旡) 기 : (절름발이 尢 한 一)
목맬(縊) 액 : (더할 益 실 糸)
목맬(絞) 교 : (사귈 交 실 糸)
목맬(哽) 경 : (고칠 更 입 口)
목숨(壽) 수 : (장인 工 선비 士 마디 寸 한 一 구결 ㄱ)
목숨(命) 명 : 忠則盡命 (두드릴 叩 모일 스)
목욕(浴) 욕 : (물 氵 골 谷)
목책(柵) 책 : (나무 木 책 冊)
목책(寨) 채 : (틈 寋 나무 木)
목화(棉) 면 : (비단 帛 나무 木)

몰

몰(驅) 구 : 驅轂振纓 (구분 區 말 馬)
몰살할(殲) 섬 : (부추 韱 뼈 歹)

몸

몸(己) 기 : 靡恃己長 (이미 已 뱀 巳)

몸(身) 신 : 蓋此身髮 (스스로 自 삐침 丿 눈 目 귀 耳)
몸(躬) 궁 : 省躬譏誡 (활 弓 몸 身)
몸(體) 체 : 遐邇壹體 (풍년 豊 뼈 骨)
몸(軀) 구 : (나눌 區 몸 身)

못

못(釘) 정 : (쇠 金 못 丁)
못(丁) 정 : 說感武丁 (한 一 갈고리 亅)
못(塘) 당 : (나라 唐 흙 土)
못(池) 지 : 混池碣石 (물 氵 이다 也)
못(爿) 연 : (조각 片 하나 一 조각 爿)
못(淵) 연 : 淵澄取暎 (물 氵 못 爿)
못(潭) 담 : (미칠 覃 물 氵)
못(澤) 택 : (엿볼 睪 물 氵)
못(瀦) 저 : (돼지 猪 물 氵)
못할(劣) 렬 : (적을 少 힘 力)

몽

몽둥이(棍) 곤 : (형 昆 나무 木)
몽둥이(殳) 수 : (또 又 안 석 几)
몽치(槌) 추 : (쫓을 追 나무 木)
몽치(椎) 추 : (새 隹 나무 木)

뫼

뫼(山) 산 : (입 벌릴 凵 뚫을 丨)

무

무우(蘆) 복 : (길 甬 풀 艹)
무우(葍) 복 : (옷 服 풀 艹)
무거울(重) 중 : 菜重芥薑 (일천 千 마을 里)
무게 단위(鎰) 일 : (더할 益 쇠 金)
무게 단위(鈞) 균 : (고를 勻 쇠 金)
무고할(誣) 무 : (무당 巫 말씀 言)
무궁화 나무(槿) 근 : (진흙 堇 나무 木)
무기이름(檑) 뢰 : (우레 雷 나무 木)
무늬(紋) 문 : (실 糸 글 文)
무늬(髎) 목 : (털 彡 흰 泉)

무너질(隤) 퇴 : (귀할 貴 언덕 阝)
무너질(頹) 퇴 : (민둥산 禿 머리 頁)
무너질(隳) 휴 : (수나라 隋 너 尒)
무너질(圮) 비 : (흙 土 몸 己)
무너질(崩) 붕 : (벗 朋 뫼 山)
무너질(壞) 괴 : (흙 土 품을 襄)

무당(巫) 무 : (좇을 从 장인 工)

무덤(墳) 분 : 旣集墳典 (클 賁 흙 土)
무덤(墓) 묘 : (아닐 莫 흙 土)
무덤(塋) 영 : (등불 熒 흙 土)
무덤(冢) 총 : (돼지 豕 덮을 冖)
무덤(塚) 총 : (흙 土 무덤 冢)
무덤길(隧) 수 : (이를 遂 언덕 阝)

무릅쓸(罙) 미 : (그물 罒 나무 木)
무릅쓸(冒) 모 : (가로 曰 눈 目)
무릇(凡) 범 : (안 석 几 점 丶)
무릎(膝) 슬 : (옻 桼 살 月)

무리(甶) 중 : (가운데 中 삐침 丿)
무리(群) 군 : 亦聚群英 (양 羊 임금 君)

무리(黨) 당 : (검을 黑 숭상할 尙)
무리(徒) 도 : (달릴 走 두 사람 彳)
무리(隊) 대 : (드디어 豖 언덕 阝)
무리(等) 등 : 愚蒙等誚 (절 寺 대 竹)
무리(类) 류 : (쌀 米 큰 大)
무리(類) 류 : (쌀 米 개 犬 머리 頁)
무리(輩) 배 : (수레 車 아니 非)
무리(暈) 운 : (가로 曰 무리 軍)
무리(曹) 조 : (가로 曰 굽을 曲 한 一)
무리(儕) 제 : (가지런할 齊 사람 彳)
무리(衆) 중 : (피 血 나란히 乑)
무리(乑) 중 : (사람 亻 삐침 丿 파임 乀)
무리(彙) 휘 : (머리 彑 덮을 冖 과일 果)
무리(輦) 연 : 高冠陪輦 (함께 扶 수레 車)
무리(軍) 군 : (덮을 冖 수레 車)
무리(卒) 졸 : (또 亽 열 十)
무리(部) 부 : (침 音 고을 阝)

무명조개(蜃) 신 : (용 辰 벌레 虫)

무성할(茂) 무 : 策功茂實 (천 간 戊 풀 艹)
무성할(楙) 무 : (숲 林 창 矛)
무성할(玆) 자 : 務玆稼穡 (검을 玄 검을 玄)
무성할(丵) 착 : (업 业 찌를 丯)

무소(犀) 서 : (주검 尸 물 氺 소 牛)
무쇠(銑) 선 : (먼저 先 쇠 金)
무안할(赧) 난 : (붉을 赤 다스릴 反)
무엇할(何) 하 : 何遵約法 (옳을 可 사람 亻)
무역할(貿) 무 : (토끼 夘 칼 刀 조개 貝)
무지개(霓) 예 : (아이 兒 비 雨)
무지개(虹) 홍 : (장인 工 벌레 虫)

묵을(宿) 숙 : 辰宿列張 (일백 佰 집 宀)

묶을(束) 속 : 束帶矜莊 (나무 木 입 口)
묶을(縛) 박 : (펼 尃 실 糸)
묶을(約) 약 : 何遵約法 (구기 勺 실 糸)
묶을(總) 총 : (바쁠 悤 실 糸)
묶을(括) 괄 : (혀 舌 손 扌)
묶을(繃) 붕 : (무너질 崩 실 糸)
묶을(梱) 곤 : (섞일 昆 나무 木)
묶을(累) 루 : 欣奏累遣 (실 糸 밭 田)

문

문(門) 문 : 鴈門紫塞 (문 戶 문 月)
문골(框) 광 : (바를 匡 나무 木)

문득(溘) 합 : (덮을 盍 물 氵)
문득(輒) 첩 : (귀뿌리 耴 수레 車)
문득(奄) 엄 : (큰 大 번개 电)
문득(忽) 홀 : (말라 勿 마음 心)

문벌(閥) 벌 : (칠 伐 문 門)
문빗장(楗) 건 : (세울 建 나무 木)
문상할(弔) 조 : 弔民伐罪 (뚫을 丨 활 弓)

문서(簿) 부 : (넓을 溥 대 竹)
문서(籍) 적 : 籍甚無竟 (대 竹 호적 耤)
문서(券) 권 : (뭉칠 丣 칼 刀)
문서(帖) 첩 : (차지할 占 수건 巾)

문설주(棖) 정 : (길 長 나무 木)
문지기(閽) 혼 : (어두울 昏 문 門)
문지를(摩) 마 : 凌摩絳霄 (삼 麻 손 手)
문지를(擦) 찰 : (살필 察 손 扌)
문짝(扉) 비 : (집 戶 아닐 非)
문초 받을(鞠) 국 : (큰소리 訇 가죽 革)

물

묻을(埋) 매:(흙 土 마을 里)
묻을(墐) 근:(오랑캐 堇 흙 土)
묻힐(堙) 인:(막을 垔 물 氵)

물

물(冫) 빙:(점 丶 丶)
물(冫) 빙:(점 丶 점 丶)
물(氺) 수:(갈고리 亅 丶 丶)
물(氵) 수:(점 丶 丶 丶)
물(水) 수:金生麗水 (삐침 丿 丿 갈고리 亅 파임 丶)
물(河) 하:海鹹河淡 (옳을 可 물 氵)
물(洛) 락:背邙面洛 (각각 各 물 氵)
물(渭) 위:浮渭據涇 (물 氵 밥통 胃)

물가(沚) 지:(그칠 止 물 氵)
물가(州) 주:(내 川 점 丶 丶 丶)
물가(浦) 포:(클 甫 물 氵)
물가(浩) 호:(고할 告 물 氵)
물가(滸) 호:(허락할 許 물 氵)
물가(涯) 애:(물 氵 언덕 厓)
물가(濱) 빈:(물 氵 손 賓)
물가(壖) 오:(흙 土 속 奧)
물가(汀) 정:(못 丁 물 氵)
물가(渚) 저:(물 氵 놈 者)
물가(潯) 심:(찾을 尋 물 氵)
물가(瀕) 빈:(자주 頻 물 氵)
물 가득 찰(瀰) 미:(두루 彌 물 氵)
물갈래(派) 파:(물 氵 갈래 㕛)
물거품(泡) 포:(쌀 包 물 氵)
물거품(沫) 말:(끝 末 물 氵)

물건(物) 물:逐物意移 (말라 勿 소 牛)

물건(件) 건 : (사람 亻 소 牛)
물건(牪) 언 : (소 牛 소 牛)
물건(犇) 분 : (소 牛 소 牛 소 牛)
물건(品) 품 : (에울 입 口口口)

물결(波) 파 : (물 氵 가죽 皮)
물결(浪) 랑 : (좋을 良 물 氵)
물결무늬(渼) 미 : (아름다울 美 물 氵)
물결칠(湃) 배 : (절 拜 물 氵)
물결칠(澎) 팽 : (성 彭 물 氵)
물결칠(漾) 양 : (길 羕 물 氵)

물고기(鱼) 어 : (쌀 勹 밭 田 하나 一)
물고기(魿) 어 : (물고기 魚 사람 人)
물고기(魚) 어 : 史魚秉直 (쌀 勹 밭 田 불 灬)

물 괼(渟) 정 : (정자 亭 물 氵)
물 굽을(灣) 만 : (굽을 彎 물 氵)
물길을(汲) 급 : (미칠 及 물 氵)
물 깊고 넓을(泫) 현 : (검을 玄 물 氵)
물 깊고 넓을(洸) 광 : (빛 光 물 氵)
물 깊고 넓을(瀹) 윤 : (큰 大 못 淵)
물 깊고 넓을(滉) 황 : (밝을 晃 물 氵)
물 깊을(泓) 홍 : (넓을 弘 물 氵)
물 넘칠(滔) 도 : (퍼낼 舀 물 氵)
물 높이 칠(漣) 련 : (잇닿을 連 물 氵)
물 높이 칠(漪) 의 : (아름다울 猗 물 氵)
물 댈(注) 주 : (주인 主 물 氵)
물 댈(溉) 개 : (이미 旣 물 氵)
물 댈(澆) 요 : (높을 堯 물 氵)
물 댈(灌) 관 : (황새 雚 물 氵)

물들(染) 염 : 墨悲絲染 (나무 木 샘 氿)
물러갈(逡) 준 : (갈 辶 모양 夋)
물러날(退) 퇴 : 節義廉退 (머무를 艮 갈 辶)
물리칠(辟) 벽 : (매울 辛 볼기 尻)

물리칠(却) 각 : (갈 去 병부 卩)
물리칠(排) 배 : (손 扌 아닐 非)
물리칠(擯) 빈 : (손 賓 손 扌)
물리칠(攘) 양 : (돋을 襄 손 扌)
물리칠(斥) 척 : (점 丶 날 斤)
물리칠(黜) 출 : 勸賞黜陟 (검을 黑 날 出)
물릴(猒) 염 : (개고기 狀 날 日)
물릴(飽) 포 : 飽飫烹宰 (쌀 包 밥 食)
물릴(飫) 어 : 飽飫烹宰 (어릴 夭 밥 食)

물 많을(漲) 창 : (베풀 張 물 氵)
물 맑을(湜) 식 : (이 是 물 氵)
물 맑을(渶) 영 : (꽃부리 英 물 氵)
물 맑을(潾) 린 : (도깨비불 粦 물 氵)
물 맑을(澈) 철 : (칠 攵 기를 育 물 氵)
물 맑을(瀅) 형 : (밝을 瑩 물 氵)
물방울(溜) 류 : (머무를 留 물 氵)
물방울(滴) 적 : (밑동 啇 물 氵)
물방울 떨어질(淋) 임 : (숲 林 물 氵)
물 벌 창(潋) 렴 : (거둘 斂 물 氵)
물뿌릴(潑) 발 : (필 發 물 氵)
물뿌릴(濺) 천 : (천할 賤 물 氵)
물뿌릴(灑) 쇄 : (고울 麗 물 氵)
물소리(泙) 평 : (평평할 平 물 氵)
물소리(活) 활 : (혀 舌 물 氵)
물소리(淙) 종 : (마루 宗 물 氵)
물 솟을(滕) 등 : (뭉칠 关 물 氺 달 月)
물 솟을(湧) 용 : (날랠 勇 물 氵)
물 솟을(濆) 분 : (클 賁 물 氵)
물 스밀(滲) 삼 : (참여할 參 물 氵)
물오리(鳧) 부 : (안 석 几 새 鳥)
물어줄(賠) 배 : (조개 貝 침 咅)
물에 담 글(漬) 지 : (꾸짖을 責 물 氵)

물을(候) 후 : (뚫을 丨 제후 侯)
물을(訊) 신 : (빨리 날 卂 말씀 言)

물을(諮) 자 : (물을 咨 말씀 言)
물을(問) 문 : 坐朝問道 (입 口 문 門)
물을(詢) 순 : (열흘 旬 말씀 言)
물 이름(沂) 기 : (날 斤 물 氵)
물 이름(泗) 사 : (넉 四 물 氵)
물이 름(湞) 정 : (곧을 貞 물 氵)
물줄기(巠) 경 : (장인 工 한 一 내 巛)
물 출렁거릴(灩) 염 : (풍년 豊 덮을 盍 물 氵)
물 흐를(滾) 곤 : (곤룡포 袞 물 氵)
물 흐를(滂) 방 : (두루 旁 물 氵)
물 흐를(潺) 잔 : (나약할 孱 물 氵)
물 따라갈(沿) 연 : (늪 㕣 물 氵)

뭇

뭇 입(品) 즙 : (품성 品 입 口)

뭉치(侖) 륜 : (모일 亼 책 冊)
뭉칠(奍) 권 : (지아비 夫 여덟 八)
뭉칠(結) 결 : 露結爲霜 (좋을 吉 실 糸)

뭍

뭍(陸) 륙 : (언덕 坴 고을 阝)

미

미끄러울(滑) 활 : (뼈 骨 물 氵)
미꾸라지(鰍) 추 : (가을 秋 고기 魚)
미나리(芹) 근 : (날 斤 풀 艹)
미리(預) 예 : (나 予 머리 頁)
미리(豫) 예 : 悅豫且康 (나 予 코끼리 象)
미쁠(孚) 부 : (아들 子 손톱 爫)
미워할(憎) 증 : (일찍 曾 마음 忄)
미워할(惡) 오 : (버금 亞 마음 心)
미 음(漿) 장 : (장수 將 물 水)
미쳐 날뛸(獗) 궐 : (그 厥 개 犭)
미쳐 날뛸(猖) 창 : (부를 昌 개 犭)
미칠(狂) 광 : (개 犭 임금 王)
미칠(瘋) 풍 : (바람 風 병 疒)
미칠(隶) 이 : (붓 聿 물 氺)
미칠(癲) 전 : (정수리 顚 병 疒)
미칠(迨) 태 : (갈 辶 나 台)
미칠(及) 급 : 賴及萬方 (또 又 삐침 丿 한 一)
미칠(扱) 급 : (미칠 及 손 扌)
미칠(覃) 담 : (일찍 早 덮을 襾)
미칠(禫) 담 : (미칠 覃 볼 示)
미혹할(迷) 미 : (갈 辶 쌀 米)
미혹할(惑) 혹 : (혹시 或 마음 心)

민

민(厂) 엄 : (삐침 丿 한 一)
민 갓머리(冖) 멱 : (점 丶 한 一)
민 책받침(廴) 인 : (삐침 丿 파임 乀)
민 책받침(辶) 착 : (점 丶 갈 之)
민 책받침(辵) 착 : (털 彡 발 止)
민망할(閔) 민 : (글 文 문 門)
민첩할(敏) 민 : (매양 每 글 攵)
믿을(諶) 심 : (심할 甚 말씀 言)

믿

믿을(信) 신 : 信使可覆 (사람 亻 말씀 言)
믿을(恃) 시 : 靡恃己長 (절 寺 마음 忄)
믿을(諒) 양 : (서울 京 말씀 言)
믿을(仗) 신 : (사람 亻 글 文)
믿음(亶) 단 : (곳집 亩 아침 旦)
믿음(壇) 단 : (믿음 亶 흙 土)
믿음(檀) 단 : (믿음 亶 나무 木)

밀

밀(推) 추 : 推位讓國 (새 隹 손 扌)
밀기울(麩) 부 : (지아비 夫 보리 麥)
밀칠(排) 배 : (아닐 非 손 扌)

밑

밑(底) 저 : (집 广 근본 氐)
밑동(商) 적 : (오래 古 설 立)

바

바(處) 처 : (뒤져올 夊 범 虍)
바(所) 소 : 榮業所基 (날 斤 집 戶)
바(攸) 유 : 易輶攸畏 (글 攵 뚫을 丨 사람 亻)
바(維) 유 : 景行維賢 (새 隹 실 糸)
바깥(外) 외 : (저녁 夕 점 卜)
바꿀(換) 환 : (빛날 奐 손 扌)
바꿀(兌) 태 : (여덟 八 형 兄)
바퀴(蜚) 비 : (아닐 非 벌레 虫)
바퀴(轂) 곡 : 驅轂振纓 (껍질 殼 수레 車)
바퀴 자국(軌) 궤 : (아홉 九 수레 車)
바구니(籃) 람 : (볼 監 대 竹)

바느질(黹) 치 : (업 業 해질 㡀)
바늘(針) 침 : (열 十 쇠 金)
바늘(錐) 추 : (새 隹 쇠 金)

바다(海) 해 : 海鹹河淡 (매양 每 물 氵)
바다(溟) 명 : (어두울 冥 물 氵)
바다 이름(渤) 발 : (우쩍할 勃 물 氵)

바둑(弈) 혁 : (또 亦 받들 廾)
바둑(罫) 괘 : (걸 卦 그물 罒)
바라(鉢) 발 : (쇠 金 근본 本)
바라볼(睎) 희 : (바랄 希 눈 目)
바라볼(眺) 조 : 徘徊瞻眺 (눈 目 조짐 兆)
바람(風) 풍 : (벌레 虫 안 석 几)
바랄(冀) 기 : (다를 異 북녘 北)
바랄(希) 희 : (벨 乂 베 布)
바랄(望) 망 : (임금 王 망할 亡 달 月)
바랠(褪) 퇴 : (물러날 退 옷 衤)
바로잡을(矯) 교 : 矯手頓足 (높을 喬 화살 矢)
바로잡을(訂) 정 : (못 丁 말씀 言)

바를(抹) 말 : (끝 末 손 扌)

118

바를(匡) 광 : 桓公匡合 (상자 匸 임금 王)
바를(正) 정 : 形端表正 (그칠 止 하나 一)
바를(垸) 완 : (완전할 完 흙 土)

바리(盂) 우 : (그릇 皿 어조사 于)
바리(盔) 회 : (재 灰 그릇 皿)
바림(渲) 선 : (베풀 宣 물 氵)

바쁠(拮) 길 : (좋을 吉 손 扌)
바쁠(倥) 공 : (빌 空 사람 亻)
바쁠(忙) 망 : (망할 亡 마음 忄)
바쁠(匆) 총 : (말라 勿 점 丶)
바쁠(怱) 총 : (바쁠 匆 마음 心)
바쁠(悤) 총 : (천장 囱 마음 心)

바위(巖) 암 : 巖峀杳冥 (엄할 嚴 뫼 山)
바위(岩) 암 : (뫼 山 돌 石)
바위(嵒) 암 : (뫼 山 품성 品)
바위굴(峀) 수 : 巖峀杳冥 (말미암을 由 뫼 山)

바지(袴) 고 : (자랑할 夸 옷 衤)
바지(褰) 건 : (틈 寒 옷 衣)
바칠(貢) 공 : 稅熟貢新 (장인 工 조개 貝)
바퀴(輪) 륜 : (둥글 侖 수레 車)
바퀴(轂) 곡 : 驅轂振纓 (수레 車 껍질 殻)
바퀴살(輻) 폭 : (찰 畐 수레 車)
바탕(質) 질 : (조개 貝 모탕 所)
바탕(素) 소 : 孟軻敦素 (주인 主 실 糸)

박

박공(愽) 박 : (펼 専 조각 片)
박달나무(檀) 단 : (단 亶 나무 木)
박(匏) 포 : (쌀 包 자랑할 夸)
박(瓠) 호 : (자랑할 夸 오이 瓜)

밖

밖(外) 외 : 外受傅訓 (저녁 夕 점 卜)

반

반(半) 반 : (예쁠 𡴋 여덟 八)
반대로(反) 반 : (또 又 언덕 厂)
반듯이(必) 필 : 知過必改 (삐침 丿 마음 心)
반듯이(定) 정 : 言辭安定 (집 宀 필 疋)
반죽한(捏) 날 : (막을 㐄 손 扌)
반찬(膳) 선 : 具膳殄飯 (착할 善 고기 月)
반포할(頒) 반 : (나눌 分 머리 頁)

받들(奉) 봉 : 入奉母儀 (클 㚛 예쁠 𡴋)
받들(承) 승 : (물 水 구결 ㄱ)
받들(承) 승 : 左達承明 (이을 丞 셋 三)
받들(廾) 공 : (삐침 丿 열 十)

받을(受) 수 : 外受傅訓 (또 又 덮을 冖 손톱 爫)
받을(捧) 봉 : (받들 奉 손 扌)
받을(擎) 경 : (공경할 敬 손 手)

받칠(托) 탁 : (부탁할 乇 손 扌)

발(足) 족 : 矯手頓足 (그칠 止 입 口)
발(止) 지 : 容止若思 (뚫을 丨 윗 上)
발(趾) 지 : (그칠 止 발 足)
발(疋) 소 : (아래 下 사람 人)
발(簾) 렴 : (청렴할 廉 대 竹)

발꿈치(刖) 월 : (칼 刂 살 月)
발꿈치(踵) 종 : (무거울 重 발 足)
발달할(發) 발 : 周發殷湯 (등질 癶 활 弓 창 殳)
발끈할(悻) 행 : (다행 幸 마음 忄)

발뒤꿈치(跟) 근 : (머무를 艮 발 足)
발들(蹻) 교 : (높을 喬 발 足)
발등(跗) 부 : (줄 付 발 足)
발바닥(跖) 척 : (돌 石 발 足)
발소리(蹐) 척 : (등 脊 발 足)
발 없는 벌레(豸) 치 : (삐침 丿 점 丶丶 개 犭)
발자국(釆) 혜 : (큰 大 작을 幺)
발자국(跫) 공 : (굳을 巩 발 足)
발자취(跡) 적 : (또 亦 발 足)
발톱(跑) 포 : (쌀 包 발 足)

밝

밝을(曠) 광 : 曠遠綿邈 (넓을 廣 날 日)
밝을(睿) 준 : (골 谷 점 卜 덮을 冖 한 一)
밝을(睿) 예 : (밝을 睿 둘 二)
밝을(亮) 량 : (쓸데없을 兀 입 口 머리 亠)
밝을(明) 명 : 左達承明 (날 日 달 月)
밝을(哲) 철 : (꺾을 折 입 口)
밝을(炳) 병 : (남녘 丙 불 火)
밝을(昺) 병 : (가로 曰 남녘 丙)
밝을(瑩) 영 : (구슬 玉 등불 熒)
밝을(晅) 훤 : (날 日 날 日)
밝을(昶) 창 : (길 永 날 日)
밝을(昭) 소 : (부를 召 날 日)
밝을(昱) 욱 : (설 立 날 日)
밝을(晃) 황 : (빛 光 날 日)
밝을(晙) 준 : (날 日 모양 夋)
밝을(晧) 호 : (고할 告 날 日)
밝을(彰) 창 : (털 彡 글 章)
밝을(瞭) 료 : (횃불 尞 눈 目)
밝을(旿) 오 : (낮 午 일 日)
밝을(晤) 오 : (나 吾 일 日)
밝을(桓) 환 : 桓公匡合 (뻗칠 亘 나무 木)
밝을(悤) 총 : (마음 心 천장 囪)
밝을(郎) 랑 : (좋은 良 고을 阝)

밝을(朗) 랑 : 曦暉朗耀 (좋을 良 달 月)
밝을(叡) 예 : (또 又 슬기 睿)

밞

밟을(跋) 발 : (개 달릴 犮 발 足)
밟을(跆) 태 : (나 台 발 足)
밟을(踏) 답 : (유창할 沓 발 足)
밟을(履) 리 : 臨深履薄 (회복할 復 주검 尸)
밟을(踐) 천 : 踐土會盟 (해칠 戔 발 足)
밟을(蹂) 유 : (부드러울 柔 발 足)
밟을(少) 달 : (삐침 丿 점 丶 갈고리 亅)
밟을(蹈) 도 : (퍼낼 舀 발 足)

밤

밤(夜) 야 : 珠稱夜光 (머리 亠 잡을 亻 점 丶)
밤(宵) 소 : (닮을 肖 집 宀)
밤(栗) 율 : (덮을 覀 나무 木)

밥

밥(食) 식 : 白駒食場 (좋을 良 사람 人)
밥(飯) 반 : 具膳殮飯 (되돌릴 反 밥 食)
밥(殮) 손 : 具膳殮飯 (뼈 歹 밥 食)
밥(饌) 찬 : (가릴 巽 밥 食)
밥 뭉칠(关) 권 : (지아비 夫 여덟 八)
밥통(胃) 위 : (살 月 밭 田)

밧

밧줄(紼) 불 : (실 糸 아니 弗)

방

방(房) 방 : 侍巾帷房 (모 方 집 戶)
방(牓) 방 : (두루 旁 조각 片)
방광(胱) 광 : (빛 光 살 月)
방귀(屁) 비 : (견줄 比 주검 尸)
방자할(恣) 자 : (마음 心 차례 次)
방자할(肆) 사 : 肆筵設席 (길 長 붓 聿)
방정맞을(佻) 조 : (사람 亻 징조 兆)
방어(魴) 방 : (모 方 고기 魚)
방울(鐸) 탁 : (엿볼 睪 쇠 金)
방죽(陂) 피 : (언덕 阝 가죽 皮)
방죽(堰) 언 : (엎드릴 匽 흙 土)
방죽(堤) 제 : (이 是 흙 土)
방죽(防) 방 : (언덕 阝 모 方)
방탕할(宕) 탕 : (돌 石 집 宀)
방탕할(傷) 탕 : (사람 亻 볕 昜)
방탕할(蕩) 탕 : (끓을 湯 풀 艹)
방패(干) 간 : (뚫을 丨 둘 二)
방패(盾) 순 : (당길 厂 눈 目)
방 합(蚌) 방 : (예쁠 丰 벌레 虫)
방해할(妨) 방 : (여자 女 모 方)
방향(方) 방 : 賴及萬方 (머리 亠 쌀 勹)

밭

밭(田) 전 : 鷄田赤城 (에울 囗 열 十)
밭 갈(佃) 전 : (사람 亻 밭 田)
밭 갈(耕) 경 : (쟁기 耒 우물 井)
밭 갈피(畾) 뢰 : (밭 田田田)
밭 개간(畇) 균 : (고를 勻 밭 田)
밭둑(畦) 휴 : (홀 圭 밭 田)
밭도랑(洫) 혁 : (피 血 물 氵)
밭도랑(畎) 견 : (개 犬 밭 田)
밭이랑(畝) 묘 : 俶載南畝 (오랠 久 이랑 亩)

밭둑 길(阡) 천 : (일천 千 언덕 阝)
밭둑 길(陌) 맥 : (일백 百 언덕 阝)

배

배(肚) 두 : (흙 土 살 月)
배(腹) 복 : (돌아갈 复 살 月)
배(梨) 이 : (이로울 利 나무 木)
배(舟) 주 : (마칠 丹 점 丶 뚫을 丨)
배(船) 선 : (배 舟 안석 几 입 口)
배(航) 항 : (배 舟 목 亢)
배(艘) 소 : (늙을 叟 배 舟)
배 댈(泊) 박 : (흰 白 물 氵)
배꼽(臍) 제 : (가지런할 齊 살 月)
배반할(叛) 반 : 捕獲叛亡 (되돌릴 反 반 半)

배부를(脹) 창 : (길 長 살 月)
배부를(飽) 포 : 飽飫烹宰 (쌀 包 밥 食)
배부를(飫) 어 : 飽飫烹宰 (요절할 夭 밥 食)
배상할(賠) 배 : (침 咅 조개 貝)

배울(效) 효 : 男效才良 (사귈 交 글 攵)
배울(臼) 학 : (깍지낄 臼 효 爻 덮을 冖)
배울(學) 학 : 學優登仕 (배울 臼 아들 子)

배짱이(蚣) 송 : (소나무 松 벌레 虫)
배짱이(蝑) 서 : (서로 胥 벌레 虫)
배 저을(漕) 조 : (나라 曹 물 氵)
배회할(徘) 배 : 徘徊瞻眺 (걸을 彳 아닐 非)
배회할(徊) 회 : 徘徊瞻眺 (돌 回 걸을 彳)
배회할(徉) 양 : (걸을 彳 양 羊)

백

백반(礬) 반 : (돌 石 울타리 樊)
백부(伯) 백 : 諸姑伯叔 (흰 白 사람 亻)
백성(民) 민 : 弔民伐罪 (한 一 각시 氏)
백성(氓) 맹 : (망할 亡 백성 民)

뱀

뱀(巳) 사 : (새 乙 둘 二)
뱀(它) 타 : (비수 匕 집 宀)
뱀(蛇) 사 : (뱀 它 벌레 虫)

버

버금(次) 차 : 造次弗離 (얼 冫 하품 欠)
버금(亞) 아 : (둘 二 뚫을 丨 丨)
버금(仲) 중 : (가운데 中 사람 亻)
버금(副) 부 : (찰 畐 칼 刂)

버들(楊) 양 : (볕 昜 나무 木)
버들(柳) 류 : (토끼 卯 나무 木)
버버리(啞) 아 : (버금 亞 입 口)
버버리(瘖) 음 : (소리 音 병 疒)
버버리(瘂) 아 : (버금 亞 병 疒)
버릇(串) 관 : (뚫을 丨 입 口 口)
버릇(慣) 관 : (꿸 貫 마음 忄)
버릇(習) 습 : (흰 白 깃 羽)
버릇(癖) 벽 : (임금 辟 병 疒)

버릴(舍) 사 : (사람 人 혀 舌)
버릴(捨) 사 : (집 舍 손 扌)
버릴(捐) 연 : (장구벌레 肙 손 扌)
버릴(弃) 기 : (맞잡을 廾 이를 云)
버릴(棄) 기 : (이를 云 샅 朩)

버마재비(螳) 당 : (집 堂 벌레 虫)
버마재비(螂) 랑 : (사내 郎 벌레 虫)
버섯(坴) 녹 : (어진 사람 儿 흙 土)
버섯(菌) 균 : (곳집 囷 풀 艹)
버짐(癬) 선 : (고울 鮮 병 疒)
버틸(拄) 주 : (주인 主 손 扌)

126

버틸(撑) 탱 : (버팀목 掌 손 扌)
버팀목(掌) 탱 : (오히려 尙 어금니 牙)

번

번거로울(煩) 번 : 韓弊煩刑 (불 火 머리 頁)
번거로울(業) 복 : (업 業 지아비 夫 초 두 艹)
번뇌할(惱) 뇌 : (골 𡿺 마음 忄)
번민(悶) 민 : (마음 心 문 門)
번민(滿) 만 : (찰 滿 마음 心)
번개(电) 전 : (가로 曰 숨을 乚)
번개(電) 전 : (번개 电 비 雨)
번데기(蛹) 용 : (벌레 虫 길 甬)
번성할(繁) 번 : (재빠를 敏 실 糸)
번식할(殖) 식 : (곧을 直 뼈 歹)
번역할(飜) 번 : (날 飛 차례 番)
번역할(譯) 역 : (엿볼 睪 말씀 言)
번쩍거릴(閃) 섬 : (문 門 사람 人)

벌

벌(蜂) 봉 : (만날 夆 벌레 虫)
벌(羅) 라 : 府羅將相 (맬 維 그물 罒)
벌꿀(蜜) 밀 : (반듯이 必 집 宀 벌레 虫)
벌레(肙) 원 : (나 厶 살 月)
벌레(䏰) 연 : (살 月 입 口)
벌레(孑) 궐 : (마칠 了 하나 一)
벌레(虫) 충 : (가운데 中 점 丶)
벌레(虬) 충 : (벌레 虫 삐침 丿)
벌레(蚰) 곤 : (벌레 虫 벌레 虫)
벌레(蟲) 충 : (벌레 虫 虫 虫)
벌레(蚤) 훼 : (또 又 벌레 虫)
벌레(豸) 치 : (삐침 丿 점 丶丶 개 犭)
벌레(蜀) 촉 : (나라 罒 벌레 虫)

벌일(列) 렬 : 辰宿列張 (뼈 歹 칼 刂)
벌일(羅) 라 : 府羅將相 (맬 維 그물 罒)
벌일(罗) 라 : (저녁 夕 그물 罒)
벌줄(罰) 벌 : 弔民罰罪 (그물 罒 소리 訓)
벌써(旣) 기 : 旣集墳典 (고소할 皀 없을 无)

범

범(寅) 인 : (있을 宀 말미암을 由 여덟 八)
범(虎) 호 : (어진 사람 儿 범 虍)
범(虍) 호 : (점 卜 언덕 厂 일곱 七)
범(彪) 표 : (털 彡 범 虎)
범(豹) 표 : (구기 勺 벌레 豸)
범 발톱(虢) 괵 : 假道滅虢 (범 虎 취할 寽)

범할(彐) 범 : (또 又 돼지 彐 덮을 冖)
범할(侵) 침 : (범할 彐 사람 亻)
범할(犯) 범 : (개 犭 병부 㔾)
범할(罪) 죄 : (아니 非 그물 罒)

법

법(式) 식 : (장인 工 주살 弋)
법(典) 전 : 旣集墳典 (함께 共 멀 冂)
법(律) 률 : 律呂調陽 (걸을 彳 붓 聿)
법(法) 법 : 何遵約法 (갈 去 물 氵)
법(憲) 헌 : (예쁠 丰 그물 罒 집 宀 마음 心)
법(準) 준 : (열 十 강 이름 淮)
법(則) 칙 : 忠則盡命 (조개 貝 칼 刂)
법(度) 도 : (또 又 스물 廿 집 广)
법(矩) 구 : 矩步引領 (클 巨 화살 矢)
법(模) 모 : (없을 莫 나무 木)
법(範) 범 : (수레 軋 대 竹)
법(程) 정 : (드릴 呈 벼 禾)
법(規) 규 : 切磨箴規 (볼 見 지아비 夫)

법(例) 례 : (줄 列 사람 亻)
법칙(律) 률 : 律呂調陽 (걸을 彳 붓 聿)
법칙(呂) 여 : 律呂調陽 (입 口 삐침 丿 입 口)

벗

벗(朋) 붕 : (살 月 살 月)
벗(友) 우 : 交友投分 (또 又 왼 ナ)
벗을(脫) 탈 : (기쁠 兌 살 月)
벗을(稅) 세 : (기쁠 兌 벼 禾)

베

베(布) 포 : 布射僚丸 (왼 ナ 수건 巾)
베낄(抄) 초 : (작을 少 손 扌)
베낄(寫) 사 : 圖寫禽獸 (신 舃 집 宀)
베틀(建) 섭 : (그칠 止 붓 聿 한 一)
베풀(宣) 선 : 宣威沙漠 (뻗칠 亘 집 宀)
베풀(張) 장 : 辰宿列張 (길 長 활 弓)
베풀(肆) 사 : 肆筵設席 (붓 聿 길 長)
베풀(設) 설 : 肆筵設席 (말씀 言 창 殳)
베풀(施) 시 : 毛施淑姿 (이름 㫃 모 方)
베풀(陳) 진 : 陳根委翳 (동녘 東 언덕 阝)

벨

벨(誅) 주 : 誅斬賊盜 (붉을 朱 말씀 言)
벨(斬) 참 : 誅斬賊盜 (날 斤 수레 車)
벨(乂) 예 : 俊乂密勿 (삐침 丿 점 丶)
벨(抽) 추 : 園莽抽條 (손 扌 말미암을 由)
벨(削) 월 : (칼 刂 고기 月)
벨(割) 할 : (해할 害 칼 刂)

벼

벼(禾) 화 : (삐침 丿 나무 木)
벼(禾) 인 : (벼 禾 사람 人)
벼(秦) 진 : (클 춧 벼 禾)
벼(稻) 도 : (퍼낼 舀 벼 禾)
벼숲(秝) 력 : (벼 禾 벼 禾)
벼락(霹) 벽 : (임금 辟 비 雨)
벼락(靂) 력 : (지날 歷 비 雨)
벼루(硯) 연 : (볼 見 돌 石)
벼룩(蚤) 조 : (점 丶 점 丶 벌레 蚤)
벼 리(紀) 기 : (실 糸 몸 己)
벼리(綱) 강 : (실 糸 언덕 岡)
벼리(維) 유 : (새 隹 실 糸)

벼슬(卿) 경 : 路夾槐卿 (좋을 良 토끼 卯)
벼슬(仕) 사 : 學優登仕 (사람 亻 선비 士)
벼슬(官) 관 : 鳥官人皇 (써 吕 집 宀)
벼슬(宦) 환 : (신하 臣 집 宀)
벼슬(爵) 작 : 好爵自縻 (닦을 寽 문 尸두 二)
벼슬(職) 직 : 攝職從政 (찰 흙 戠 귀 耳)
벼슬(尉) 위 : (볼 示 주검 尸 마디 寸)

벽

벽(壁) 벽 : 漆書壁經 (임금 辟 흙 土)
벽돌(塼) 전 : (오로지 專 흙 土)
벽돌(甋) 적 : (밑동 商 기와 瓦)
벽돌(甓) 벽 : (임금 辟 기와 瓦)
벽돌(甎) 전 : (오로지 專 기와 瓦)

변

변방(陲) 수 : (드리울 垂 언덕 阝)
변방(塞) 새 : (흙 土 틈 寒)

변할(忒) 특 : (주살 弋 마음 心)
변할(變) 변 : (어지러울 緣 글 攵)

별

별(辰) 진 : 辰宿列張 (언덕 厂 옷 衣)
별(台) 태 : (나 厶 입 口)
별(星) 성 : 弁轉疑星 (가로 曰 날 生)
별(奎) 규 : (큰 大 홀 圭)

볏

볏짚(稿) 고 : 杜稿鐘隷 (높을 高 벼 禾)

병

병(壺) 호 : (버금 亞 선비 士)
병(瓶) 병 : (어우를 幷 기와 瓦)
병(疾) 질 : (화살 矢 병 疒)
병(療) 료 : (횃불 寮 병 疒)
병(痾) 아 : (옳을 可 병 疒)
병(痾) 아 : (병 疒 언덕 阿)

병 녁(丙) 병 : 丙舍傍啓 (안 內 한 一)
병 나을(癒) 유 : (점점 愈 병 疒)

병들(瘀) 어 : (어조사 於 병 疒)
병들(病) 병 : (남녘 丙 병 疒)
병들(瘁) 췌 : (무리 卒 병 疒)
병들(癉) 단 : (홑 單 병 疒)
병들(瘼) 막 : (없을 莫 병 疒)
병들어 기댈(疒) 녁 : (얼 冫 집 广)

병부(卩) 절 : (뚫을 丨 갈고리 亅)
병부(卩) 절 : (숨을 乚 갈고리 亅)

병사(兵) 병 : 家給千兵 (언덕 丘 여덟 八)
병증세(症) 증 : (바를 正 병 疒)
병풍(屛) 병 : (어우를 幷 주검 尸)

볕

볕(陽) 양 : 律呂調陽 (언덕 阝 볕 昜)
볕(景) 경 : 景行維賢 (서울 京 가로 曰)

보

보(袱) 복 : (엎드릴 伏 옷 衤)
보(洑) 보 : (엎드릴 伏 물 氵)

보낼(牋) 전 : 牋牒簡要 (조각 片 해칠 戔)
보낼(輸) 수 : (점점 兪 수레 車)
보낼(送) 송 : (관계할 关 갈 辶)
보낼(遣) 견 : 欣奏累遣 (갈 辶 흙덩이 㠯)
보낼(賵) 봉 : (무릅쓸 冒 조개 貝)

보리(麥) 맥 : (올 來 저녁 夕)
보리(麰) 모 : (소리 牟 보리 麥)

보배(珤) 보 : (임금 王 장군 缶)
보배(寶) 보 : 尺璧非寶 (보배 珤 집 宀 조개 貝)
보배(珍) 진 : 果珍李柰 (검은 털 彡 임금 王)
보배(鈺) 옥 : (구슬 玉 쇠 金)

보살(菩) 보 : (침 音 풀 艹)
보살(薩) 살 : (풀 艹 언덕 薩)
보수(保) 보 : (지킬 呆 사람 亻)
보수(守) 수 : 守眞志滿 (집 宀 마디 寸)
보습(耜) 사 : (써 㠯 쟁기 耒)
보이지 않을(覒) 면 : (스스로 自 모 方 구멍 穴)
보일(呈) 정 : (천 간 壬 입 口)
보일(衤) 시 : (점 丶 아니 不)
보일(示) 시 : (작을 小 둘 二)
보조개(靨) 엽 : (싫을 厭 얼굴 面)
보지(屄) 비 : (주검 尸 구멍 穴)
보호할(保) 보 : (지킬 呆 사람 亻)
보호할(護) 호 : (자 蒦 말씀 言)

복

복(羲) 희 : (양 羊 벼 禾 공교할 丂 창 戈)
복(祉) 지 : (볼 示 그칠 止)
복(祚) 조 : (잠깐 乍 볼 示)
복(福) 복 : 福緣善慶 (찰 畐 볼 示)
복(禔) 시 : (볼 示 이 是)
복(禧) 희 : (기쁠 喜 볼 示)
복(祿) 록 : (볼 示 녹 彔)
복(祜) 호 : (옛 古 볼 示)
복(祐) 우 : 指薪修祐 (볼 示 오른 右)

복숭아(桃) 도 : (나무 木 조짐 兆)
붉은 쌀(糗) 구 : (쌀 米 냄새 臭)
복령(茯) 복 : (엎드릴 伏 풀 艹)
복령(苓) 령 : (풀 艹 영 令)
복종할(遵) 준 : 何遵約法 (갈 辶 높을 尊)

볶

볶을(炒) 초 : (적을 少 불 火)

본디(素) 소 : (주인 主 실 糸)
본뜰(摸) 모 : (아닐 莫 손 扌)
본뜰(摹) 모 : (아닐 莫 손 手)
본뜰(模) 모 : (아닐 莫 나무 木)
본뜰(倣) 방 : (놓을 放 사람 亻)
본뜰(仿) 방 : (사람 亻 모 方)
본받을(效) 효 : 男效才良 (사귈 交 글 攵)

볼

볼(矚) 촉 : (이을 屬 눈 目)
볼(見) 견 : 兩疏見機 (어질 儿 눈 目)
볼(監) 감 : (누울 臥 그릇 皿 한 一)
볼(看) 간 : (손 手 눈 目)
볼(睜) 정 : (다툴 爭 눈 目)

볼(睹) 도 : (놈 者 눈 目)
볼(瞠) 당 : (집 堂 눈 目)
볼(瞰) 감 : (감히 敢 눈 目)
볼(礻) 시 : (점 ㆍ 아니 不)
볼(示) 시 : (작을 小 둘 二)
볼(視) 시 : (볼 示 볼 見)
볼(覽) 람 : (볼 監 볼 見)
볼(觀) 관 : 樓觀飛驚 (볼 見 황새 雚)
볼(閱) 열 : (기쁠 兑 문 門)
볼(瞿) 구 : (두리번거릴 䀠 새 隹)
볼(詹) 첨 : (우러러볼 厃 어질 儿 말씀 言)
볼(瞻) 첨 : 徘徊瞻眺 (눈 目 볼 詹)

볼기(启) 독 : (주검 尸 입 口)
볼기(臀) 둔 : (집 殿 살 月)
볼기칠(笞) 태 : (대 竹 별 台)
볼록할(凸) 철 : (오목할 凹 볼록할 凸)

볼

볼(春) 춘 : (클 夫 날 日)

봇

봇도랑(く) 견 : (개미허리 巛)
봇도랑(澮) 회 : (모일 會 물 氵)

봉

봉급(俸) 봉 : (받들 奉 사람 亻)
봉새(鳳) 봉 : 鳴鳳在樹 (새 鳥 안 석 几)
봉새(凰) 황 : (임금 皇 안 석 几)
봉할(封) 봉 : 戶封八縣 (홀 圭 마디 寸)
봉할(緘) 함 : (다 咸 실 糸)
봉황새(鳳) 봉 : 鳴鳳在樹 (새 鳥 안 석 几)

뽕
뽕나무(桑) 상 : (따를 叒 나무 木)

뵐
뵐(覲) 근 : (볼 見 오랑캐 菫)
뵐(謁) 알 : (어찌 曷 말씀 言)

부
부고(訃) 부 : (점 卜 말씀 言)
부과할(課) 과 : (과일 果 말씀 言)

부끄러울(恥) 치 : 殆辱近恥 (귀 耳 마음 心)
부끄러울(慙) 참 : (벨 斬 마음 心)
부끄러울(怍) 작 : (잠깐 乍 마음 忄)
부끄러울(恧) 뉵 : (말 이을 而 마음 心)
부끄러울(忸) 뉵 : (소 丑 마음 忄)
부끄러울(羞) 수 : (삐침 丿 양 羊 소 丑)
부끄러울(愧) 괴 : (귀신 鬼 마음 忄)

부드러운(壤) 양 : (돋을 襄 흙 土)
부드러울(柔) 유 : (나무 木 창 矛)
부드러울(輭) 연 : (다스릴 耎 수레 車)

부들(蒲) 포 : (개 浦 풀 艹)
부두(埠) 부 : (흙 土 언덕 阜)
부딪칠(轂) 격 : (굴대 軎 창 殳)
부딪칠(擊) 격 : (부딪칠 轂 손 手)
부러울(羨) 선 : (양 羊 물 氵 하품 欠)
부르짖을(叫) 규 : (넝쿨 丩 입 口)
부르짖을(吅) 훤 : (입 口 입 口)
부르짖을(號) 호 : 劍號巨闕 (부를 号 범 虎)

부를(号) 호 : (공교할 丂 입 口)
부를(招) 초 : 感謝歡招 (부를 召 손 扌)
부를(徵) 징 : (부를 徵 한 一)
부를(徵) 징 : (임금 王 걸을 彳 뫼 山 글 攵)
부를(召) 소 : (칼 刀 입 口)
부를(呼) 호 : (부를 乎 입 口)
부를(乎) 호 : (온 丆 갈고리 亅 한 一)
부를(喚) 환 : (빛날 奐 입 口)
부를(噭) 교 : (노래할 敫 입 口)
부를(聘) 빙 : (말이 잴 甹 귀 耳)
부를(唱) 창 : 夫唱婦隨 (창성할 昌 입 口)

부리(喙) 훼 : (고슴도치 彖 입 口)
부리(嘴) 취 : (이 此 뿔 角 입 口)
부릴(役) 역 : (걸을 彳 창 殳)
부릴(伇) 역 : (사람 亻 창 殳)
부마(駙) 부 : (줄 付 말 馬)
부세(賦) 부 : (호반 武 조개 貝)
부술(碎) 쇄 : (마칠 卒 돌 石)
부스럼(瘡) 창 : (곳집 倉 병 疒)
부아(肺) 폐 : (저자 市 살 月)
부어만든(鑄) 주 : (쇠 金 목숨 壽)
부엌(廚) 주 : (세울 尌 집 广)
부용(蓉) 용 : (얼굴 容 풀 艹)
부의(賻) 부 : (펼 尃 조개 貝)
부인(婦) 부 : 夫唱婦隨 (비 帚 여자 女)
부자(富) 부 : 世祿侈富 (찰 畗 집 宀)
부족할(嗛) 겸 : (겸할 兼 입 口)
부족할(短) 단 : 罔談彼短 (콩 豆 화살 矢)
부지런할(孶) 자 : (이 玆 아들 子)
부지런할(勤) 근 : 勞謙勤勅 (오랑캐 堇 힘 力)
부질없을(漫) 만 : (거만할 曼 물 氵)
부채(扇) 선 : 紈扇圓潔 (깃 羽 집 戶)
부처(佛) 불 : (사람 亻 아니 弗)
부처(迦) 가 : (더할 加 갈 辶)

부추(韮) 구 : (부추 韭 풀 艹)
부추(韭) 구 : (한 一 아니 非)
부추(薤) 해 : (뼈 歹 부추 韭)
부추길(唆) 사 : (입 口 모양 夋)
부추길(嗾) 주 : (겨레 族 입 口)
부칠(㝢) 우 : 㝢目囊箱 (집 宀 원숭이 禺)
부칠(寄) 기 : (기이할 奇 집 宀)
부탁할(囑) 촉 : (엮을 屬 입 口)
부탁할(託) 탁 : (부탁할 乇 말씀 言)
부탁할(乇) 탁 : (삐침 丿 일곱 七)
부호(符) 부 : (줄 付 대 竹)
부할(富) 부 : 世祿侈富 (찰 畐 집 宀)

북

북(杼) 저 : (나 予 나무 木)
북(鼓) 고 : 鼓瑟吹笙 (가를 攴 악기 壴)
북녘(北) 북 : (조각 爿 비수 匕)
북돋을(培) 배 : (침 音 흙 土)
북돋을(耔) 자 : (쟁기 耒 아들 子)
북망산(邙) 망 : 背邙面洛 (망할 亡 언덕 阝)
북방(壬) 임 : (삐침 丿 선비 士)
북방민족(貊) 맥 : (일백 百 벌레 豸)

분

분별할(采) 변 : (쌀 米 벼 禾)
분별할(辨) 변 : 鑑貌辨色 (따질 辡 칼 刂)
분별할(著) 저 : (놈 者 풀 艹)

분부할(吩) 분 : (나눌 分 입 口)
분부할(咐) 부 : (줄 付 입 口)
분비할(泌) 비 : (반듯이 必 물 氵)
분초(秒) 초 : (적을 少 벼 禾)
분할(憤) 분 : (클 賁 마음 忄)
분할(悁) 연 : (벌레 肙 마음 忄)
분할(忿) 분 : (나눌 分 마음 心)
분홍빛(纁) 훈 : (실 糸 연기 熏)

불

불(火) 화 : 龍師火帝 (사람 人 삐침 丿 점 丶)
불(灬) 화 : (점 丶 丶 丶 丶)
불(吹) 취 : 鼓瑟吹笙 (하품 欠 입 口)
불 꺼질(熄) 식 : (쉴 息 불 火)
불꽃(炎) 염 : (불 火 불 火)
불꽃(焵) 형 : (불 火 빛날 冏)
불구(畸) 기 : (기이할 奇 밭 田)

불길할(惡) 악 : 禍因惡積 (버금 亞 마음 心)

불똥(票) 표 : (덮을 襾 볼 示)
불똥(標) 표 : (불똥 票 나무 木)
불똥(漂) 표 : (불똥 票 물 氵)
불똥(飄) 표 : 落葉飄飆 (불똥 票 바람 風)
불똥(熛) 표 : (불똥 票 불 火)

불룩해질(膨) 팽 : (살 月 성 彭)
불사를(焚) 분 : (숲 林 불 火)
불쌍할(憐) 련 : (도깨비불 粦 마음 忄)
불쌍할(憫) 민 : (근심할 閔 마음 忄)
불쌍할(愍) 민 : (힘쓸 敃 마음 心)
불알(睾) 고 : (다행 幸 피 血)
불을(滋) 자 : (이 玆 물 氵)
불행할(禍) 화 : 禍因惡積 (볼 示 삐뚤 咼)

붉

붉을(紫) 자 : 雁門紫塞 (이 此 실 糸)
붉을(赤) 적 : 鷄田赤城 (흙 土 불 灬)
붉을(赭) 자 : (붉을 赤 놈 者)
붉을(丹) 단 : 馳譽丹靑 (멀 冂 한 一 점 丶)
붉을(赬) 정 : (붉을 赤 곧을 貞)
붉을(朱) 주 : (나무 木 사람 人)
붉을(紅) 홍 : (장인 工 실 糸)

뿜

뿜을(濆) 분 : (클 賁 물 氵)
뿜을(噴) 분 : (클 賁 입 口)

붓

붓(翰) 한 : (햇빛 倝 깃 羽)

붓(聿) 사 : (뚫을 ㅣ 돼지 크)
붓(聿) 사 : (붓 聿 하나 ㅡ)
붓(聿) 율 : (붓 聿 둘 二)
붓(筆) 필 : 恬筆倫紙 (대 竹 붓 聿)

붕

붕 사(硼) 붕 : (돌 石 벗 朋)
붕 새(鵬) 붕 : (새 鳥 벗 朋)

붙

붙어살(寓) 우 : 寓目囊箱 (원숭이 禺 집 宀)
붙을(附) 부 : (줄 付 언덕 阝)
붙을(屬) 속 : 屬耳垣牆 (나라 蜀 주검 尸 물 氺)
붙을(着) 착 : (양 羊 눈 目 삐침 丿)

비

비(雨) 우 : 雲騰致雨 (두루 帀 얼 冫)
비(彗) 혜 : (예쁠 丰 丰 돼지 크)
비(聿) 사 : (뚫을 ㅣ 돼지 크)
비(帚) 추 : (수건 巾 덮을 冖 돼지 크)

비 갤(霽) 제 : (가지런할 齊 비 雨)
비계(脂) 지 : (살 月 뜻 旨)
비교할(比) 비 : 猶子比兒 (윗 上 비수 匕)
비길(擬) 의 : (의심할 疑 손 扌)
비낄(斜) 사 : (말 斗 나 余)
비녀(簪) 잠 : (일찍 替 대 竹)
비녀(釵) 차 : (깍지 낄 叉 쇠 金)
비녀(鈿) 전 : (쇠 金 밭 田)
비늘(鱗) 린 : 鱗潛羽翔 (이웃 粦 고기 魚)

비단(綺) 기 : 綺回漢惠 (기이할 奇 실 糸)

비단(紈) 환 : 紈扇圓潔 (알 丸 실 糸)
비단(綾) 릉 : (실 糸 언덕 夌)
비단(綵) 채 : (캘 采 실 糸)
비단(緞) 단 : (구분 段 실 糸)
비단(繒) 증 : (일찍 曾 실 糸)
비단(錦) 금 : (쇠 金 비단 帛)
비단(帛) 백 : (흰 白 수건 巾)
비단(絹) 견 : (실 糸 벌레 㝡)
비단(幣) 폐 : (해질 敝 수건 巾)

비둘기(鳩) 구 : (새 鳥 아홉 九)
비로소(始) 시 : 始制文字 (나 台 여자 女)
비로소(俶) 숙 : 俶載南畝 (사람 亻 아재비 叔)
비록(雖) 수 : (비록 虽 새 隹)
비록(虽) 수 : (입 口 벌레 虫)
비록(虽) 수 : (나 厶 벌레 虫)
비롯할(創) 창 : (곳집 倉 칼 刂)
비름(莧) 현 : (볼 見 풀 艹)
비릴(腥) 성 : (별 星 살 月)
비릴(臊) 조 : (시끄러울 喿 살 月)
비방할(誹) 비 : (아닐 非 말씀 言)
비빌(刮) 괄 : (혀 舌 칼 刂)
비석(碑) 비 : 勒碑刻銘 (낮을 卑 돌 石)
비석(碣) 갈 : 混池碣石 (어찌 曷 돌 石)
비스듬할(逶) 위 : (맡길 委 갈 辶)
비스듬할(迤) 이 : (갈 辶 이름 也)
비슷할(彿) 불 : (아닐 弗 두 사람 걸을 彳)
비슷할(髣) 방 : (드리워질 髟 모 方)
비슷할(髴) 불 : (드리워질 髟 불 弗)
비 오는 모양(瀧) 롱 : (물 氵 용 龍)
비 올(霝) 령 : (비 雨 품성 品)

비웃을(譏) 기 : 省躬譏誡 (기미 幾 말씀 言)
비웃을(嗤) 치 : (어리석을 蚩 입 口)
비웃을(嘲) 조 : (아침 朝 입 口)
비유할(譬) 비 : (임금 辟 말씀 言)

비출(照) 조 : 晦魄環照 (밝을 昭 불 灬)
비칠(影) 영 : (볕 景 털 彡)
비칠(暎) 영 : 淵澄取暎 (꽃부리 英 날 日)
비취(翠) 취 : 枇杷晚翠 (깃 羽 무리 卒)
비틀(捻) 념 : (생각할 念 손 扌)
비틀(捩) 렬 : (어그러질 戾 손 扌)
비파(枇) 비 : 枇杷晚翠 (견줄 比 나무 木)
비파(杷) 파 : 枇杷晚翠 (땅 巴 나무 木)
비평할(批) 비 : (견줄 比 손 扌)

빈
빈소(殯) 빈 : (손 賓 뼈 歹)

빌
빌(祈) 기 : (볼 示 날 斤)
빌(禱) 도 : (볼 示 목숨 壽)
빌(祝) 축 : (볼 示 형 兄)
빌(禳) 양 : (돋을 襄 볼 示)
빌(丐) 개 : (갈고리 亅 아래 下)
빌(乞) 걸 : (사람 人 새 乙)
빌(匃) 개 : (망할 亾 쌀 勹)
빌(虛) 허 : 虛堂習聽 (범 虍 상투 丱 한 一)
빌(孔) 공 : 孔懷兄弟 (새 乙 아들 子)
빌(空) 공 : 空谷傳聲 (장인 工 구멍 穴)
빌(竅) 관 : (정성 款 구멍 穴)
빌(叚) 가 : (오랑캐 尸 또 又 한 一 구결 丆)
빌릴(假) 가 : 假道滅虢 (빌 叚 사람 亻)

빌릴(貸) 대 : (대신 代 조개 貝)

빗
빗자루(帚) 추 : (덮을 冖 수건 巾 돼지 彐)

빗장(扃) 경 : (들 同 집 戶)
빗장(關) 관 : (문 門 꿸 絲)

빙

빙글 웃을(謚) 익 : (더할 益 말씀 言)

빚

빚(債) 채 : (꾸짖을 責 사람 亻)

빛

빛(色) 색 : 鑑貌辨色 (쌀 勹 땅 巴)
빛(光) 광 : 珠稱夜光 (작을 ⺌ 우뚝할 兀)
빛날(暉) 휘 : 曦暉朗耀 (날 日 무리 軍)
빛날(耀) 요 : 曦暉朗耀 (꿩 翟 빛 光)
빛날(煌) 황 : 銀燭輝煌 (임금 皇 불 火)
빛날(輝) 휘 : 銀燭輝煌 (빛 光 무리 軍)
빛날(奐) 환 : (쌀 勹 그물 ㄇㄇ 큰 大)
빛날(旭) 욱 : (아홉 九 날 日)
빛날(彧) 욱 : (혹 或 삐침 丿丿)
빛날(彬) 빈 : (털 彡 숲 林)
빛날(炅) 경 : (가로 曰 불 火)
빛날(炡) 정 : (바를 正 불 火)
빛날(熙) 희 : (넓을 㠱 불 灬)
빛날(華) 화 : 都邑華夏 (풀 艹 임금 王 열 十 임금 王)
빛날(耿) 경 : (귀 耳 불 火)
빛날(赫) 혁 : (붉을 赤 붉을 赤)
빛날(曜) 요 : (꿩 翟 날 日)
빛날(冏) 경 : (입 口 멀 冂 어질 儿)
빛날(囧) 경 : (넉 四 멀 冂)
빛날(炯) 형 : (빛날 冏 불 火)

빠

빠를(霍) 곽 : (비 雨 새 隹)
빠를(慓) 표 : (불똥 票 마음 忄)
빠를(捷) 첩 : (베틀 疌 손 扌)
빠를(亟) 극 : (공교할 丂 또 叹 한 一)
빠를(卂) 신 : (새 乙 열 十)
빠를(速) 속 : (묶을 束 갈 辶)
빠를(适) 괄 : (혀 舌 갈 辶)
빠질(陷) 함 : (함정 臽 언덕 阝)
빠질(沒) 몰 : (또 又 쌀 勹 물 氵)
빠질(淪) 윤 : (둥글 侖 물 氵)
빠질(溺) 닉 : (약할 弱 물 氵)

빨

빨(吮) 연 : (고깔 允 입 口)
빨(浣) 완 : (완전할 完 물 氵)
빨래할(漱) 수 : (기침 敕 물 氵)
빨래할(濯) 탁 : (물 氵 꿩 翟)
빨래할(澣) 한 : (물 氵 줄기 幹)
빨리 날(卂) 신 : (열 十 새 乙)

빼

빼앗을(簒) 찬 : (대 ⺮ 눈 䀠 갈 厽)
빼앗을 (簒) 찬 : (빼앗을 簒 삐침 丿)
빼앗을(奪) 탈 : (날개 칠 奞 마디 寸)
빼어날(儻) 당 : (사람 亻 무리 黨)
빼어날(秀) 수 : (이에 乃 벼 禾)
빼어날(穎) 영 : (이랑 頃 벼 禾)
빼어낼(挺) 정 : (손 扌 조정 廷)

빽

빽빽할(密) 밀 : 俊乂密勿 (성 宓 뫼 山)
빽빽할(稠) 조 : (두루 周 벼 禾)
빽빽할(鬱) 울 : 宮殿盤鬱 (덮을 冖 털 彡 장군 缶 숲 林 술 鬯)
빽빽할(森) 삼 : (나무 木 숲 林)

뺄

뺄(拔) 발 : (개 달릴 犮 손 扌)
뺄(抽) 추 : 園莽抽條 (말미암을 由 손 扌)

뻔

뻔을(陳) 진 : 陳根委翳 (동녘 東 언덕 阝)
뻔칠(亘) 긍 : (아침 旦 한 一)

뼈

뼈(骸) 해 : 骸垢想浴 (돼지 亥 뼈 骨)
뼈(骨) 골 : (뼈 발라낼 咼 살 月)
뼈(骼) 격 : (각각 各 뼈 骨)
뼈(歹) 알 : (저녁 夕 한 一)
뼈(歺) 알 : (저녁 夕 점 卜)
뼈 바를(剔) 척 : (쉬울 易 칼 刂)
뼈 발라낼(咼) 과 : (멀 冂 멀 冂 복 卜)

뽀

뽀족할(尖) 첨 : (큰 大 작을 小)

뽑

뽑을(拔) 발 : (개 달릴 犮 손 扌)

뽑을(抽) 추 : 園莽抽條 (말미암을 由 손 扌)
뽑을(擢) 탁 : (꿩 翟 손 扌)

뿌

뿌리(根) 근 : 陳根委翳 (머무를 艮 나무 木)
뿌릴(洒) 쇄 : (서녘 西 물 氵)
뿌릴(播) 파 : (차례 番 손 扌)

뿐

뿐(啻) 시 : (임금 帝 입 口)

뿔

뿔(角) 각 : (쌀 勹 쓸 用)
뿔범(虒) 사 : (당길 厂 범 虎)

삐

삐걱거릴(軋) 알 : (새 乙 수레 車)
삐걱거릴(轢) 력 : (즐길 樂 수레 車)
삐뚤(拗) 요 : (어릴 幼 손 扌)
삐뚤(歪) 왜 : (아니 不 바를 正)
삐뚤(咼) 와 : (뼈 발라낼 冎 입 口)
삐침(丿) 별

사

사(私) 사 : (나 厶 벼 禾)
사건(件) 건 : (사람 亻 소 牛)
사과(柰) 내 : (볼 示 나무 木)
사귈(交) 교 : 交友投分 (벨 乂 여섯 六)
사귈(爻) 효 : (벨 乂 벨 乂)
사기(史) 사 : 史魚秉直 (가운데 中 점 丶)
사기그릇(瓷) 자 : (버금 次 기와 瓦)

사나울(忮) 기 : (지탱할 支 마음 忄)
사나울(悍) 한 : (마음 忄 가물 旱)
사나울(猛) 맹 : (맏 孟 개 犭)
사나울(暴) 폭 : (공손할 恭 가로 曰)
사나울(虐) 학 : (범 虍 한 一 상자 匸)

사내(夫) 부 : (큰 大 하나 一)
사내(郎) 랑 : (좋을 良 고을 阝)
사내(男) 남 : 男效才良 (힘 力 밭 田)

사냥할(狩) 수 : (개 犭 지킬 守)
사냥할(巤) 렵 : (꿩 甾 갈고리 乚 彡 乚 彡 乚)
사냥할(獵) 렵 : (개 犭 사냥할 巤)

사닥다리(梯) 제 : (아우 弟 나무 木)
사당(廟) 묘 : 俯仰廊廟 (아침 朝 집 广)
사당(祠) 사 : (맡을 司 볼 示)
사라질(消) 소 : (닮을 肖 물 氵)

사람(人) 인 : 鳥官人皇 (삐침 丿 파임 乀)
사람(亻) 인 : (뚫을 丨 삐침 丿)
사람(壬) 인 : (날 生 하나 一)
사람(卨) 설 : (삐뚤 咼 점 卜)
사람(荀) 순 : (열흘 旬 풀 艹)
사람(羲) 희 : (벼 禾 공교할 丂 양 羊 창 戈)

사랑(寵) 총 : 寵增抗極 (용 龍 집 宀)
사랑(愛) 애 : (걸을 夂 마음 心)
사랑(愛) 애 : 愛育黎首 (사랑 愛 손톱 爫 덮을 冖)
사랑(慈) 자 : 仁慈隱惻 (이 玆 마음 心)
사랑(廊) 낭 : 俯仰廊廟 (사내 郞 집 广)

사례할(謝) 사 : 感謝歡招 (쏠 射 말씀 言)
사로잡을(俘) 부 : (미쁠 孚 사람 亻)
사로잡을(擒) 금 : (손 扌 짐승 禽)
사로잡을(虜) 로 : (범 虍 꿸 毌 힘 力)
사를(燒) 소 : (높을 堯 불 火)
사마(駟) 사 : (넉 四 말 馬)
사마귀(疣) 우 : (더욱 尤 병 疒)
사막(沙) 사 : 宣威沙漠 (젊을 少 물 氵)
사막(漠) 막 : 宣威沙漠 (아닐 莫 물 氵)
사모(慕) 모 : 女慕貞烈 (아닐 莫 마음 小)
사모(戀) 련 : (어지러울 䜌 마음 心)
사발(甌) 구 : (나눌 區 기와 瓦)
사슴(鹿) 록 : (덮을 广 느낄 卝)
사양할(讓) 양 : 推位讓國 (돋을 襄 말씀 言)
사위(壻) 서 : (서로 胥 흙 土)

사이(間) 간 : (가로 曰 문 門)
사이(隔) 격 : (언덕 阝 틈 鬲)
사이(際) 제 : (언덕 阝 제사 祭)

사자(狻) 산 : (개 犭 모양 夋)
사자(獅) 사 : (개 犭 스승 師)
사자(猊) 예 : (아이 兒 개 犭)
사지(肢) 지 : (가를 支 살 月)
사찰(査) 사 : (또 且 나무 木)
사치할(奢) 사 : (큰 大 놈 者)
사치할(侈) 치 : 世祿侈富 (많을 多 사람 亻)
사탕(糖) 당 : (나라 唐 쌀 米)
사탕수수(蔗) 자 : (몇 庶 풀 艹)
사탕수수(藷) 저 : (모든 諸 풀 艹)

사특할(慝) 특 : (숨을 匿 마음 心)
사팔뜨기(乜) 먀 : (숨을 乚 갈고리 亅)

산

산가지(筭) 주 : (대 竹 목숨 壽)
산(崎) 기 : (기이할 奇 뫼 山)
산(崑) 곤 : 玉出崑岡 (섞일 昆 뫼 山)
산(岡) 강 : 玉出崑岡 (멀 冂 뫼 山 초 두 艹)
산(嵇) 혜 : 嵇琴阮嘯 (더욱 尤 뫼 山 벼 禾)
산(嶇) 구 : (나눌 區 뫼 山)
산(嶷) 의 : (의심할 疑 뫼 山)

산굴(岫) 수 : 巖峀杳冥 (말미암을 由 뫼 山)
산기슭(麓) 록 : (사슴 鹿 숲 林)
산기운(嵐) 람 : (뫼 山 바람 風)
산솟을(屹) 흘 : (빌 乞 뫼 山)
산솟을(峙) 치 : (절 寺 뫼 山)
산솟을(岳) 악 : (언덕 丘 뫼 山)
산솟을(峯) 봉 : (끌 夆 뫼 山)
산신(离) 리 : (흉할 凶 짐승 발자국 内)
산돼지(狶) 희 : (바랄 希 개 犭)
산돼지(猪) 저 : (개 犭 놈 者)
산등성이(岡) 강 : 玉出崑岡 (멀 冂 초 두 艹 뫼 山)
산양(莧) 환 : (비름 莧 점 丶)
산 이름(邙) 망 : (망할 亡 언덕 阝)
산자(橵) 산 : (흩을 散 나무 木)
산호(瑚) 호 : (임금 王 턱살 胡)

살

살(月) 월 : (멀 冂 둘 二)
살(肰) 연 : (개 犬 살 月)
살(豚) 돈 : (돼지 豕 살 月)
살(肌) 기 : (안 석 几 살 月)

살(購) 구 : (얽을 冓 조개 貝)
살(買) 매 : (조개 貝 그물 罒)
살(住) 주 : (주인 主 사람 亻)
살(居) 거 : 索居閑處 (옛 古 주검 尸)
살(生) 생 : 金生麗水 (흙 土 사람 人)
살(活) 활 : (혀 舌 물 氵)
살(動) 동 : 心動神疲 (무거울 重 힘 力)
살(捿) 서 : (아내 妻 손 扌)
살(棲) 서 : (아내 妻 나무 木)
살가죽(膚) 부 : (범 虍 밥통 胃)
살구(杏) 행 : (나무 木 입 口)
살별(孛) 패 : (덮을 冖 열 十 아들 子)
살찔(肥) 비 : 車駕肥輕 (살 月 땅 巴)

살펴 알(諒) 량 : (서울 京 말씀 言)
살 평상(簀) 책 : (꾸짖을 責 대 竹)

살필(省) 성 : 省躬譏誡 (적을 少 눈 目)
살필(察) 찰 : 聆音察理 (집 宀 제사 祭)
살필(審) 심 : 顧答審詳 (차례 番 집 宀)
살필(糾) 규 : (얽힐 丩 실 糸)
살필(諒) 양 : (서울 京 말씀 言)
살필(諦) 체 : (재상 帝 말씀 言)
살필(譓) 혜 : (지혜 慧 말씀 言)

삵

삵(狸) 리 : (마을 里 개 犭)

삶

삶을(烹) 팽 : 飽飫烹宰 (형통할 亨 불 灬)
삶을(煮) 자 : (놈 者 불 灬)

삼

삼(苴) 저 : (또 且 풀 艹)
삼(朮) 출 : (어질 儿 열 十)
삼(麻) 마 : (숲 林 집 广)
삼(䯒) 마 : (뼈 骨 삼 麻)
삼(蔴) 마 : (삼 麻 풀 艹)
삼(蔘) 삼 : (참여할 參 풀 艹)

삼갈(孬) 전 : (쌍둥이 孖 아들 子)
삼갈(恪) 각 : (각각 各 마음 忄)
삼갈(慤) 각 : (껍질 殼 마음 心)
삼갈(愿) 원 : (근원 原 마음 心)
삼갈(忠) 비 : (반듯이 必 견줄 比)
삼갈(謹) 근 : 勞謙謹勅 (진흙 菫 말씀 言)
삼갈(脊) 신 : (큰 大 온 丷 가로 曰)
삼갈(愼) 신 : 愼終宜令 (참 眞 마음 忄)
삼킬(呑) 탄 : (요절할 夭 입 口)
삼태기(簣) 궤 : (귀할 貴 대 竹)
삼신(屨) 구 : (걸을 彳 창 屢)

삽

삽(插) 삽 : (손 扌 가래 臿)
삽(枀) 화 : (스물 廿 나무 木)
삽주(朮) 출 : (어질 儿 열 十 점 丶)

삿

삿갓(笠) 립 : (설 立 대 竹)
삿대(篙) 고 : (높을 高 대 竹)

상

상(床) 상 : 藍筍象床 (집 广 나무 木)

상고할(稽) 계 : 稽顙再拜 (벼 禾 더욱 尤 위 上 가로 曰)
상고할(考) 고 : (공교할 丂 늙을 耂)

상기할(欮) 궐 : (거스를 屰 하품 欠)
상서로울(瑞) 서 : (끝 耑 임금 王)
상서로울(祥) 상 : (볼 示 양 羊)
상서로울(禎) 정 : (곧을 貞 볼 示)

상수리(橡) 상 : (코끼리 象 나무 木)
상앗대(櫂) 도 : (꿩 翟 나무 木)
상앗대(篙) 고 : (높을 高 대 竹)
상앗대(槳) 장 : (장수 將 나무 木)

상어(鮫) 교 : (사귈 交 고기 魚)
상자(箱) 상 : 寓目囊箱 (서로 相 대 竹)
상자(篋) 협 : (옷상자 匧 대 竹)
상자(匚) 방 : (숨을 ㄴ 한 一)

상줄(賞) 상 : 勸賞黜陟 (숭상할 尙 조개 貝)
상추(萵) 와 : (삐뚤 咼 풀 艹)
상추(苣) 거 : (클 巨 풀 艹)
상쾌할(快) 쾌 : (터놓을 夬 마음 忄)
상투(卜) 관 : (뚫을 丨 점 卜 하나 一)
상투(丱) 관 : (다 丩 뚫을 丨 하나 一 뚫을 丨)
상할(傷) 상 : 豈敢毀傷 (방탕할 傷 사람 人)
상황(況) 황 : (형 兄 물 氵)

새

새(新) 신 : 稅熟貢新 (친할 亲 날 斤)
새(鳥) 조 : 鳥官人皇 (까마귀 烏 한 一)
새(鳳) 봉 : 鳴鳳在樹 (새 鳥 안 석 几)
새(隹) 추 : (살 住 하나 一)
새(雔) 추 : (새 隹 새 隹)
새(乙) 을
새(禽) 금 : 圖寫禽獸 (사람 人 산신 离)

새길(剞) 기 : (기이할 奇 칼 刂)
새길(彔) 록 : (머리 彑 물 氺)
새길(錄) 록 : (새길 彔 쇠 金)
새길(厥) 궐 : (그 厥 칼 刂)
새길(彫) 조 : (두루 周 털 彡)
새길(刻) 각 : 勒碑刻銘 (돼지 亥 칼 刂)
새길(銘) 명 : 勒碑刻銘 (쇠 金 이름 名)
새길(銅) 조 : (두루 周 쇠 金)
새길(刊) 간 : (칼 刂 방패 干)
새길(韧) 교 : (예쁠 丰 칼 刀)

새로울(新) 신 : 稅熟貢新 (친할 亲 날 斤)
새벽(晨) 신 : (용 辰 날 日)
새벽(曉) 효 : (높을 堯 날 日)
새삼(菟) 토 : (토끼 兎 풀 艹)

새 새끼(雛) 추 : (새 隹 꼴 芻)
새알(蛋) 단 : (벌레 虫 필 疋)
새우(鰕) 하 : (빌 叚 고기 魚)
새 이름(痺) 비 : (낮을 卑 병 疒)
새 이름(雐) 호 : (범 虍 새 隹)
새 이름(闖) 린 : (새 隹 문 門)
새장(樊) 번 : (큰 大 울타리 棥)
새집(巢) 소 : (개미허리 巛 과일 果)
새털(氅) 창 : (높을 敞 털 毛)
새 한 쌍(雔) 수 : (새 隹 새 隹)

색

색(彩) 채 : 畫彩仙靈 (캘 采 털 彡)
색깔(色) 색 : 鑑貌辨色 (쌀 勹 땅 巴)

샐

샐(漏) 루 : (샐 屚 물 氵)
샐(泄) 설 : (인간 世 물 氵)
샐(屚) 루 : (비 雨 주검 尸)

샘

샘(氿) 염 : (물 氵 아홉 九)
샘(泉) 천 : (흰 白 물 水)
샘(數) 수 : (포갤 婁 글 攵)

샛

샛문(閤) 합 : (합할 合 문 門)

생

생각할(伋) 급 : (미칠 及 사람 亻)
생각할(稽) 계 : 稽顙再拜 (벼 禾 더욱 尤 위 上 가로 曰)
생각할(思) 사 : 容止若思 (밭 田 마음 心)
생각할(恬) 염 : 恬筆倫紙 (혀 舌 마음 忄)
생각할(念) 념 : 克念作聖 (이제 今 마음 心)
생각할(想) 상 : 骸垢想浴 (서로 相 마음 心)
생각할(慮) 려 : (범 虍 생각할 思)
생각할(惟) 유 : 恭惟鞠養 (새 隹 마음 忄)
생각할(考) 고 : (늙을 耂 공교할 丂)
생각할(憶) 억 : (뜻 意 마음 忄)
생강(薑) 강 : 菜重芥薑 (지경 畺 풀 艹)
생황(笙) 생 : 鼓瑟吹笙 (대 竹 날 生)

서

서까래(榱) 최 : (시들 衰 나무 木)
서까래(椽) 연 : (나무 木 단 彖)
서녘(西) 서 : 東西二京 (우뚝할 兀 입 口)

서늘할(凊) 청 : 夙興溫凊 (푸를 靑 얼 冫)
서늘할(凉) 량 : 執熱願凉 (얼 冫 서울 京)
서늘할(涼) 량 : (서울 京 물 氵)

서로(胥) 서 : (살 月 필 疋)
서로(相) 상 : 府羅將相 (나무 木 눈 目)
서로(互) 호 : (돼지 彑 하나 一)

서리(霜) 상 : 露結爲霜 (서로 相 비 雨)
서릴(蟠) 반 : (차례 番 벌레 虫)
서명할(簽) 첨 : (다 僉 대 竹)
서울(京) 경 : 東西二京 (작을 小 머리 亠 입 口)
서자(孼) 얼 : (허물 辥 아들 子)
서적(籍) 적 : 籍甚無竟 (전적 耤 대 竹)
서적(籙) 록 : (새길 錄 대 竹)

석

석(三) 삼 : (한 一 둘 二)
석류(榴) 류 : (머무를 留 나무 木)

섞

섞일(錯) 착 : (옛 昔 쇠 金)
섞일(昆) 곤 : 昆池碣石 (가로 曰 견줄 比)
섞일(混) 혼 : (섞일 昆 물 氵)
섞일(雜) 잡 : (새 隹 또 亣 나무 木)

선

선(禪) 선 : 禪主云亭 (볼 示 홑 單)
선(腺) 선 : (샘 泉 살 月)
선명할(粲) 찬 : (남을 奴 쌀 米)
선반(棚) 붕 : (벗 朋 나무 木)
선비(儒) 유 : (구할 需 사람 亻)
선비(伩) 유 : (사람 亻 글 文)
선비(士) 사 : 多士寔寧 (열 十 한 一)
선비(彦) 언 : (낳을 产 털 彡)
선웃음(咿) 이 : (저 伊 입 口)
선창(艙) 창 : (곳집 倉 배 舟)

설

설(立) 립 : 德建名立 (머리 亠 초 두 艹)
설명할(詮) 전 : (온전할 全 말씀 言)

섬

섬길(仕) 사 : (선비 士 사람 亻)
섬(島) 도 : (뫼 山 새 鳥)
섬돌(陛) 폐 : 陛階納陛 (언덕 阝 섬돌 坒)
섬돌(階) 계 : 陛階納陛 (언덕 阝 다 皆)
섬돌(砌) 체 : (끊을 切 돌 石)
섬돌(秙) 석 : (벼 禾 돌 石)

성

성(秦) 진 : (클 㚛 벼 禾)
성(呂) 려 : (입 口 입 口)
성(呂) 려 : (성 呂 삐침 丿)
성(沈) 심 : (망설일 尤 물 氵)
성(城) 성 : (흙 土 이룰 成)
성(朴) 박 : (점 卜 나무 木)

성(宓) 복 : (반듯이 必 집 宀)
성(彭) 팽 : (악기 壴 털 彡)
성(劉) 류 : (토끼 卯 칼 刀 쇠 釧)
성(姜) 강 : (양 羊 계집 女)
성(姞) 길 : (좋을 吉 여자 女)
성(曺) 조 : (무릅쓸 冒 열 十)
성(董) 동 : (무거울 重 풀 艹)
성(袁) 원 : (좋을 吉 옷 衣)
성(裵) 배 : (옷 衣 아니 非)
성(咼) 화 : (뼈 발라낼 冎 입 口)
성(姓) 성 : (여자 女 날 生)
성(兪) 유 : (큰 도랑 巜 들 入 달 月 한 一)
성(禹) 우 : 九州禹跡 (짐승 발자국 内 삐침 丿 입 口)
성(阮) 완 : 嵇琴阮嘯 (으뜸 元 고을 阝)
성(嵇) 혜 : 嵇琴阮嘯 (벼 禾 더욱 尤 뫼 山)
성(氏) 씨 : (백성 民)
성(民) 민 : (백성 氏)
성(尹) 윤 : 磻溪伊尹 (돼지 크 삐침 丿)

성가퀴(堞) 첩 : (흙 土 잎 枼)
성글(秝) 력 : (벼 禾 벼 禾)
성급할(狷) 견 : (개 犭 벌레 肙)
성길(疏) 소 : 兩疏見機 (깃발 㐬 짝 疋)
성낼(怒) 노 : (종 奴 마음 心)
성낼(恚) 에 : (홀 圭 마음 心)
성낼(艴) 불 : (빛 色 아닐 弗)
성인(耴) 성 : (귀 耳 입 口)
성인(聖) 성 : 克念作聖 (성인 耴 천 간 壬)
성품(性) 성 : 性靜情逸 (날 生 마음 忄)
성할(盛) 성 : (이룰 成 그릇 皿)
성할(殷) 은 : 周發殷湯 (돌아갈 月 창 殳)
성할(祁) 기 : (볼 示 고을 阝)

섶

섶(薪) 신 : 指薪修祐 (새 新 풀 艹)

섶나무(柴) 시 : (이 此 나무 木)

세

세간(什) 집 : (열 十 사람 亻)
세개(仨) 삼 : (셋 三 사람 亻)
세금(稅) 세 : 稅熟貢新 (기쁠 兌 벼 禾)
세금(貰) 세 : (인간 世 조개 貝)
세로(縱) 종 : (좇을 從 실 糸)
세상(世) 세 : 世祿侈富 (스물 廿 한 一)
세울(尌) 주 : (악기 壴 마디 寸)
세울(建) 건 : 德建名立 (길게 걸을 廴 붓 聿)
세포(胞) 포 : (쌀 包 살 月)

셀

셀(計) 계 : (열 十 말씀 言)

셈

셈(數) 수 : (포갤 婁 글 攵)
셈할(算) 산 : (대 竹 눈 目 맞잡을 廾)

셋

셋(三) 삼 : (한 一 두 二)

소

소(丑) 축 : (뚫을 丨 돼지 彐)
소(牛) 우 : (열 十 사람 人)
소 우변(牜) 우 : (열 十 사람 人)
소경(盲) 맹 : (망할 亡 눈 目)
소곤거릴(咠) 집 : (귀 耳 입 口)
소곤거릴(聶) 섭 : (귀 耳 耳 耳)
소금(鹵) 로 : (차지할 占 벨 乂)
소금(鹵) 로 : (차지할 占 구결 㐅)
소금밭(鹵) 로 : (차지할 占 구결 㐅)
소금(鹽) 염 : (누울 臥 소금밭 鹵 그릇 皿)
소나무(松) 송 : 如松之盛 (귀할 公 나무 木)
소라(螺) 라 : (묶을 累 벌레 虫)

소리(牟) 모 : (나 厶 소 牛)
소리(哥) 가 : (옳을 可 옳을 可)
소리(籟) 뢰 : (힘입을 賴 대 竹)
소리(声) 성 : (선비 士 주검 尸)
소리(殸) 성 : (창 殳 소리 声)
소리(聲) 성 : 空谷傳聲 (귀 耳 소리 殸)
소리(音) 음 : 聆音察理 (가로 曰 설 立)
소리(訓) 현 : (칼 刂 말씀 言)

소매(袂) 메 : (터놓을 夬 옷 衤)
소매(袖) 수 : (말미암을 由 옷 衤)
소반(槃) 반 : (돌 般 나무 木)
소반(盤) 반 : 宮殿盤鬱 (돌 般 그릇 皿)
소송할(訟) 송 : (귀할 公 말씀 言)
소용돌이(渦) 와 : (삐뚤 咼 물 氵)
소용돌이(漩) 선 : (돌 旋 물 氵)
소통할(豁) 활 : (해할 害 골 谷)
소통할(疏) 소 : 兩疏見機 (깃발 㐬 짝 疋)
소홀히 할(忽) 괄 : (교묘할 㓞 마음 心)

속

속담(諺) 언 : (선비 彦 말씀 言)
속(裏) 리 : (마을 里 옷 衣)
속(奧) 오 : (삐침 丿 멀 冂 무리 类)
속(奧) 오 : (삐침 丿 속 奧)
속눈썹(婕) 첩 : (디딜판 疌 여자 女)
속될(俚) 리 : (사람 亻 마을 里)
속 받칠(贖) 속 : (팔 賣 조개 貝)
속 빌(腔) 강 : (빌 空 살 月)
속옷(袢) 번 : (반 半 옷 衤)
속옷(褙) 배 : (등 背 옷 衤)

속일(誨) 회 : (매양 每 말씀 言)
속일(詐) 사 : (잠깐 乍 말씀 言)
속일(欺) 기 : (그 其 하품 欠)
속일(詭) 궤 : (위태할 危 말씀 言)
속일(誑) 광 : (미칠 狂 말씀 言)
속일(騙) 편 : (넓적할 扁 말 馬)
속일(譎) 휼 : (송곳 질 矞 말씀 言)
속일(伋) 급 : (미칠 及 사람 亻)
속일(瞞) 만 : (평평할 㒼 눈 目)
속일(憰) 휼 : (송곳 질 矞 마음 忄)

손

손(手) 수 : 矯手頓足 (털 彡 갈고리 亅)
손(扌) 수 : (갈고리 亅 한 一 점 丶)
손(賓) 빈 : 率賓歸王 (있을 宀 조개 貝 밟을 少)
손(客) 객 : (각각 各 집 宀)
손가락(指) 지 : 指薪修祐 (손 扌 뜻 旨)
손 괘(巽) 손 : (함께 共 뱀 巳 뱀 巳)
손바닥(掌) 장 : (숭상할 尙 손 手)
손뻑(拍) 박 : (흰 白 손 扌)
손아래(妹) 매 : (계집 女 아니 未)

손위 누이 (姉) 자 : (저자 市 여자 女)
손자(孫) 손 : (이을 系 아들 子)
손톱(爪) 조 : (삐침 丿 점 丶丶丶)
손톱(爫) 조 : (삐침 丿 점 丶丶丶)

솔

솔(松) 송 : 如松之盛 (귀할 公 나무 木)
솔(盨) 밀 : (반듯이 必 그릇 皿)

솜

솜(絮) 서 : (같을 如 실 糸)
솜(綿) 면 : 曠遠綿邈 (실 糸 솜 帛)
솜털(毳) 취 : (털 毛 毛 毛)

솟

솟을(聳) 용 : (따를 從 귀 耳)
솟을(甬) 용 : (또 又 쓸 用)
솟을(涌) 용 : (물 氵 솟을 甬)

송

송골매(準) 준 : (강 이름 淮 열 十)
송골매(隼) 준 : (열 十 새 隹)
송곳(錐) 추 : (새 隹 쇠 金)
송곳 질(矞) 율 : (창 矛 빛날 冏)
송나라(宋) 송 : (집 宀 나무 木)
송사(訟) 송 : (귀할 公 말씀 言)
송사할(娰) 송 : (여자 女 여자 女)
송아지(犢) 독 : 驢騾犢特 (팔 賣 소 牛)

솥

솥(鬲) 력 : (뜻 冂 그물 爫 아래 丁)
솥(虜) 권 : (범 虍 솥 鬲)
솥(鼎) 정 : (조각 片 귀 눈 目)
솥귀(鉉) 현 : (검을 玄 쇠 金)

쇠

쇠(金) 금 : 金生麗水 (사람 人 임금 王 온 丷)
쇠(釗) 금 : (쇠 金 칼 刂)
쇠(鐵) 철 : (쇠 金 천 간 壬 어조사 哉)
쇠뇌(卷) 권 : (뭉칠 龹 병부 卩)
쇠 녹일(銷) 소 : (쇠 金 닮을 肖)
쇠망치(鎚) 추 : (쇠 金 쫓을 追)
쇠 북(鐘) 종 : 杜稾鐘隸 (아이 童 쇠 金)
쇠 불릴(鑄) 주 : (쇠 金 목숨 壽)
쇠스랑(耙) 파 : (땅 巴 쟁기 耒)
쇠잔할(衰) 쇠 : (한 一 입 口 옷 衣)
쇳소리(錚) 쟁 : (다툴 爭 쇠 金)

수건(巾) 건 : 侍巾帷房 (뚫을 丨 덮을 冖)
수 결(押) 압 : (갑옷 甲 손 扌)
수컷(牡) 모 : (흙 土 소 牛)
수컷(雄) 웅 : (팔뚝 厷 새 隹)
수고할(劬) 구 : (글 句 힘 力)
수고할(勦) 초 : (새집 巢 힘 力)
수근거릴(噂) 준 : (높을 尊 입 口)
수나라(隋) 수 : (왼 左 그늘 隂)
수놓을(繡) 수 : (엄숙할 肅 실 糸)
수달(獺) 달 : (힘입을 賴 개 犭)
수달(猵) 편 : (넓적할 扁 개 犭)

수레(車) 차 : 車駕肥輕 (뻗칠 亘 뚫을 丨)
수레(輿) 여 : (마주들 舁 수레 車)

수레(軋) 알 : (새 乙 수레 車)
수레(軛) 범 : (수레 車 병부 卩)
수레(軫) 진 : (검은 털 㐱 수레 車)
수레(軾) 식 : (법 式 수레 車)
수레(輛) 량 : (두 兩 수레 車)
수레(輓) 만 : (면할 免 수레 車)
수레(輦) 련 : (함께 夫夫 수레 車)
수레(駕) 가 : 車駕肥輕 (더할 加 말 馬)
수레(軻) 가 : 孟軻敦素 (옳을 可 수레 車)

수리(鷲) 취 : (이룰 就 새 鳥)
수문(閘) 갑 : (갑 甲 문 門)
수수께끼(謎) 미 : (미혹할 迷 말씀 言)
수양(羝) 저 : (낮을 氐 양 羊)
수염(鬚) 수 : (모름지기 須 긴 머리 髟)
수요(員) 원 : (조개 貝 입 口)
수유(萸) 유 : (잠깐 臾 풀 艹)
수의(襚) 수 : (이를 遂 옷 衤)
수은(汞) 홍 : (장인 工 물 水)
수자리(戍) 수 : (천 간 戊 점 丶)
수정(晶) 정 : (날 日 날 日 날 日)
수중다리(瘇) 종 : (무거울 重 병 疒)
수풀(林) 림 : 林皐幸卽 (나무 木 나무 木)

순

순무(菁) 정 : (푸를 靑 풀 艹)
순박할(淳) 순 : (누릴 享 물 氵)
순박할(朴) 박 : (나무 木 점 卜)
순서(倫) 륜 : 恬筆倫紙 (둥글 侖 사람 亻)
순수할(純) 순 : (진칠 屯 실 糸)
순수할(粹) 수 : (무리 卒 쌀 米)
순임금(舜) 순 : (손톱 爫 어그러질 舛 덮을 冖)
순종할(遵) 준 : 何遵約法 (갈 辶 높을 尊)
순채(蓴) 순 : (오로지 專 풀 艹)
순할(順) 순 : (내 川 머리 頁)

164

순행할(巡) 순 : (갈 辶 내 巛)
순행할(邏) 라 : (갈 辶 벌 羅)

숟

숟가락(匙) 시 : (이 是 비수 匕)

술

술(酒) 주 : 絃歌酒讌 (닭 酉 물 氵)
술(鬯) 창 : (창 凶 비수 匕)
술 괼(酵) 효 : (효도 孝 닭 酉)
술 괼(醱) 발 : (필 發 닭 酉)
술 괼(釀) 양 : (돋을 襄 닭 酉)
술 괼(醵) 거 : (닭 酉 원숭이 豦)
술독(虘) 노 : (범 虍 밭 田)
술독(盧) 노 : (술독 虘 그릇 皿)
술잔(巹) 근 : (도울 丞 몸 己)
술잔(巹) 근 : (받들 丞 몸 己)
술잔(觚) 고 : (오이 瓜 뿔 角)
술잔(觴) 상 : (방탕할 傷 뿔 角)
술잔(鍾) 종 : (무거울 重 쇠 金)
술 취할(酊) 정 : (못 丁 닭 酉)
술 취할(酩) 명 : (이름 名 닭 酉)
술 칠(斟) 짐 : (심할 甚 말 斗)
술통(樽) 준 : (높을 尊 나무 木)
술통(罇) 준 : (높을 尊 장군 缶)
숨길(憖) 은 : (숨을 㔷 마음 心)
숨길(隱) 은 : 仁慈隱惻 (숨길 㔷 언덕 阝)
숨길(匿) 닉 : (같을 若 상자 匚)
숨길(祕) 비 : (반듯이 必 볼 示)
숨을(㔷) 은 : (손톱 爫 장인 工 돼지 彐)
숨을(乚) 은 : 숨을(乚)
숨을(佚) 일 : (잃을 失 사람 亻)
숨을(隐) 은 : (급할 急 언덕 阝)

숨을(竄) 찬 : (쥐 鼠 구멍 穴)

숫돌(礱) 롱 : (용 龍 돌 石)
숫돌(砥) 지 : (낮을 氐 돌 石)
숫돌(礪) 려 : (갈 厲 돌 石)

숭

숭상할(尙) 숭 : (작을 小 들 冋)

숫

숯(炭) 탄 : (뫼 山 재 灰)

숲

숲(林) 림 : 林皐幸卽 (나무 木 나무 木)
숲(樹) 수 : 鳴鳳在樹 (세울 尌 나무 木)

쉬

쉬엄쉬엄 갈 (辶) 착 : (갈 之 점 丶)
쉬엄쉬엄 갈 (辵) 착 : (털 彡 발 止)
쉬울(易) 이 : 易輶攸畏 (가로 曰 말라 勿)

쉴

쉴(休) 휴 : (사람 亻 나무 木)
쉴(息) 식 : 川流不息 (스스로 自 마음 心)
쉴(憩) 게 : (쉴 息 혀 舌)
쉴(歇) 헐 : (어찌 曷 하품 欠)

스

스스로(自) 자 : 好爵自縻 (삐침 丿 눈 目)
스승(師) 사 : 龍師火帝 (두루 帀 쌓을 自)
스승(傅) 부 : 外受傅訓 (펼 尃 사람 亻)
스며들(瀷) 익 : (물 氵 날개 翼)
스물(卄) 입 : (열 十 열 十)
스물(廿) 입 : (한 一 스물 卄)

슬

슬 갑(市) 불 : (머리 亠 수건 巾)
슬기(智) 지 : (가로 曰 알 知)
슬기로울(睿) 예 : (밝을 容 둘 二)
슬기로울(慧) 혜 : (비 彗 마음 心)
슬기로울(譓) 혜 : (슬기로울 慧 말씀 言)

슬쩍 볼 (瞥) 별 : (해질 敝 눈 目)

슬

슬플(哀) 애 : (입 口 옷 衣)
슬플(忼) 강 : (목 亢 마음 忄)
슬플(怛) 달 : (아침 旦 마음 忄)
슬플(悼) 도 : (높을 卓 마음 忄)
슬플(悵) 창 : (길 長 마음 忄)
슬플(悽) 처 : (아내 妻 마음 忄)
슬플(惻) 측 : 仁慈隱惻 (마음 忄 법칙 則)
슬플(愴) 창 : (곳집 倉 마음 忄)
슬플(悲) 비 : 墨悲絲染 (아니 非 마음 心)
슬플(嗚) 오 : (까마귀 烏 입 口)
슬플(慨) 개 : (이미 既 마음 忄)

승

승낙할(諾) 낙 : (같을 若 말씀 言)
승냥이(豺) 시 : (재주 才 벌레 豸)
승인할(准) 준 : (얼 冫 새 隹)

시

시(詩) 시 : (절 寺 말씀 言)
시골(鄕) 향 : (작을 幺 고소할 皀 언덕 阝)
시금치(菠) 파 : (물결 波 풀 艹).
시금치(稜) 릉 : (모 稜 풀 艹)
시기할(猜) 시 : (푸를 靑 개 犭)
시내(谿) 계 : (어찌 奚 골 谷)
시내(溪) 계 : 磻溪伊尹 (어찌 奚 물 氵)
시들(衰) 쇠 : (슬플 哀 하나 一)
시들(凋) 조 : 梧桐早凋 (두루 周 얼 冫)
시들(萎) 위 : (맡길 委 풀 艹)

시끄러울(喧) 훤 : (베풀 宣 입 口)
시끄러울(騷) 소 : (말 馬 벼룩 蚤)
시끄러울(諠) 훤 : (베풀 宣 말씀 言)
시끄러울(鬧) 뇨 : (싸울 鬥 저자 市)
시끄러울(譁) 화 : (화려할 華 말씀 言)
시끄러울(喿) 소 : (나무 木 품성 品)

시렁(架) 가 : (더할 加 나무 木)
시렁(棚) 붕 : (나무 木 벗 朋)
시루(甑) 증 : (일찍 曾 기와 瓦)
시아비(舅) 구 : (사내 男 절구 臼)
시어미(姑) 고 : 諸姑伯叔 (오랠 古 여자 女)
시작할(肇) 조 : (붓 聿 열 啟)
시작할(始) 시 : 始制文字 (나 台 여자 女)
시중들(傔) 겸 : (겸할 兼 사람 亻)
시집갈(嫁) 가 : (여자 女 집 家)

시초(耑) 단 : (말 이을 而 뫼 山)
시행할(施) 시 : 毛施淑姿 (이름 仓 모 方)
시험할(試) 시 : (격식 式 말씀 言)
시험할(驗) 험 : (다 僉 말 馬)

식

식읍(埰) 채 : (캘 采 흙 土)

신

신(履) 리 : 臨深履薄 (다시 復 주검 尸)
신(鞋) 혜 : (홀 圭 가죽 革)
신(舄) 석 : (절구 臼 쌀 勺 불 灬)
신령(靈) 령 : 畵彩仙靈 (비 올 霝 무당 巫)
신선(仙) 선 : 畵彩仙靈 (뫼 山 사람 亻)
신선(佺) 전 : (온전할 全 사람 亻)
신실할(篤) 독 : 篤初誠美 (대 竹 말 馬)
신주(宔) 주 : (집 宀 주인 主)
신하(臣) 신 : 臣伏戎羌 (클 巨 뚫을 丨 丨)

실

실(酸) 산 : (닭 酉 모양 夋)
실(糸) 사 : (작을 幺 작을 小)
실(絲) 사 : 墨悲絲染 (실 糸 실 糸)
실(縷) 루 : (포갤 婁 실 糸)
실과(課) 과 : (과일 果 말씀 言)
실 꿸(綷) 련 : (작을 絲 상투 丱)
실마리(端) 단 : 形端表正 (설 立 끝 耑)
실마리(緒) 서 : (실 糸 놈 者)
실어낼(輸) 수 : (점점 兪 수레 車)
실을(載) 재 : 俶載南畝 (다칠 戈 수레 車)

싫어할(嫌) 혐 : (겸할 兼 여자 女)

싫어할(厌) 염 : (언덕 厂 개 犬)
싫을(猒) 염 : (개고기 肰 날 日)
싫을(厭) 염 : 饑厭糟糠 (싫을 猒 언덕 厂)
싫을(飽) 포 : 飽飫烹宰 (쌀 包 밥 食)
싫을(飫) 어 : 飽飫烹宰 (어릴 夭 밥 食)

심

심방(忄) 심 : (뚫을 ㅣ 점 丶丶)
심을(植) 식 : 勉其祗植 (곧을 直 나무 木)
심을(栽) 재 : (다칠 𢦏 나무 木)
심을(稼) 가 : 務茲稼穡 (벼 禾 집 家)
심을(埶) 예 : (언덕 坴 알 丸)
심을(蓺) 예 : (심을 埶 풀 艹)
심을(藝) 예 : (심을 蓺 이를 云)
심지(炷) 주 : (불 火 주인 主)
심할(劇) 극 : (원숭이 豦 칼 刂)
심할(甚) 심 : 籍甚無竟 (달 甘 짝 匹)

싸

싸울(鬪) 투 : (잡을 𩰋 잡을 𩰋)
싸울(鬨) 홍 : (함께 共 싸울 鬥)
싸울(鬪) 투 : (세울 尌 싸울 鬥)
싸울(戰) 전 : (홑 單 창 戈)
싸울(投) 투 : 交友投分 (창 殳 손 扌)
싸울(豦) 거 : (범 虍 돼지 豕)
싸움배(艦) 함 : (볼 監 배 舟)

싹

싹(苗) 묘 : (밭 田 풀 艹)
싹(芽) 아 : (어금니 牙 풀 艹)
싹(萌) 맹 : (밝을 明 풀 艹)

쌀

쌀(米) 미 : (여덟 八 나무 木)
쌀(勹) 포 : (삐침 丿 갈고리 亅)
쌀(包) 포 : (쌀 勹 뱀 巳)
쌀뜨물(潘) 반 : (차례 番 물 氵)

쌍

쌍(雙) 쌍 : (또 又 새 雔)
쌍(囍) 희 : (기쁠 喜 기쁠 喜)
쌍둥이(孖) 자 : (아들 子 아들 子)
쌍배(舫) 방 : (모 方 배 舟)

쌓

쌓을(宁) 저 : (못 丁 집 宀)
쌓을(貯) 저 : (쌓을 宁 조개 貝)
쌓을(畜) 축 : (검을 玄 밭 田)
쌓을(蓄) 축 : (쌓을 畜 풀 艹)
쌓을(積) 적 : 禍因惡積 (꾸짖을 責 벼 禾)
쌓을(築) 축 : (악기 이름 筑 나무 木)
쌓을(𠂤) 퇴 : (삐침 丿 써 㠯)

써

써(㠯) 이 : (주검 尸 둘 二)
써(以) 이 : 存以甘棠 (갈고리 ㄴ 점 丶 사람 人)
써레(耙) 파 : (땅 巴 쟁기 耒)

썩

썩을(肗) 여 : (여자 女 달 月)
썩을(朽) 후 : (공교할 丂 나무 木)

쏠

쏠(射) 사 : 布射僚丸 (마디 寸 몸 身)
쏠(謝) 사 : (쏠 射 말씀 言)
쏠(發) 발 : 周發殷湯 (등질 癶 활 弓 창 殳)

쑥

쑥(夢) 라 : (저녁 夕 그물 罒 풀 艹)
쑥(蓬) 봉 : (만날 逢 풀 艹)
쑥(蕭) 소 : (엄숙할 肅 풀 艹)

쓰

쓰러질(靡) 미 : 靡恃己長 (삼 麻 아니 非)
쓰개(冃) 모 : (멀 冂 둘 二)
쓰개(帽) 모 : (무릅쓸 冒 수건 巾)
쓰일(需) 수 : (말 이을 而 비 雨)

쓸

쓸(苦) 고 : (옛 古 풀 艹)
쓸(掃) 소 : (비 帚 손 扌)
쓸(筆) 필 : 恬筆倫紙 (대 竹 붓 聿)
쓸(費) 비 : (조개 貝 아니 弗)
쓸(庸) 용 : 庶幾中庸 (붓 聿 달 月 집 广)
쓸(用) 용 : 用軍最精 (뚫을 丨 달 月)

쓸개(膽) 담 : (이를 詹 살 月)
쓸데없을(冗) 용 : (안석 几 덮을 冖)
쓸쓸할(寥) 료 : 沈默寂寥 (높을 翏 집 宀)
쓸쓸할(凄) 처 : (아내 妻 물 冫)

씨

씨(核) 핵 : (지지 亥 나무 木)
씨(種) 종 : (무거울 重 벼 禾)
씨(緯) 위 : (가죽 韋 실 糸)
씨뿌릴(播) 파 : (차례 番 손 扌)

씩

씩씩할(壯) 장 : (선비 士 조각 爿)
씩씩할(莊) 장 : 束帶矜莊 (장할 壯 풀 艹)

씹

씹을(啖) 담 : (불꽃 炎 입 口)
씹을(噬) 서 : (입 口 점 대 筮)
씹을(嚙) 교 : (이 齒 입 口)
씹을(齧) 설 : (이 齒 깨물 㓞)

씻

씻을(汰) 태 : (클 太 물 氵)
씻을(汏) 대 : (큰 大 물 氵)
씻을(洗) 세 : (먼저 先 물 氵)
씻을(洒) 세 : (서녘 西 물 氵)
씻을(澡) 조 : (시끄러울 喿 물 氵)
씻을(浴) 욕 : 骸垢想浴 (골 谷 물 氵)
씻을(濯) 탁 : (꿩 翟 물 氵)

아

아가위(棠) 당 : 存以甘棠 (숭상할 尙 나무 木)
아낄(惜) 석 : (옛 昔 마음 忄)
아낄(靳) 근 : (가죽 革 날 斤)
아낄(吝) 인 : (글 文 입 口)
아내(婦) 부 : 夫唱婦隨 (비 帚 여자 女)
아내(妻) 처 : (여자 女 비 帚 한 一)

아니(勿) 물 : 俊乂密勿 (쌀 勹 삐침 丿丿)
아니(莫) 막 : 得能莫忘 (햇빛 旲 풀 艹)
아니(非) 비 : 尺璧非寶 (둘 二 상투 卝 둘 二)
아니(弗) 불 : 造次弗離 (칼 刂 활 弓)
아니(不) 불 : 川流不息 (삐침 丿 아래 下)
아니(否) 부 : (입 口 아니 不)
아니(匪) 비 : 顚沛匪虧 (상자 匚 아니 非)
아닐(不) 불 : 川流不息 (삐침 丿 아래 下)
아닐(否) 부 : (입 口 아니 不)
아닐(匪) 비 : 顚沛匪虧 (상자 匚 아니 非)
아닐(未) 미 : (한 一 나무 木)
아닐(弗) 불 : 造次弗離 (칼 刂 활 弓)
아닐(莫) 막 : 得能莫忘 (햇빛 旲 풀 艹)
아닐(非) 비 : 尺璧非寶 (둘 二 상투 卝 둘 二)

우아할(雅) 아 : 堅持雅操 (어금니 牙 새 隹)
아담할(嫻) 한 : (한가할 閒 여자 女)
아득할(攸) 유 : (사람 亻 뚫을 丨 글 攵)
아득할(邈) 막 : 曠遠綿邈 (갈 辶 얼굴 貌)
아득할(杳) 묘 : 巖岫杳冥 (가로 曰 나무 木)
아득할(茫) 망 : (황급할 汒 풀 艹)
아득할(遠) 원 : 曠遠綿邈 (갈 辶 옷이길 袁)
아들(子) 자 : 猶子比兒 (마칠 了 한 一)
아래(下) 하 : 上和下睦 (점 卜 한 一)

아뢸(申) 신 : (가로 曰 뚫을 丨)
아뢸(奏) 주 : 欣奏累遣 (클 夫 요절할 夭)

아뢸(謁) 알 : (어찌 曷 말씀 言)

아름다울(佳) 가 : 竝皆佳妙 (홀 圭 사람 亻)
아름다울(嘉) 가 : 貽厥嘉猷 (더할 加 악기 壴)
아름다울(姣) 교 : (사귈 交 여자 女)
아름다울(娟) 연 : (장구벌레 肙 여자 女)
아름다울(娀) 성 : (이룰 成 여자 女)
아름다울(猗) 의 : (기이할 奇 개 犭)
아름다울(美) 미 : 篤初誠美 (큰 大 양 羊)

아무(某) 모 : (달 甘 나무 木)
아비(父) 부 : 資父事君 (벨 乂 여덟 八)
아비(爹) 다 : (많을 多 아비 父)
아비(爺) 야 : (간사할 耶 아비 父)
아우(弟) 제 : 孔懷兄弟 (조상할 弔 온 丷)

아우를(幷) 병 : 百郡秦幷 (열 开 온 丷)
아우를(倂) 병 : (아우를 幷 사람 亻)
아우를(幷) 병 : 百郡秦幷 (점 丶 평평할 幵 점 丶)
아우를(竝) 병 : 竝皆佳妙 (설 立 설 立)

아이 밸(妊) 임 : (여자 女 천간 壬)
아이 밸(娠) 신 : (여자 女 용 辰)
아이 밸(孕) 잉 : (이에 乃 아들 子)
아이 밸(胎) 태 : (별 台 살 月)
아이 밸(胚) 배 : (클 丕 살 月)
아이(孩) 해 : (돼지 亥 아들 子)
아이(兒) 아 : 猶子比兒 (어질 儿 절구 臼)
아이(童) 동 : (설 立 마을 里)
아전(掾) 연 : (판단할 彖 손 扌)

아재비(尗) 숙 : (작을 小 위 上)
아재비(叔) 숙 : 諸姑伯叔 (또 又 아재비 尗)
아주까리(蓖) 비 : (천장 囪 견줄 比 풀 艹)

아첨할(佞) 녕 : (망칠 妄 사람 亻)

아첨할(佞) 녕 : (어질 仁 여자 女)
아첨할(媚) 미 : (여자 女 눈썹 眉)
아첨할(諂) 첨 : (함정 臽 말씀 言)
아첨할(諛) 유 : (잠깐 臾 말씀 言)

아침(旦) 단 : 微旦孰營 (한 一 날 日)
아침(朝) 조 : 坐朝問道 (일찍 早 열 十 달 月)
아침(暾) 돈 : (도타울 敦 날 日)
아플(疼) 동 : (겨울 冬 병 疒)
아플(痛) 통 : (솟을 甬 병 疒)
아홉(九) 구 : 九州禹跡 (삐침 丿 새 乙)
아홉째 천간(壬) 임 : (삐침 丿 선비 士)

악

악기 이름(壴) 주 : (콩 豆 열 十)
악기 이름(筑) 축 : (굳을 巩 대 竹)
악기 줄(鉉) 현 : (검을 玄 쇠 金)
악어(鰐) 악 : (놀랄 咢 고기 魚)
악착할(齷) 악 : (이 齒 집 屋)
악착알(齪) 착 : (이 齒 발 足)
악할(惡) 악 : 禍因惡積 (버금 亞 마음 心)

안

안(內) 내 : 右通廣內 (멀 冂 들 入)
안개(雰) 분 : (나눌 分 비 雨)
안개(霧) 무 : (힘쓸 務 비 雨)
안방(閨) 규 : (홀 圭 문 門)
안 석(几) 궤 : (삐침 丿 새 乙)
안을(抱) 포 : (쌀 包 손 扌)
안을(擁) 옹 : (기쁠 雍 손 扌)
안장(鞍) 안 : (편안 安 가죽 革)
안존할(窕) 조 : (구멍 穴 조짐 兆)
안주(肴) 효 : (사귈 爻 고기 月)

앉

앉을(坐) 좌 : 坐朝問道 (쫓을 从 흙 土)

알

알(認) 인 : (참을 忍 말씀 言)
알(知) 지 : 知過必改 (입 口 화살 矢)
알(識) 식 : (찰흙 戠 말씀 言)
알(丸) 환 : 布射僚丸 (아홉 九 점 丶)
알(卵) 란 : (토끼 卯 점 丶丶)
알(顆) 과 : (머리 頁 과일 果)
알(粒) 립 : (설 立 쌀 米)

알 깔(孚) 부 : (손톱 爫 아들 子)
알 깔(孵) 부 : (알 깔 孚 알 卵)
알릴(告) 고 : (소 牛 입 口)

앓

앓는 소리(殹) 예 : (의원 医 창 殳)

암

암(雌) 자 : (이 此 새 隹)
암(癌) 암 : (바위 嵒 병 疒)
암양(牂) 장 : (조각 爿 양 羊)
암자(庵) 암 : (가릴 奄 집 广)
암초(礁) 초 : (그을릴 焦 돌 石)

암

암컷(牝) 빈 : (비수 匕 소 牛)

앙

앙심먹을(怏) 앙 : (마음 忄 가운데 央)

앒

앞(前) 전 : (벨 刖 초 두 丷)
앞(面) 면 : 背邙面洛 (돌아올 田 구결 丆)

애

애꾸눈(眇) 묘 : (적을 少 눈 目)
애꾸눈(瞎) 할 : (해할 害 눈 目)
애오라지(聊) 료 : (토끼 卯 귀 耳)
애통할(慟) 통 : (움직일 動 마음 忄)

액

액(厄) 액 : (병부 卩 언덕 厂)

앵

앵두(櫻) 앵 : (어릴 嬰 나무 木)
앵무새(鸚) 앵 : (어릴 嬰 새 鳥)
앵무새(鵡) 무 : (호반 武 새 鳥)

야

야자(椰) 야 : (간사할 耶 나무 木)

약

약(藥) 약 : (즐길 樂 풀 艹)
약속(約) 약 : 何遵約法 (구기 勺 실 糸)

약을(詰) 힐 : (좋을 吉 말씀 言)
약할(弱) 약 : 濟弱扶傾 (활 弓 얼〉 활 弓 얼〉)
약할(虛) 허 : 虛堂習聽 (범 虍 상투 艹 한 一)
얇을(薄) 박 : 臨深履薄 (넓을 溥 풀 艹)
얇은돌(磷) 린 : (이웃 舛 돌 石)
양(羊) 양 : 詩讚羔羊 (가장 귀 丫 셋 三)
양병(罌) 앵 : (목걸이 賏 장군 缶)
양보할(讓) 양 : 推位讓國 (돋을 襄 말씀 言)
양식(糧) 량 : 老少異糧 (헤아릴 量 쌀 米)
양지쪽(陽) 양 : 律呂調陽 (언덕 阝 볕 昜)
양치질할(漱) 수 : (기침 欶 물 氵)

얇

얕을(淺) 천 : (해칠 戔 물 氵)

한국말을 알면 한자를 안다

어

어깨(肩) 견 : (지게 戶 살 月)
어깨뼈(胛) 갑 : (갑옷 甲 살 月)
어 거할(御) 어 : 妾御績紡 (풀 卸 걸을 彳)
어그러질(乖) 괴 : (북녘 北 일천 千)
어그러질(剌) 랄 : (묶을 束 칼 刂)
어그러질(戾) 려 : (개 犬 집 戶)
어그러질(舛) 천 : (걸을 𠂤 저녁 夕)
어금니(牙) 아 : (둘 二 삐침 丿 갈고리 亅)

어긋날(艮) 간 : (문 尸 삐침 丿 파임 ㇏)
어긋날(差) 차 : (양 羊 장인 工 삐침 丿)
어긋날(齬) 어 : (나 吾 이 齒)
어긋날(齟) 저 : (또 且 이 齒)
어긋날(錯) 착 : (옛 昔 쇠 金)
어긋날(違) 위 : (갈 辶 가죽 韋)

어두울(冥) 명 : 巖岫杳冥 (햇빛 旲 덮을 冖)
어두울(旨) 혼 : (가로 曰 하나 一)
어두울(昏) 혼 : (날 日 각시 氏)
어두울(昧) 매 : (날 日 아니 未)
어두울(暗) 암 : (날 日 소리 音)
어두울(曚) 몽 : (어릴 蒙 날 日)
어두울(蒙) 몽 : (덮을 冢 풀 艹)
어두울(昬) 민 : (백성 民 날 日)
어두울(瞢) 몽 : (거여초 苜 덮을 冖 그물 罒)
어둑어둑할(曛) 훈 : (연기 熏 날 日)

어려서 죽을(殤) 상 : (방탕할 傷 뼈 歹)
어려울(艱) 간 : (머무를 艮 큰 大 가죽 革)
어려울(難) 난 : 器欲難量 (큰 大 가죽 革 새 隹)
어른(丈) 장 : (왼 ナ 파임 乀)
어른(長) 장 : 靡恃己長 (뚫을 丨 셋 三 옷 衣)
어루만질(撫) 무 : (없을 無 손 扌)
어루만질(憮) 무 : (없을 無 사람 亻)

어루만질(憮) 무 : (없을 無 마음 忄)
어루만질(拊) 부 : (줄 付 손 扌)
어루만질(捫) 문 : (문 門 손 扌)

어리석을(倥) 공 : (구멍 空 사람 亻)
어리석을(呆) 태 : (나무 木 입 口)
어리석을(嚚) 은 : (뭇 입 品 신하 臣)
어리석을(愚) 우 : 愚蒙等誚 (원숭이 禺 마음 心)
어리석을(憨) 감 : (감히 敢 마음 心)
어리석을(癡) 치 : (의심할 疑 병 疒)
어리석을(蚩) 치 : (벌레 虫 갈 屮)

어린양(羍) 달 : (흙 土 양 羊)
어릴(兒) 아 : 猶子比兒 (어질 儿 절구 臼)
어릴(倪) 예 : (사람 亻 아이 兒)
어릴(嬰) 영 : (목걸이 賏 여자 女)
어릴(幼) 유 : (작을 幺 힘 力)
어릴(夭) 요 : (큰 大 삐침 丿)
어릴(蒙) 몽 : 愚蒙等誚 (덮을 冡 풀 艹)
어릴(稚) 치 : (새 隹 벼 禾)

어미(媽) 마 : (여자 女 말 馬)
어미(母) 모 : 入奉母儀 (여자 女 점 丶丶)
어우를(幷) 병 : 百郡秦幷 (평평할 幵 점 丶丶)
어정거릴(徘) 배 : 徘徊瞻眺 (아니 非 걸을 彳)
어정거릴(徊) 회 : 徘徊瞻眺 (돌 回 걸을 彳)
어제(昨) 작 : (잠깐 乍 날 日)

어조사(那) 나 : (고을 阝 칼 刀 둘 二)
어조사(哩) 리 : (마을 里 입 口)
어조사(斯) 사 : (그 其 날 斤)
어조사(些) 사 : (이 此 둘 二)
어조사(是) 시 : (가로 曰 짝 疋)
어조사(耶) 야 : (언덕 阝 귀 耳)
어조사(焉) 언 : 焉哉乎也 (바를 正 일곱 七 불 灬)
어조사(也) 야 : 焉哉乎也 (뚫을 丨 사팔뜨기 乜)

어조사(邪) 야 : (어금니 牙 고을 阝)
어조사(於) 어 : 治本於農 (모 方 구결 仒)
어조사(歟) 여 : (줄 與 하품 欠)
어조사(于) 우 : (두 二 갈고리 亅)
어조사(云) 운 : (나 厶 둘 二)
어조사(攸) 유 : (사람 亻 뚫을 丨 글 攵)
어조사(矣) 의 : (나 厶 화살 矢)
어조사(哉) 재 : 焉哉乎也 (다칠 戈 입 口)
어조사(乎) 호 : 焉哉乎也 (온 丆 갈고리 亅 한 一)
어조사(伊) 이 : 磻溪伊尹 (다스릴 尹 사람 亻)
어조사(亐) 우 : (갈고리 亅 둘 二)
어조사(兮) 혜 : (공교할 丂 여덟 八)

어지러울(攪) 교 : (깨달을 覺 손 扌)
어지러울(擾) 요 : (근심할 憂 손 扌)
어지러울(紊) 문 : (실 糸 글 文)
어지러울(亂) 란 : (손톱 爫 또 又 멀 冂 팔뚝 厹)
어지러울(亂) 란 : (어지러울 㐭 숨을 乚)
어지러울(眩) 현 : (검을 玄 눈 目)
어지러울(紛) 분 : 釋紛利俗 (나눌 分 실 糸)
어지러울(紜) 운 : (이를 云 실 糸)
어지러울(繽) 빈 : (손 賓 실 糸)
어지러울(訌) 홍 : (장인 工 말씀 言)
어지러울(謰) 련 : (실 絲 말씀 言)

어찌(何) 하 : 何遵約法 (옳을 可 사람 亻)
어찌(奈) 내 : (큰 大 볼 示)
어찌(奚) 해 : (손톱 爫 발자국 乑)
어찌(曷) 갈 : (빌 匃 가로 曰)
어찌(焉) 언 : 焉哉乎也 (바를 正 일곱 七 불 灬)
어찌(豈) 기 : 豈敢毁傷 (뫼 山 콩 豆)
어찌(詎) 거 : (클 巨 말씀 言)
어찌(那) 나 : (칼 刀 두 二 고을 阝)
어찌 아닐(盍) 합 : (갈 去 그릇 皿)

어진 사람(儿) 인 : (삐침 丿 새 乙)

어질(儿) 인 : (삐침 丿 새 乙)
어질(皿) 만 : (가로 曰 그릇 皿)
어질(仁) 인 : 仁慈隱惻 (두 二 사람 亻)
어질(良) 량 : 男效才良 (머무를 艮 삐침 丿)
어질(臤) 현 : (신하 臣 또 又)
어질(賢) 현 : 景行維賢 (어질 臤 조개 貝)
억(億) 억 : (사람 亻 뜻 意)
억제할(制) 제 : (덮을 冖 소 牛 칼 刂)

언

언덕(丘) 구 : (도끼 斤 하나 一)
언덕(邱) 구 : (언덕 丘 고을 阝)
언덕(坵) 구 : (흙 土 언덕 丘)
언덕(厓) 애 : (홀 圭 언덕 厂)
언덕(垞) 택 : (집 宅 흙 土)
언덕(岡) 강 : (멀 冂 뫼 山 초 두 艹)
언덕(堈) 강 : (언덕 岡 흙 土)
언덕(皐) 고 : 林皐幸卽 (흰 白 나아갈 半)
언덕(厂) 엄 : (삐침 丿 한 一)
언덕(厈) 엄 : (언덕 厂 방패 干)
언덕(岸) 안 : (뫼 山 언덕 厈)
언덕(阿) 아 : 佐時阿衡 (옳을 可 고을 阝)
언덕(陵) 릉 : (고을 阝 언덕 夌)
언덕(夌) 릉 : (천천히 걸을 夊 버섯 𡴆)
언덕(阝) 부 : (뚫을 丨 갈고리 亅)
언덕(阜) 부 : 奄宅曲阜 (쌓을 自 열 十)
언덕(坴) 륙 : (흙 土 버섯 𡴆)
언덕(陸) 산 : (언덕 阝 낳을 産)
언제나(每) 매 : 年矢每催 (어미 母 사람 人)

얻

얻을(獲) 획 : 捕獲判亡 (개 犭 자 蒦)
얻을(得) 득 : 得能莫忘 (걸을 彳 그칠 㝵)

얼

얼(冫) 빙 : (점 ㅣ ㅣ)
얼(凍) 동 : (얼 冫 동녘 東)
얼굴(容) 용 : 容止若思 (집 宀 골 谷)
얼굴(顔) 안 : (선비 彦 머리 頁)
얼굴(兒) 모 : (어질 儿 흰 白)
얼굴(貌) 모 : 鑑貌辨色 (벌레 豸 얼굴 兒)
얼굴(面) 면 : 背邙面洛 (구결 丆 돌아올 囬)
얼룩(斑) 반 : (쌍 옥 珏 글 文)
얼룩소(犁) 리 : (이로울 利 소 牛)
얼룩소(犖) 락 : (등불 ⺍ 소 牛)
얼룩말(駁) 박 : (말 馬 효 爻)

얽

얽어맬(縻) 미 : (삼 麻 실 糸)
얽을(冓) 구 : (두 再 우물 井)
얽을(構) 구 : (얽을 冓 나무 木)
얽을(綢) 주 : (두루 周 실 糸)
얽을(繆) 무 : (높을 翏 실 糸)
얽을(繳) 교 : (노래할 敫 실 糸)

얼

얼음(冫) 빙 : (점 ㅣ ㅣ)
얼음(冫) 빙 : (점 ㅣ ㅣ)
얼음(氷) 빙 : (물 水 점 ㅣ)

얽

얽힐(縈) 영 : (등불 ⺍ 실 糸)
얽힐(糾) 규 : (실 糸 넝쿨 丩)

엄

엄숙할(肅) 숙 : (못 氺 붓 聿)
엄습할(襲) 습 : (용 龍 옷 衣)
엄전할(儼) 엄 : (엄할 嚴 사람 亻)
엄지손가락(擘) 벽 : (임금 辟 손 手)
엄할(叩) 엄 : (입 口 입 口)
엄할(嚴) 엄 : 曰嚴與敬 (험할 厰 엄할 叩)
엄호 집 (广) 엄 : (언덕 厂 점 丶)

업

업(业) 업 : (그칠 止 점 丶)
업(業) 업 : 榮業所基 (풀 무성할 丵 나무 木)
업신여길(侮) 모 : (매양 每 사람 亻)
업신여길(凌) 능 : 凌摩絳霄 (얼 冫 언덕 夌)
업신여길(蔑) 멸 : (풀 艹 그물 罒 개 戍)
업신여길(眲) 액 : (눈 目 귀 耳)

없

없을(冇) 유 : (왼 ナ 멀 冂)
없을(無) 무 : 籍甚無竟 (마흔 卌 한 一 사람 人 불 灬)
없을(无) 무 : (절름발이 尢 한 一)
없을(莫) 막 : 得能莫忘 (햇빛 旲 풀 艹)

엉

엉길(仌) 응 : (사람 人 사람 人)
엉길(凝) 응 : (의심할 疑 얼 冫)

엎

엎드릴(仆) 부 : (점 卜 사람 亻)
엎드릴(伏) 복 : 臣伏戎羌 (사람 亻 개 犬)

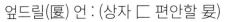

엎드릴(匽) 언 : (상자 匚 편안할 晏)
엎어질(顚) 전 : 顚沛匪虧 (참 眞 머리 頁)
엎을(复) 복 : (사람 人 가로 曰 걸을 夂)
엎을(復) 복 : (엎을 复 걸을 彳)
엎을(覆) 복 : 信使可覆 (엎을 復 덮을 襾)

에

에울(囗) 구 : (나라 囗)
에울(囚) 수 : (에울 囗 사람 人)
에울(圄) 령 : (에울 囗 영 令)
에울(圄) 어 : (에울 囗 나 吾)
에울(圉) 어 : (에울 囗 다행 幸)
에울(圍) 위 : (에울 囗 우물 井)
에울(圍) 위 : (에울 囗 가죽 韋)

여

여가(暇) 가 : (빌 叚 날 日)
여뀌(蓼) 료 : (높을 翏 풀 艹)
여덟(八) 팔 : 戶封八縣 (삐침 丿 파임 乀)
여러(累) 루 : 欣奏累遣 (실 糸 밭 田)
여러(庶) 서 : 庶幾中庸 (집 广 스물 廿 불 灬)
여름(夏) 하 : 都邑華夏 (스스로 自 걸을 夂 한 一)
여섯(六) 육 : (머리 亠 삐침 丿 점 丶)
여스승(姆) 모 : (어미 母 여자 女)
여승(尼) 니 : (주검 尸 비수 匕)
여우(狐) 호 : (개 犭 오이 瓜)
여울(湍) 단 : (물 氵 끝 耑)
여울(灘) 탄 : (어려울 難 물 氵)
여윌(瘦) 수 : (늙을 叟 병 疒)
여자(女) 여 : 女慕貞烈 (삐침 丿 점 丶 한 一)
여자(婦) 부 : 夫唱婦隨 (여자 女 비 帚)
여자 이름(媓) 황 : (여자 女 임금 皇)
여자 이름(妲) 달 : (아침 旦 여자 女)
여쭐(稟) 품 : (곳집 㐭 벼 禾)

역

역(驛) 역 : (엿볼 睪 말 馬)
역사(史) 사 : 史魚秉直 (가운데 中 점 丶)

엮

엮을(編) 편 : (넓적할 扁 실 糸)
엮을(屬) 속 : 屬耳垣牆 (나라 蜀 주검 尸 물 氺)

연

연(荷) 하 : 渠荷的歷 (어찌 何 풀 艹)
연(蓮) 련 : (잇닿을 連 연 艹)
연(芙) 부 : (지아비 夫 풀 艹)
연(薏) 억 : (뜻 意 풀 艹)

연구(究) 구 : (구멍 穴 아홉 九)
연고(故) 고 : 親戚故舊 (옛 古 글 攵)
연기(煙) 연 : (막을 垔 불 火)
연나라(燕) 연 : (북녘 北 불 灬 스물 廿 입 口)
연못(池) 지 : (물 氵 이다 也)
연유(因) 인 : 禍因惡積 (큰 大 입 口)
연이을(聯) 련 : (귀 耳 실 꿸 絲)
연지(臙) 연 : (제비 燕 살 月)
연할(連) 련 : (갈 辶 수레 車)
연할(脆) 취 : (위태할 危 고기 月)
연할(軟) 연 : (하품 欠 수레 車)
연할(叕) 철 : (쌍 双 쌍 双)
연화 발(灬) 화 : (점 丶丶丶丶)

열

열(十) 십 : (뚫을 丨 한 一)
열(开) 개 : (맞잡을 廾 한 一)
열(開) 개 : (열 开 문 門)
열(拓) 척 : (손 扌 돌 石)
열(闢) 벽 : (임금 辟 문 門)
열(闡) 천 : (홑 單 문 門)
열(攷) 계 : (글 攵 집 戶)

열(啓) 계 : 丙舍傍啓 (입 口 열 攵)
열매(實) 실 : 策功茂實 (꿸 貫 집 宀)
열쇠(鍵) 건 : (세울 建 쇠 金)
열째 천간(癸) 계 : (등질 癶 하늘 天)
열흘(旬) 순 : (쌀 勹 날 日)

엷

엷을(濂) 렴 : (청렴할 廉 물 氵)
엷을(菲) 비 : (풀 艹 아니 非)
엷을(薄) 박 : 臨深履薄 (넓을 溥 풀 艹)

염

염려할(㤰) 우 : (쫓을 从 쫓을 从)
염려할(虞) 우 : 有虞陶唐 (나라 吳 범 虍)
염병(疫) 역 : (창 殳 병 疒)
염병(癘) 려 : (일만 萬 병 疒)
염불소리(唄) 패 : (조개 貝 입 口)
염소(羔) 고 : 詩讚羔羊 (양 羊 불 灬)
염습할(殮) 렴 : (다 僉 뼈 歹)

엿

엿볼(窺) 규 : (구멍 穴 규칙 規)
엿볼(闚) 규 : (문 門 규칙 規)
엿볼(伺) 사 : (맡을 司 사람 亻)
엿볼(狙) 저 : (개 犭 또 且)
엿볼(覗) 사 : (볼 見 맡을 司)
엿볼(覘) 첨 : (차지할 占 볼 見)
엿볼(睪) 역 : (다행 幸 그물 罒)
엿(飴) 이 : (밥 食 별 台)
엿(糖) 당 : (나라 唐 쌀 米)

영

영(令) 령 : 愼終宜令 (이제 今 갈고리 亅)
영리할(伶) 령 : (사람 亻 영 令)
영리할(怜) 령 : (마음 忄 영 令)
영리할(雋) 준 : (오목할 凹 새 佳)
영리할(隽) 준 : (이에 乃 새 佳)
영원할(永) 영 : 永綏吉卲 (물 水 점 丶)
영화(榮) 영 : 榮業所基 (등불 熒 나무 木)

예

예도(禮) 례 : 禮別尊卑 (볼 示 풍년 豊)
예쁠(千) 봉 : (삐침 丿 열 十)
예쁠(丰) 봉 : (예쁠 千 한 一)
예쁠(佼) 교 : (사귈 交 사람 亻)
예쁠(倩) 천 : (푸를 靑 사람 亻)
예쁠(姚) 요 : (여자 女 조짐 兆)
예쁠(娥) 아 : (나 我 여자 女)
예쁠(婥) 작 : (높을 卓 여자 女)
예쁠(媛) 원 : (이에 爰 여자 女)
예쁠(婷) 정 : (정자 亭 계집 女)

옛

옛(昔) 석 : (가로 曰 함께 卄)
옛(古) 고 : 求古尋論 (열 十 입 口)
옛(久) 구 : (쌀 勹 점 丶)
옛(舊) 구 : 親戚故舊 (풀 많을 萑 절구 臼)

오

오그라들(縮) 축 : (잘 宿 실 糸)
오동나무(桐) 동 : 梧桐早凋 (같을 同 나무 木)
오동나무(梧) 오 : 梧桐早凋 (나 吾 나무 木)
오두막(廬) 려 : 散廬逍遙 (검을 盧 집 广)
오디(葚) 심 : (심할 甚 풀 艹)

오랑캐(羌) 강 : 臣伏戎羌 (어질 儿 양 羊)
오랑캐(尼) 이 : (주검 尸 둘 二)
오랑캐(堇) 근 : (가죽 革 둘 二)
오랑캐(戎) 융 : 臣伏戎羌 (왼 ナ 창 戈)
오랑캐(匈) 흉 : (흉할 凶 쌀 勹)
오랑캐(夷) 이 : (큰 大 활 弓)
오랑캐(蠻) 만 : (어지러울 䜌 벌레 虫)

오랠(久) 구 : (쌀 勹 파임 乀)
오랠(古) 구 : 求古尋論 (열 十 입 口)
오랠(舊) 구 : (풀 많을 萑 절구 臼)
오랠(曾) 증 : (가로 曰 작을 小 입 口 여덟 八)
오로지(專) 전 : (오로지 叀 마디 寸)
오로지(叀) 전 : (나 厶 가로 曰 열 十)
오로지(耑) 단 : (말 이을 而 뫼 山)

오른(右) 우 : 右通廣內 (왼 ナ 입 口)
오른(佑) 우 : (오른 右 사람 亻)
오른(祐) 우 : (오른 右 보일 示)

오를(升) 승 : (삐침 丿 받들 廾)
오를(陞) 승 : (오를 升 언덕 阝)
오를(陛) 승 : 陛階納陛 (오를 陞 흙 土)
오를(昇) 승 : (가로 曰 오를 升)
오를(鵬) 승 : (새 鳥 오를 昇)
오를(丼) 정 : (우물 井 하나 一)
오를(襄) 양 : (엄할 吅 옷 衣 오를 丼)
오를(登) 등 : 學優登仕 (등질 癶 콩 豆)

오를(鶩) 등 : (뭉칠 厼 말 馬)
오를(騰) 등 : 雲騰致雨 (오를 鶩 달 月)
오를(陟) 척 : 勸賞黜陟 (걸음 步 언덕 阝)
오를(奭) 선 : (덮을 襾 큰 大)
오를(巻) 천 : (오를 奭 병부 巳)
오리(鴨) 압 : (갑옷 甲 새 鳥)
오목할(凹) 요 : (볼록할 凸)
오얏(李) 리 : 果珍李奈 (나무 木 아들 子)
오이(瓜) 과 : (손톱 爪 점 丶)
오이(瓟) 과 : (과일 果 오이 瓜)
오장(臟) 장 : (감출 藏 살 月)
오줌(尿) 뇨 : (주검 尸 물 水)
오줌(脲) 뇨 : (오줌 尿 살 月)
오줌통(膀) 방 : (두루 旁 살 月)

오직(唯) 유 : 恭唯鞠養 (새 隹 입 口)
오직(聿) 율 : (붓 尹 둘 二)
오직(律) 율 : 律呂調陽 (걸을 彳 붓 聿)

오행(火) 화 : 龍師火帝 (사람 人 삐침 丿 점 丶)
오행(水) 수 : 金生麗水 (삐침 丿 丿 갈고리 亅 파임 乀)
오행(木) 목 : 化被草木 (열 十 사람 人)
오행(金) 금 : 金生麗水 (사람 人 임금 王 온 丷)
오행(土) 토 : 踐土會盟 (열 十 하나 一)

오히려(尙) 상 : (작을 小 들 冋)
오히려(猶) 유 : 猶子比兒 (개 犭 두목 酋)

옥

옥(圄) 어 : (에울 囗 나 吾)
옥(囹) 령 : (에울 囗 영 令)
옥(獄) 옥 : (개 犭 개 犬 말씀 言)

온

온(丶) 점 : (점 丶 삐침 丿)
온(亠) 호 : (삐침 丿 온 丶)
온(乎) 호 : 焉哉乎也 (온 亠 갈고리 亅 한 一)
온당할(妥) 타 : (여자 女 손톱 爫)
온전할(全) 전 : (들 入 임금 王)
온화할(盜) 온 : (가둘 囚 그릇 皿)
온화할(旼) 민 : (글 文 날 日)

올

올(來) 래 : 寒來暑往 (좇을 从 나무 木)
올(倈) 래 : (올 來 사람 亻)
올(徠) 래 : (올 來 걸을 彳)
올빼미(梟) 효 : (나무 木 새 鳥)
올챙이(蚪) 두 : (말 斗 벌레 虫)
올챙이(蝌) 과 : (벌레 虫 과정 科)

옮

옮길(移) 이 : 逐物意移 (벼 禾 많을 多)
옮길(徙) 사 : (걸을 彳 걸음 走)
옮길(運) 운 : 遊鯤獨運 (갈 辶 군사 軍)
옮길(般) 반 : (배 舟 창 殳)
옮길(遷) 천 : (오를 䙴 갈 辶)

옳

옳을(義) 의 : 節義廉退 (나 我 양 羊)
옳을(儀) 의 : (옳을 義 사람 亻)
옳을(議) 의 : (옳을 義 말씀 言)
옳을(誼) 의 : (마땅할 宜 말씀 言)
옳을(可) 가 : 信使可覆 (입 口 못 丁)
옳을(是) 시 : (가로 曰 필 疋)

옷

옷(服) 복 : 乃服衣裳 (다스릴 艮 살 月)
옷(衣) 의 : 乃服衣裳 (머리 亠 옷 衣)
옷(衤) 의 : (볼 衤 삐침 丿)
옷깃(衿) 금 : (이제 今 옷 衤)
옷깃(襟) 금 : (금할 禁 옷 衤)
옷깃(領) 령 : (영 令 머리 頁)
옷이길(袁) 원 : (좋을 吉 옷 衣)
옷 마를(裁) 재 : (다칠 戈 옷 衣)
옷상자(匧) 협 : (낄 夾 상자 匚)
옷섶(衽) 임 : (천 간 壬 옷 衤)
옷 터질(綻) 탄 : (정할 定 실 糸)
옷 해질(敝) 폐 : (해질 㡀 칠 攵)

옻

옻(漆) 칠 : 漆書壁經 (옻 桼 물 氵)
옻(桼) 칠 : (사람 人 나무 木 물 氺)

완

완고할(頑) 완 : (으뜸 元 머리 頁)
완전할(完) 완 : (으뜸 元 집 宀)

왕

왕(王) 왕 : (방패 干 한 一)
왕개미(蚍) 비 : (견줄 比 벌레 虫)
왕골(菀) 관 : (풀 艹 갓 冠)
왕골(菅) 관 : (벼슬 官 풀 艹)
왕비(妃) 비 : (여자 女 몸 己)
왕성할(旺) 왕 : (임금 王 날 日)

왜

왜국(倭) 왜 : (사람 亻 맡길 委)

외

외관(槨) 곽 : (외성 郭 나무 木)
외나무다리(杠) 강 : (장인 工 나무 木)
외람될(猥) 외 : (두려울 畏 개 犭)
외로울(孑) 혈 : (마칠 了 점 丶)
외로울(孤) 고 : 孤陋寡聞 (오이 瓜 아들 子)
외성(郭) 곽 : (누릴 享 고을 阝)
외씨(瓣) 판 : (따질 辡 오이 瓜)
외짝(隻) 척 : (또 又 새 隹)

왼

왼(ナ) 좌 : (삐침 丿 하나 一)
왼(左) 좌 : 左達承明 (왼 ナ 장인 工)
왼(佐) 좌 : (왼 左 사람 亻)
왼손(屮) 좌 : (입 벌릴 凵 뚫을 丨)

욀

욀(誦) 송 : (길 甬 말씀 言)
욀(諷) 풍 : (바람 風 말씀 言)
욀(諳) 암 : (말씀 言 소리 音)

요

요(褥) 욕 : (욕 辱 옷 衤)
요임금(垚) 요 : (선비 士 士 士)
요임금(堯) 요 : (우뚝할 兀 요임금 垚)
요임금(僥) 요 : (요임금 堯 사람 亻)

요긴할(要) 요 : (덮을 襾 여자 女)
요란할(擾) 요 : (근심할 憂 손 扌)
요란할(聒) 괄 : (혀 舌 귀 耳)
요리(鯖) 청 : (푸를 靑 고기 魚)
요망할(妖) 요 : (요절할 夭 여자 女)
요절할(夭) 요 : (큰 大 삐침 丿)
요점(的) 적 : 渠荷的歷 (흰 白 구기 勺)
요충(蟯) 요 : (높을 堯 벌레 虫)
요행(倖) 행 : (다행 幸 사람 亻)
요행(僥) 요 : (높을 堯 사람 亻)

욕

욕(辱) 욕 : 殆辱近恥 (별 辰 마디 寸)
욕(欲) 욕 : 器欲難量 (하품 欠 골 谷)
욕(慾) 욕 : (욕 欲 마음 心)
욕될(忝) 첨 : (요절할 夭 마음 小)
욕할(罵) 매 : (말 馬 그물 罒)

용

용(龍) 용 : 龍師火帝 (설 立 달 月 점 卜 털 彡 몸 己)
용(辰) 진 : 辰宿列張 (언덕 厂 하나 一 옷 衣)
용기(勇) 용 : (또 又 남 男)
용렬할(体) 분 : (사람 亻 근본 本)
용렬할(劣) 렬 : (적을 少 힘 力)
용마루(甍) 맹 : (기와 瓦 덮을 冖 거여초 苗)
용서할(宥) 유 : (있을 有 집 宀)
용서할(恕) 서 : (같을 如 마음 心)
용서할(赦) 사 : (붉을 赤 글 攵)
용솟음칠(洸) 광 : (빛 光 물 氵)
용솟음칠(洶) 흉 : (흉할 匈 물 氵)

우

우거질(莽) 망 : 園莽抽條 (맞잡을 廾 개 풀 茻)
우거질(蔚) 울 : (벼슬 尉 풀 艹)
우두커니(佇) 저 : (쌓을 宁 사람 亻)
우두머리(魁) 괴 : (귀신 鬼 말 斗)
우두머리(孿) 수 : (어지러울 䜌 열 十)
우두머리(酋) 추 : (여덟 八 닭 酉)
우뚝할(兀) 올 : (어질 儿 한 一)
우러를(仰) 앙 : 俯仰廊廟 (나 卬 사람 亻)
우러러볼(产) 첨 : (쌀 勹 언덕 厂)
우렁우렁할(轟) 굉 : (수레 車 車 車)
우레(雷) 뢰 : (말미암을 由 비 雨)
우레(霆) 정 : (비 雨 조정 廷)
우레(震) 진 : (비 雨 용 辰)
우리(圈) 권 : (에울 囗 쇠뇌 卷)
우리(檻) 함 : (볼 監 나무 木)
우리(牢) 뢰 : (소 牛 집 宀)
우매할(茸) 용 : (풀 艹 귀 耳)

우물(井) 정 : (맞잡을 廾 한 一)
우물(丼) 정 : (우물 井 점 丶)
우물(穽) 정 : (우물 井 구멍 穴)
우물(洴) 정 : (우물 井 물 氵)

우박(雹) 박 : (쌀 包 비 雨)
우산(仐) 산 : (열 十 사람 人)
우산(傘) 산 : (염려할 㐱 우산 仐)
우아할(雅) 아 : 堅持雅操 (새 隹 어금니 牙)
우연히(邂) 해 : (풀 解 갈 辶)
우 읍(阝) 부 : (뚫을 丨 갈고리 亅)
우 쩍 할(勃) 발 : (살별 孛 힘 力)
우편(郵) 우 : (드리울 垂 고을 阝)

운

운(韻) 운 : (소리 音 수요 員)
운반할(搬) 반 : (돌 般 손 扌)
운전할(運) 운 : 遊鯤獨運 (갈 辶 무리 軍)

울

울(杲) 소 : (나무 木 품성 品)
울(吼) 후 : (입 口 구멍 孔)
울(呱) 고 : (오이 瓜 입 口)
울(哭) 곡 : (개 犬 부르짖을 吅)
울(啼) 제 : (재상 帝 입 口)
울(泣) 읍 : (설 立 물 氵)
울(鳴) 명 : 鳴鳳在樹 (새 鳥 입 口)
울릴(響) 향 : (시골 鄕 소리 音)
울부짖을(虖) 호 : (범 虍 어조사 乎)

울창 주(鬯) 창 : (창 凶 비수 匕)
울창할(鬱) 울 : (덮을 冖 털 彡 장군 缶 숲 林 술 鬯)

울타리(藩) 번 : (뜨물 潘 풀 艹)
울타리(砦) 채 : (이 此 돌 石)
울타리(篳) 필 : (마칠 畢 대 竹)
울타리(籬) 리 : (떠날 離 대 竹)
울타리(棥) 번 : (사귈 爻 숲 林)
울타리(樊) 번 : (큰 大 울타리 棥)
울타리(壁) 벽 : 漆書壁經 (임금 辟 흙 土)

움

움(窌) 교 : (고할 告 구멍 穴)
움직일(動) 동 : 心動神疲 (무거울 重 힘 力)
움직일(働) 동 : (움직일 動 사람 亻)

한글을 알면 한자를 안다

움켜쥘(厄) 액 : (병부 卩 언덕 厂)
움켜쥘(扼) 액 : (손 扌 재앙 厄)
움켜 뜰(匊) 국 : (쌀 勹 쌀 米)
움켜 뜰(淘) 국 : (움켜 뜰 匊 물 氵)

움킬(掬) 국 : (움켜 뜰 匊 손 扌)
움킬(抔) 부 : (손 扌 아니 不)
움킬(攫) 확 : (두리번거릴 矍 손 扌)

움집(窩) 와 : (비뚤 咼 구멍 穴)
움 펑 눈(窅) 요 : (구멍 穴 눈 目)

웃

웃을(龇) 색 : (그칠 止 그칠 止 그칠 止)
웃을(笑) 소 : 工頻姸笑 (요절할 夭 대 竹)
웃을(关) 소 : (하늘 天 여덟 八)

웅

웅덩이(潢) 황 : (누를 黃 물 氵)
웅덩이(瀦) 저 : (돼지 猪 물 氵)
웅덩이(洼) 와 : (홀 圭 물 氵)
웅덩이(窪) 와 : (구멍 穴 웅덩이 洼)

유

유리(琉) 류 : (임금 王 깃발 㐬)
유순한 모양(倭) 위 : (맡길 委 사람 亻)
유자(柚) 유 : (말미암을 由 나무 木)
유창할(沓) 답 : (가로 曰 물 水)
유황(硫) 류 : (돌 石 거칠 㐬)
유황(磺) 황 : (누를 黃 돌 石)

육 달(月) 월 : (멀 冂 둘 二)
육 달(肉) 육 : (멀 冂 엉길 㐅)
육부(腑) 부 : (곳집 府 살 月)
윤달(閏) 윤 : 閏餘成歲 (임금 王 문 門)
윤택할(潤) 윤 : (윤달 閏 물 氵)
윤택할(睟) 수 : (마칠 卒 눈 目)

율

율무(苡) 이 : (써 以 풀 艹)

융

융(絨) 융 : (오랑캐 戎 실 糸)

위

위(上) 상 : 上和下睦 (점 卜 한 一)
위대할(偉) 위 : (사람 亻 다룬 가죽 韋)
위로할(慰) 위 : (벼슬 尉 마음 心)
위엄(威) 위 : 宣威沙漠 (여자 女 개 戌)

위태할(危) 위 : (쌀 勹 재앙 厄)
위태할(殆) 태 : 殆辱近恥 (나 台 뼈 歹)
위태할(峇) 얼 : (쌓을 自 왼 屮)

위튼 입(凵) 감 : (둘 二)
위험할(嚇) 하 : (빛날 赫 입 口)

원

원고(稿) 고 : 杜稿鐘隸 (높을 高 벼 禾)
원망할(怏) 앙 : (가운데 央 마음 忄)

원망할(怨) 원 : (뒹굴 夗 마음 心)
원망할(懟) 대 : (대할 對 마음 心)

원수(仇) 구 : (아홉 九 사람 亻)
원수(讎) 수 : (새 한 쌍 雔 말씀 言)
원수(讐) 수 : (새 한 쌍 雔 말씀 言)
원수(敵) 적 : (밑동 商 글 攵)

원숭이(猨) 원 : (이에 爰 개 犭)
원숭이(猴) 후 : (개 犭 제후 侯)
원숭이(獼) 미 : (개 犭 두루 彌)
원숭이(申) 신 : (뚫을 丨 가로 曰)
원숭이(禺) 우 : (가로 曰 짐승 발자국 内)
원숭이(豦) 거 : (범 虍 돼지 豕)
원숭이(夔) 노 : (걸을 夂 뱀 巳 스스로 自 바를 正)

원앙새(鴛) 원 : (뒹굴 夗 새 鳥)
원추리(萱) 원 : (베풀 宣 풀 艹)
원통할(冤) 원 : (집 宀 토끼 兔)
원할(願) 원 : 執熱願凉 (원인 原 머리 頁)

으

으뜸(元) 원 : (우뚝할 兀 한 一)
으뜸(朝) 패 : (살 月 가죽 革)
으뜸(霸) 패 : (으뜸 朝 비 雨)
으뜸(覇) 패 : 晉楚更覇 (으뜸 朝 덮을 襾)
으를(威) 위 : 宣威沙漠 (여자 女 개 戌)

은

은(銀) 은 : 銀燭煒煌 (그칠 艮 쇠 金)
은(殷) 은 : 周發殷湯 (돌아갈 月 창 殳)
은근할(慇) 은 : (은 殷 마음 心)
은근할(懃) 근 : (부지런할 勤 마음 心)
은혜(恩) 은 : (인할 因 마음 心)
은혜(惠) 혜 : 綺回漢惠 (오로지 叀 마음 心)

읊

읊을(吟) 음 : (이제 今 입 口)
읊을(詠) 영 : 去而益詠 (길 永 말씀 言)

음

음란할(淫) 음 : (가까울 㸒 물 氵)
음복할(福) 복 : 福緣善慶 (찰 畐 볼 示)
음율(呂) 려 : (입 口 삐침 丿 입 口)
음탕할(泆) 일 : (잃을 失 물 氵)

읍

읍할(揖) 읍 : (참소할 咠 손 扌)

응

응할(應) 응 : (응할 応 추할 隹)
응할(応) 응 : (마음 心 집 广)

의

의논할(議) 의 : (옳을 義 말씀 言)
의논할(論) 론 : (둥글 侖 말씀 言)
의심(矣) 의 : (화살 矢 비수 匕)
의심할(疑) 의 : 弁轉疑星 (의심 矣 또 又 필 疋)
의사(醫) 의 : (닭 酉 앓는 소리 殹)
의원(医) 의 : (상자 匚 화살 矢)
의장(仗) 장 : (어른 丈 사람 亻)

의지할(據) 거 : 浮渭據涇 (원숭이 豦 손 扌)
의지할(依) 의 : (사람 亻 옷 衣)
의지할(倚) 의 : (기이할 奇 사람 亻)
의지할(憑) 빙 : (탈 馮 마음 心)
의지할(賴) 뢰 : 賴及萬方 (칼 刀 조개 貝 묶을 束)

이

이(斯) 사 : 似蘭斯馨 (그 其 날 斤)
이(是) 시 : 寸陰是競 (필 疋 가로 曰)
이(寔) 식 : 多士寔寧 (이 是 집 宀)
이(此) 차 : 蓋此身髮 (그칠 止 비수 匕)
이(玆) 자 : 務玆稼穡 (검을 玄 검을 玄)
이(這) 저 : (갈 辶 말씀 言)
이(蝨) 슬 : (빨리 날 귀 벌레 虫 虫)
이(虱) 슬 : (새 乙 벌레 虫)
이(齒) 치 : (입 벌릴 凵 한 一 좇을 从 从)
이(齒) 치 : (그칠 止 이 凵)
이(齠) 초 : (부를 召 이 齒)

이끌(挈) 설 : (새길 㓞 손 手)
이끌(携) 휴 : (영리할 巂 손 扌)
이끌(延) 연 : 肆延設席 (걸을 廴 삐침 丿 발 止)
이길(克) 극 : 克念作聖 (옛 古 어질 儿)
이길(剋) 극 : (이길 克 칼 刂)
이길(勊) 극 : (이길 克 힘 力)
이길(勝) 승 : (게으를 券 달 月)
이길(戡) 감 : (심할 甚 창 戈)

이끼(苔) 태 : (별 台 풀 艹)
이끼(也) 야 : (뚫을 ㅣ 사팔뜨기 乜)
이끼(蘚) 선 : (고울 鮮 풀 艹)

이내(靄) 애 : (아뢸 謁 비 雨)
이다(也) 야 : (뚫을 ㅣ 사팔뜨기 乜)
이다(吔) 야 : (이다 也 입 口)
이다(祂) 야 : (이다 也 볼 示)
이랑(畂) 무 : (머리 亠 밭 田)
이랑(畝) 묘 : 俶載南畝 (오랠 久 이랑 畂)
이랑(頃) 경 : (비수 匕 머리 頁)
이로울(利) 리 : 釋紛利俗 (벼 禾 칼 刂)
이로울(俐) 리 : (이로울 利 사람 亻)

이를(云) 운 : 禪主云亭 (나 厶 둘 二)
이를(到) 도 : (이를 至 칼 刂)
이를(及) 급 : 賴及萬方 (또 又 삐침 丿 한 一)
이를(届) 계 : (주검 尸 흙덩이 凷)
이를(弔) 조 : 弔民伐罪 (뚫을 ㅣ 활 弓)
이를(至) 지 : (나 厶 흙 土 한 一)
이를(致) 치 : 雲騰致雨 (이를 至 글 夊)
이를(迄) 흘 : (빌 乞 갈 辶)
이를(訖) 흘 : (빌 乞 말씀 言)
이를(遂) 수 : (갈 辶 드디어 㒸)
이를(謂) 위 : 謂語助者 (밥통 胃 말씀 言)
이를(詹) 첨 : (우러러볼 厃 어질 儿 말씀 言)
이룰(成) 성 : 閏餘成歲 (갈고리 亅 천 간 戊)

이룰(城) 성 : (흙 土 이룰 成)
이룰(晟) 성 : (가로 曰 이룰 成)
이룰(盛) 성 : (그릇 皿 이룰 成)
이룰(就) 취 : (더욱 尤 서울 京)
이룰(鷲) 취 : (새 鳥 이룰 就)

이름(乭) 돌 : (돌 石 새 乙)
이름(名) 명 : 德建名立 (저녁 夕 입 口)
이름(銘) 명 : (쇠 金 이름 名)
이름(也) 이 : (이다 也 사람 人)

이마(額) 액 : (각각 各 머리 頁)
이마(額) 액 : (손 客 머리 頁)
이마(顙) 상 : 稽顙再拜 (뽕나무 桑 머리 頁)
이모(姨) 여 : (여자 女 오랑캐 夷)
이문(閭) 려 : (등골 呂 문 門)

이미(尢) 기 : (한 一 절름발이 尢)
이미(旣) 기 : 旣集墳典 (고소할 皀 없을 旡)
이미(已) 이 : (새 乙 둘 二)

이바지할(供) 공 : (함께 共 사람 亻)
이별할(訣) 결 : (터놓을 夬 말씀 言)
이불(被) 피 : 化被草木 (옷 衤 가죽 皮)
이불(衾) 금 : (이제 今 옷 衣)
이삭(穗) 수 : (은혜 惠 벼 禾)
이수(冫) 빙 : (점 丶 丶)
이슬(露) 로 : 露結爲霜 (비 雨 길 路)
이어질(綿) 면 : 曠遠綿邈 (실 糸 솜 帛)
이에(乃) 내 : 乃服衣裳 (삐침 丿 갈고리 亅)
이에(爰) 원 : (손톱 爫 달릴 爰)
이에(奈) 내 : 果珍李奈 (볼 示 나무 木)
이웃(粦) 린 : (쌀 米 어그러질 舛)
이웃(隣) 린 : (도깨비불 粦 언덕 阝)
이웃(厸) 린 : (나 厶 나 厶)

이을(嗣) 사 : 嫡後嗣續 (입 口 맡을 司 책 冊)
이을(續) 속 : 嫡後嗣續 (팔 賣 실 糸)
이을(承) 승 : 左達承明 (이을 丞 셋 三)
이을(丞) 승 : (구결 乛 물 水)
이을(接) 접 : 接杯擧觴 (거듭 妾 손 扌)
이을(系) 계 : (삐침 丿 실 糸)
이을(紹) 소 : (실 糸 부를 召)
이을(絡) 락 : (각각 各 실 糸)
이을(緝) 집 : (소곤거릴 咠 실 糸)
이을(纘) 찬 : (도울 贊 실 糸)
이을(連) 연 : 同氣連枝 (갈 辶 수레 車)
이을(屬) 속 : 屬耳垣牆 (나라 蜀 주검 尸 물 氺)

이제(今) 금 : (사람 人 한 一 구결 亅)
이지러질(缺) 결 : (터놓을 夬 장군 缶)
이지러질(亏) 휴 : (갈고리 亅 둘 二)
이지러질(虧) 휴 : 顚沛匪虧 (이지러질 亏 새 이름 虍)
이질(痢) 리 : (이로울 利 병 疒)

익

익숙할(慣) 관 : (꿸 貫 마음 忄)
익을(熟) 숙 : 稅熟貢新 (누구 孰 불 灬)
익힐(講) 강 : (얽을 冓 말씀 言)
익힐(練) 련 : (가릴 柬 실 糸)
익힐(習) 습 : 虛堂習聽 (흰 白 깃 羽)
익힐(肄) 이 : (의심 𦥑 붓 聿)

인

인간(世) 세 : (입 벌릴 凵 열 十)
인간(世) 세 : 世祿侈富 (스물 廿 한 一)
인격(人) 인 : 鳥官人皇 (삐침 丿 파임 乀)
인 끈(綬) 수 : (받을 受 실 糸)
인 끈(綸) 륜 : (둥글 侖 실 糸)
인도할(導) 도 : (길 道 마디 寸)
인력거(俥) 거 : (사람 亻 수레 車)
인륜(倫) 륜 : 恬筆倫紙 (둥글 侖 사람 亻)

인색할(吝) 린 : (입 口 글 文)
인색할(嗇) 색 : (앉을 坐 돌 回)
인색할(㐭) 비 : (돌 回 입 口 머리 亠)

인쇄할(刷) 쇄 : (돼지 屌 칼 刂)
인연(緣) 연 : 福緣善慶 (단 彖 실 糸)
인원(員) 원 : (조개 貝 입 口)
인정할(認) 인 : (참을 忍 말씀 言)
인할(仍) 잉 : (이에 乃 사람 亻)
인할(因) 인 : 禍因惡積 (큰 大 입 口)

일

일(事) 사 : 資父事君 (뜻 彐 붓 肀)
일(緈) 재 : (재상 宰 실 糸)

일(戴) 대 : (다를 異 다칠 戋)
일(淘) 도 : (질그릇 匋 물 氵)
일(淅) 석 : (가를 析 물 氵)

일곱(七) 칠 : (숨을 乚 한 一)
일곱(勺) 칠 : (갈고리 亅 하나 一)
일곱째 천간(庚) 경 : (집 广 맏 尹 파임 乀)

일만(萬) 만 : 賴及萬方 (원숭이 禺 풀 艹)
일반(般) 반 : (배 舟 창 殳)
일백(佰) 백 : (일백 百 사람 亻)
일백(百) 백 : 百郡秦幷 (흰 白 한 一)
일산(纖) 산 : (흩을 散 실 糸)
일산(翳) 예 : 陳根委翳 (앓는 소리 殹 깃 羽)
일어날(興) 흥 : 夙興溫凊 (마주들 舁 한가지 同)
일어날(起) 기 : 起翦頗牧 (달릴 走 몸 己)

읽을(讀) 독 : 耽讀翫市 (팔 賣 말씀 言)
잃을(喪) 상 : (부르짖을 吅 옷 衣)
잃을(失) 실 : (큰 大 사람 人)

일천(千) 천 : 家給千兵 (삐칠 丿 열 十)

일찍(旦) 단 : (한 一 날 日)
일찍(早) 조 : 梧桐早凋 (일찍 旦 뚫을 丨)
일찍(皁) 조 : (일찍 早 삐침 丿)
일찍(卓) 탁 : (일찍 早 점 卜)
일찍(夙) 숙 : 夙興溫凊 (뼈 歹 안 석 几)
일찍(曽) 증 : (온 丷 밭 田 가로 曰)
일찍(曾) 증 : (가로 曰 작을 小 입 口 여덟 八)
일찍(朁) 참 : (가로 曰 날카로울 兓)

일찍 죽을(夭) 요 : (삐침 丿 큰 大)
일찍 죽을(殀) 요 : (뼈 歹 요절할 夭)

일천(仟) 천 : (사람 亻 일천 千)

일천(千) 천 : 家給千兵 (삐침 丿 열 十)
일컬을(稱) 칭 : 珠稱夜光 (들 爯 벼 禾)
일할(勞) 로 : 勞謙謹勅 (등불 熒 힘 力)

임

임금(后) 후 : (당길 厂 입 口)
임금(君) 군 : 資父事君 (다스릴 尹 입 口)
임금(帝) 제 : (수건 巾 한 一 덮을 冖 여덟 八)
임금(帝) 제 : 龍師火帝 (임금 帝 점 丶)
임금(王) 왕 : 率賓歸王 (방패 干 한 一)
임금(皇) 황 : 鳥官人皇 (흰 白 임금 王)
임금(辟) 벽 : (볼기 尻 매울 辛)

임

임무(任) 임 : 鈞巧任釣 (천 간 壬 사람 亻)
임질(痳) 림 : (숲 林 병 疒)
임할(臨) 림 : 臨深履薄 (누울 臥 품성 品)

입

입(口) 구 : 適口充腸 (에울 口)
입(臽) 포 : (쌀 勹 입 口)
입 다물(噤) 금 : (금할 禁 입 口)

입바람 불(吹) 취 : 鼓瑟吹笙 (하품 欠 입 口)
입 벌릴(凵) 감 : (숨을 乚 뚫을 丨)
입 벌릴(呀) 하 : (어금니 牙 입 口)
입 삐뚤(喎) 와 : (삐뚤 咼 입 口)
입 삐뚤(咼) 와 : (뼈 발라낼 冎 입 口)
입술(脣) 순 : (용 辰 살 月)
입술(吻) 문 : (말라 勿 입 口)
입을(被) 피 : 化被草木 (옷 衤 가죽 皮)

잇

잇닿을(連) 련 : (갈 辶 수레 車)
잇닿을(聯) 련 : (꿸 絲 귀 耳)

있

있을(宀) 저 : (집 宀 하나 一)
있을(存) 존 : 存以甘棠 (왼 ナ 뚫을 丨 아들 子)
있을(在) 재 : 鳴鳳在樹 (왼 ナ 뚫을 丨 흙 土)
있을(有) 유 : 有虞陶唐 (왼 ナ 달 月)
있을(侑) 유 : (사람 亻 있을 有)
있을(宥) 유 : (집 宀 있을 有)
있을(姷) 유 : (여자 女 있을 有)
있을(痏) 유 : (병 疒 있을 有)
있을(逌) 유 : (갈 辶 있을 有)

잉

잉어(鯉) 리 : (고기 魚 마을 里)

잊

잊을(忘) 망 : 得能莫忘 (망할 亡 마음 心)
잊을(諠) 훤 : (베풀 宣 말씀 言)

잎

잎(葉) 엽 : 落葉飄颻 (나뭇잎 葉 풀 艹)
잎(枼) 엽 : (나무 木 세상 世)

자

자(尺) 척 : 尺璧非寶 (주검 尸 점 丶)
자(隻) 확 : (외짝 隻 풀 艹)
자갈(礫) 력 : (즐길 樂 돌 石)
자갈땅(磽) 교 : (높을 堯 돌 石)
자기(己) 기 : 靡恃己長 (새 乙 둘 二)
자못(頗) 파 : 起翦頗牧 (머리 頁 가죽 皮)
자물쇠(鑰) 약 : (쇠 金 피리 龠)
자물쇠(鍵) 건 : (세울 建 쇠 金)
자라(鼈) 별 : (해질 敝 맹꽁이 黽)
자랑(誇) 과 : (자랑할 夸 말씀 言)
자랑할(夸) 과 : (큰 大 어조사 亐)
자랑할(矜) 긍 : 束帶矜莊 (이제 今 창 矛)
자료(資) 자 : 資父事君 (버금 次 조개 貝)
자루(袋) 대 : (대신 代 옷 衣)
자를(翦) 전 : 起翦頗牧 (앞 前 깃 羽)

자리(位) 위 : 推位讓國 (설 立 사람 亻)
자리(席) 석 : 肆筵設席 (스물 廿 집 广 수건 巾)
자리(蓆) 석 : (풀 艹 자리 席)
자리(褯) 석 : (옷 衤 자리 席)
자리(坐) 좌 : 坐朝問道 (좇을 从 흙 土)
자리(座) 좌 : (자리 坐 집 广)

자빠질(沛) 패 : 顚沛匪虧 (물 氵 저자 巿)
자세할(詳) 상 : 顧答審詳 (양 羊 말씀 言)
자 을(紡) 방 : (모 方 실 糸)
자작나무(樺) 화 : (꽃 華 나무 木)
자주(屢) 루 : (포갤 婁 주검 尸)
자주(頻) 빈 : (걸음 步 머리 頁)
자줏빛(紫) 자 : 鴈門紫塞 (이 此 실 糸)
자축거릴(亍) 촉 : (못 丁 한 一)

자취(躅) 촉 : (나라 蜀 발 足)
자취(蹤) 종 : (좇을 從 발 足)

자취(蹟) 적 : (꾸짖을 責 발 足)
자취(跡) 적 : 九州禹跡 (또 亦 발 足)
자취(迹) 적 : (또 亦 갈 辶)

작

작게 덮을(宀) 상 : (작을 小 덮을 冖)
작살(杈) 차 : (깍지낄 叉 나무 木)
작약(芍) 작 : (구기 勺 풀 艹)
작위(爵) 작 : 好爵自縻 (닦을 㝵 문 尸 두 二)

작을(丷) 소 : (삐침 丿 점 丶 갈고리 亅)
작을(小) 소 : (삐침 丿 점 丶 갈고리 亅)
작을(厶) 요 : (나 厶 삐침 丿)
작을(幺) 요 : (작을 厶 점 丶)
작을(幺幺) 유 : (작을 幺 작을 幺)
작을(散) 미 : (뫼 山 글 攵 한 一 안 석 几)
작을(微) 미 : 微旦孰營 (작을 散 걸을 彳)

잔

잔(卮) 치 : (당길 厂 땅 巴)
잔(卮) 치 : (당길 厂 병부 㔾)
잔(桮) 배 : (아닐 否 나무 木)
잔(杯) 배 : 接杯擧觴 (나무 木 아니 不)
잔(觴) 상 : 接杯擧觴 (상할 傷 뿔 角)
잔(酢) 초 : (잠깐 乍 닭 酉)
잔(酌) 작 : (구기 勺 닭 酉)
잔대(盞) 잔 : (해칠 戔 그릇 皿)

잔치(讌) 연 : 絃歌酒讌 (제비 燕 말씀 言)
잔치(宴) 연 : (편안 安 가로 曰)
잔치(饗) 향 : (시골 鄕 밥 食)

잘

잘(宿) 숙 : 辰宿列張 (일백 佰 집 宀)
잘(眠) 면 : 晝眠夕寐 (백성 民 눈 目)
잘(寐) 매 : 晝眠夕寐 (조각 爿 아닐 未 집 宀)
잘(寢) 침 : (집 宀 조각 爿 범할 㸒)
잘(睡) 수 : (드리울 垂 눈 目)

잠

잠깐(乍) 사 : (뚫을 丨 둘 二 사람 亻)
잠깐(詐) 사 : (잠깐 乍 말씀 言)
잠깐(焂) 숙 : (불 火 바 攸)
잠깐(倏) 숙 : (개 犬 바 攸)
잠깐(蹔) 잠 : (벨 斬 발 足)
잠깐(暫) 잠 : (벨 斬 날 日)
잠깐(臾) 유 : (사람 人 절구 臼)
잠깐(諛) 유 : (잠깐 臾 말씀 言)

잠꼬대(囈) 예 : (심을 藝 입 口)

잠길(沈) 침 : 沈默寂寥 (망설일 冘 물 氵)
잠길(湛) 담 : (심할 甚 물 氵)
잠길(潛) 잠 : 鱗潛羽翔 (일찍 朁 물 氵)
잠길(浸) 침 : (범할 㸒 물 氵)
잠길(寢) 침 : (잠길 浸 집 宀)

잠방이(褌) 곤 : (형 昆 옷 衤)
잠시(臾) 유 : (사람 人 절구 臼)
잠자리(蜻) 청 : (푸를 靑 벌레 虫)
잠자리(蛉) 령 : (영 令 벌레 虫)
잠잘(眠) 면 : 晝眠夕寐 (백성 民 눈 目)
잠잠할(默) 묵 : 沈默寂寥 (검을 黑 개 犬)

잡

잡목(蓽) 필 : (마칠 畢 풀 艹)
잡을(扗) 극 : (뚫을 丨 왕 王)
잡을(玨) 극 : (뚫을 丨 왕 王)
잡을(把) 파 : (땅 巴 손 扌)
잡을(握) 악 : (집 屋 손 扌)
잡을(逮) 체 : (미칠 隶 갈 辶)
잡을(捕) 포 : 捕獲判亡 (클 甫 손 扌)
잡을(捉) 착 : (손 扌 발 足)
잡을(操) 조 : 堅持雅操 (시끄러울 喿 손 扌)
잡을(拘) 구 : (손 扌 글 句)
잡을(搤) 액 : (더할 益 손 扌)
잡을(拿) 나 : (합할 合 손 手)
잡을(秉) 병 : 史魚秉直 (벼 禾 돼지 크)
잡을(攝) 섭 : 攝職從政 (소곤거릴 聶 손 扌)
잡을(伴) 반 : (사람 亻 저녁 夕)
잡을(執) 집 : 執熱願凉 (다행 幸 알 丸)

장

장(欌) 장 : (감출 藏 나무 木)
장가들(娉) 빙 : (말이 잴 甹 여자 女)
장계(牋) 전 : (해칠 戔 조각 片)
장구벌레(胃) 연 : (입 口 살 月)
장군(缶) 부 : (입 벌릴 凵 낮 午)
장기(瘴) 장 : (글 章 병 疒)
장딴지(腓) 비 : (살 月 아니 非)
장대(竿) 간 : (대 竹 방패 干)
장려(奬) 장 : (개 犬 장수 將)
장마(霪) 음 : (음란할 淫 비 雨)
장마(霖) 림 : (숲 林 비 雨)

장막(幙) 막 : (수건 巾 아니 莫)
장막(幕) 막 : (수건 巾 아니 莫)

장막(帳) 막 : 甲帳對楹 (길 長 수건 巾)

장물(贓) 장 : (착할 臧 조개 貝)
장미(薔) 장 : (아낄 嗇 풀 艹)
장미(牆) 장 : (장미 薔 조각 뉘)
장미(薇) 미 : (작을 微 풀 艹)
장부(簿) 부 : (넓을 溥 대 竹)
장부(男) 남 : 男效才良 (힘 力 밭 田)
장삼(衲) 납 : (안 內 옷 衤)

장사(商) 상 : (빛날 冏 머리 亠 여덟 八)
장사(賈) 고 : (덮을 襾 조개 貝)
장사(葬) 장 : (장사 葬 풀 艹)

장수(丬) 장 : (뚫을 丨 얼 冫)
장수(丬) 장 : (숨을 乚 구결 ㄱ 뚫을 丨)
장수(將) 장 : 府羅將相 (달 月 조각 뉘 마디 寸)
장수(帥) 솔 : (쌓을 自 수건 巾)

장인(匠) 장 : (도끼 斤 상자 匚)
장인(工) 공 : 工嚬妍笑 (뚫을 丨 둘 二)
장작(梡) 완 : (완전할 完 나무 木)
장정(丁) 정 : 說感武丁 (한 一 갈고리 亅)
장중할(莊) 장 : 束帶矜莊 (씩씩할 壯 풀 艹)
장할(壯) 장 : (조각 뉘 선비 士)

재

재(領) 령 : (영 令 머리 頁)
재(岺) 령 : (영 令 뫼 山)
재(嶺) 령 : (뫼 山 재 領)
재(峴) 현 : (볼 見 뫼 山)
재(城) 성 : 鷄田赤城 (이룰 成 흙 土)
재(灰) 회 : (왼 ナ 불 火)
재(烌) 회 : (재 灰 불 火)
재(炭) 탄 : (재 灰 뫼 山)

재갈(銜) 함 : (다닐 行 쇠 金)
재강(糟) 조 : 饑厭糟糠 (나라 曹 쌀 米)
재계할(齋) 재 : (가지런할 齊 작을 小)
재능(才) 재 : 男效才良 (삐침 ノ 한 一 갈고리 亅)

재목(材) 재 : (재주 才 나무 木)
재물(貲) 자 : (이 此 조개 貝)
재물(財) 재 : (재주 才 조개 貝)
재물(貨) 화 : (될 化 조개 貝)
재물(資) 자 : 資父事君 (버금 次 조개 貝)

재빠를(敏) 민 : (매양 每 글 攵)
재방(才) 재 : 男效才良 (삐침 ノ 한 一 갈고리 亅)
재상(宰) 재 : 飽飫烹宰 (매울 辛 집 宀)

재앙(厄) 액 : (병부 卩 언덕 厂)
재앙(祅) 요 : (볼 示 요절할 夭)
재앙(災) 재 : (내 巛 불 火)
재앙(禍) 화 : 禍因惡積 (볼 示 삐뚤 咼)
재앙(殃) 앙 : (죽을 歹 가운데 央)

재주(聿) 붓 : (붓 聿 하나 一)
재주(伎) 기 : (가를 支 사람 亻)
재주(倆) 량 : (두 兩 사람 亻)
재주(技) 기 : (가를 支 손 扌)

재주(術) 술 : (다닐 行 삽주 朮)
재주(埶) 예 : (알 丸 언덕 坴)
재주(藝) 예 : 我藝黍稷 (이를 云 심을 蓺)
재주(才) 재 : 男效才良 (삐침 丿 한 一 갈고리 亅)

재촉할(促) 촉 : (사람 亻 발 足)
재촉할(催) 최 : 年矢每催 (높을 崔 사람 亻)

잿

잿물(鹼) 감 : (다 僉 소금 鹵)
잿물(釉) 유 : (말미암을 由 분별할 釆)

쟁

쟁기(耒) 뢰 : (아니 未 삐침 丿)

저

저(彼) 피 : 罔談彼短 (걸을 彳 가죽 皮)
저(丶丶) 이 : (점 丶丶丶)
저(伊) 이 : (다스릴 尹 사람 亻)

저녁(夕) 석 : 晝眠夕寐 (쌀 勹 점 丶)
저녁밥(飧) 손 : 具膳飧飯 (저녁 夕 밥 食)
저릴(痹) 비 : (줄 畁 병 疒)
저물(暮) 모 : (가로 曰 아니 莫)
저물(莫) 막 : 得能莫忘 (햇빛 旲 풀 艹)

저울추(錘) 추 : (드리울 垂 쇠 金)
저울추(衡) 형 : 佐時阿衡 (다닐 行 물고기 魚)
저자(市) 시 : 耽讀翫市 (머리 亠 수건 巾)
저주할(詛) 저 : (또 且 말씀 言)

적

적당할(適) 적 : 適口充腸 (갈 辶 밑동 商)
적삼(衫) 삼 : (털 彡 옷 衤)
적실(浸) 침 : (범할 寑 물 氵)
적실(濡) 유 : (구할 需 물 氵)
적실할(的) 적 : 渠荷的歷 (흰 白 구기 勺)
적을(勻) 균 : (쌀 勹 둘 二)
적을(寡) 과 : 孤陋寡聞 (집 宀 구결 丆 또 且 나눌 分)
적을(尟) 선 : (적을 少 심할 甚)
적을(少) 소 : 老少異糧 (작을 小 삐침 丿)
적을(小) 소 : (삐침 丿 점 丶 갈고리 亅)
적을(些) 사 : (이 此 둘 二)

전

전각(殿) 전 : 宮殿盤鬱 (펼 展 창 殳)
전기(傳) 전 : 空谷傳聲 (오로지 專 사람 亻)
전나무(檜) 회 : (모일 會 나무 木)
전나무(樅) 종 : (따를 從 나무 木)
전매할(榷) 각 : (높이 날 隺 나무 木)
전복(鰒) 복 : (갈 复 고기 魚)
전복(鮑) 포 : (쌀 包 고기 魚)
전송할(餞) 전 : (해칠 戔 밥 食)
전염병(疫) 역 : (창 殳 병 疒)
전할(傳) 전 : 空谷傳聲 (오로지 專 사람 亻)
전적(耤) 적 : (옛 昔 쟁기 耒)

절

절(拜) 배 : 稽顙再拜 (손 手 뚫을 丨 넉 三)
절(伽) 가 : (더할 加 사람 亻)
절(寺) 사 : (흙 土 마디 寸)
절(刹) 찰 : (죽일 杀 칼 刂)
절(塔) 탑 : (좀 콩 荅 흙 土)

절구(臼) 구 : (깍지낄 臼)
절구질할(舂) 용 : (클 ㅊ 절구 臼)
절름발이(尢) 왕 : (왼 ナ 숨을 乚)
절름발이(兀) 왕 : (어질 儿 한 一)
절름발이(蹇) 건 : (틈 寒 발 足)
절인 어물(鮑) 포 : (쌀 包 고기 魚)

젊

젊을(少) 소 : 老少異糧 (삐침 丿 작을 小)

점

점(丶) 주
점(點) 점 : (차지할 占 검을 黑)
점(占) 점 : (입 口 점 卜)
점(卜) 복 : (뚫을 丨 점 丶)
점괘(卦) 괘 : (홀 圭 점 卜)
점 대(籤) 첨 : (대 竹 부추 韱)
점 대(筮) 서 : (대 竹 무당 巫)
점점(兪) 유 : (큰 도랑 巜 들 入 달 月 한 一)
점점(稍) 초 : (닮을 肖 벼 禾)
점점(漸) 점 : (벨 斬 물 氵)

접

접때(曩) 낭 : (돈을 襄 가로 曰)
접붙일(椄) 접 : (거듭 妾 나무 木)
접을(摺) 접 : (익힐 習 손 扌)

젓

젓가락(箸) 저 : (대 竹 놈 者)
젓가락(筷) 쾌 : (쾌할 快 대 竹)
젓갈(醢) 해 : (오른 右 닭 酉 그릇 皿)

정

정(鉦) 정 : (바를 正 쇠 金)
정(丁) 정 : 說感武丁 (한 一 갈고리 亅)
정(疔) 정 : (못 丁 병 疒)
정갈할(精) 정 : 用軍最精 (푸를 靑 쌀 米)
정다울(縳) 견 : (보낼 遣 실 糸)
정다울(綣) 권 : (실 糸 책 卷)
정돈할(齊) 제 : (옷 衣 가닥 丫 칼 刀 ᅵ 둘 二)
정사(政) 정 : 攝職從政 (바를 正 글 攵)

정성(忱) 침 : (머뭇거릴 尤 마음 忄)
정성(誠) 성 : 篤初誠美 (이룰 成 말씀 言)
정성(衷) 충 : (가운데 中 옷 衣)
정성(虔) 건 : (호피 虍 글 文)
정성(款) 관 : (선비 士 볼 示 하품 欠)

정수리(顚) 전 : (참 眞 머리 頁)
정수리(頂) 정 : (못 丁 머리 頁)
정수리(囟) 신 : (삐침 丿 나라 囗)
정숙할(淑) 숙 : 毛施淑姿 (물 氵 아재비 叔)
정숙할(窕) 조 : (구멍 穴 조짐 兆)
정신(神) 신 : 心動神疲 (볼 示 납 申)
정실(嫡) 적 : 嫡後嗣續 (밑동 啇 여자 女)
정자(亭) 정 : 禪主云亭 (쌓을 宁 한 一 입 口)
정자(榭) 사 : (쏠 射 나무 木)
정탐할(偵) 정 : (곧을 貞 사람 亻)
정할(奠) 전 : (큰 大 두목 酋)
정할(定) 정 : 言辭安定 (짝 疋 집 宀)
정할(決) 결 : (터놓을 夬 물 氵)

젖

젖(乳) 유 : (미쁠 孚 새 乙)
젖(奶) 내 : (이에 乃 여자 女)

젖을(沾) 첨 : (물氵 차지할 占)
젖을(濕) 습 : (물氵 드러날 㬎)
젖을(洽) 흡 : (합할 合 물氵)
젖을(浥) 읍 : (물氵 고을 邑)
젖을(浸) 침 : (범할 㑴 물氵)
젖을(涵) 함 : (물氵 함 函)
젖을(潤) 윤 : (윤달 閏 물氵)
젖을(霑) 점 : (더할 沾 비 雨)
젖을(濡) 유 : (구할 需 물氵)

제

제기(殂) 조 : (하인 皂 창 殳)
제기(籩) 변 : (대 竹 가 邊)
제기(簋) 궤 : (대 竹 그칠 艮 그릇 皿)
제단(亶) 단 : (곳집 亩 아침 旦)
제단(壇) 단 : (믿음 亶 흙 土)
제목(題) 제 : (이 是 머리 頁)
제비(燕) 연 : (북녘 北 불 灬 스물 廿 입 口)
제방(堤) 제 : (이 是 흙 土)
제방(防) 방 : (모 方 언덕 阝)
제사(夆) 융 : (뒤져올 夂 사람 𡴇)
제사(覃) 담 : (일찍 早 덮을 襾)
제사(禫) 담 : (미칠 覃 볼 示)
제사(祭) 제 : 祭祀蒸嘗 (또 又 볼 示 고기 月)
제사(祀) 사 : 祭祀蒸嘗 (볼 示 뱀 巳)
제후(侯) 후 : (두 二 사람 亻 화살 矢)

조

조(兆) 조 : (어질 儿 얼 丶 얼 丶丶)

조(粟) 속 : (덮을 覀 쌀 米)

조각(片) 편 : (삐침 丿 둘 二 뚫을 丨)

조각(爿) 장 : (뚫을 丨 둘 二)

조각(殳) 단 : (삐침 丿 뚫을 丨 셋 三 창 殳)

조개(貝) 패 : (여덟 八 눈 目)

조개(蛤) 합 : (합할 合 벌레 虫)

조건(條) 조 : (나무 木 바 攸)

조건(件) 건 : (사람 亻 소 牛)

조금 걸을(彳) 척 : (삐침 丿 사람 亻)

조급할(卞) 변 : (점 丶 아래 下)

조급할(悁) 연 : (벌레 肙 마음 忄)

조급할(躁) 조 : (울 喿 발 足)

조나라(趙) 조 : (달릴 走 닮을 肖)

조사할(査) 사 : (또 且 나무 木)

조상할(弔) 조 : 弔民伐罪 (뚫을 丨 활 弓)

조상할(吊) 적 : (입 口 수건 巾)

조상할(弔) 조 : (조상할 弔 삐침 丿)

조서(勑) 칙 : 勞謙勤勑 (묶을 束 힘 力)

조세(租) 조 : (또 且 벼 禾)

조세(稅) 세 : 稅熟貢新 (기쁠 兌 벼 禾)

조수(潮) 조 : (아침 朝 물 氵)

조심할(兢) 긍 : (이길 克 이길 克)

조심할(夒) 기 : (원숭이 夒 온 丶丶)

조심할(寅) 인 : (저녁 夕 범 寅)

조아릴(頓) 돈 : 矯手頓足 (진칠 屯 머리 頁)

조정(廷) 정 : (걸을 廴 천 간 壬)

조카(姪) 질 : (이를 至 여자 女)

족두리(莘) 신 : (매울 辛 풀 艹)

족보(譜) 보 : (넓을 普 말씀 言)

족집게(鑷) 섭 : (소곤거릴 聶 쇠 金)

졸

졸(睡) 수 : (드리울 垂 눈 目)
졸(眠) 면 : 晝眠夕寐 (백성 民 눈 目)
졸할(拙) 졸 : (날 出 손 扌)

좀

좀먹을(蝕) 식 : (밥 食 벌레 虫)
좀콩(荅) 답 : (합할 合 풀 艹)

좁

좁을(褊) 편 : (넓적할 扁 옷 衤)
좁을(窄) 착 : (잠깐 乍 구멍 穴)

종

종(僕) 복 : (번거로울 菐 사람 亻)
종(奴) 노 : (또 又 여자 女)
종(隸) 례 : 杜稿鍾隸 (미칠 隶 선비 士 볼 示)
종(隸) 례 : 杜槀鐘隸 (미칠 隶 이에 柰)
종(鐘) 종 : 杜槀鐘隸 (아이 童 쇠 金)

종기(腫) 종 : (무거울 重 살 月)
종아리(脛) 경 : (줄기 巠 살 月)
종족(獯) 훈 : (개 犭 연기 熏)
종이(紙) 지 : 恬筆倫紙 (각시 氏 실 糸)
종이(牋) 전 : 牋牒簡要 (해칠 戔 조각 片)
종려나무(櫚) 려 : (이문 閭 나무 木)

좇

좇을(從) 종 : (사람 人 사람 人)
좇을(從) 종 : 攝職從政 (좇을 从 그칠 止 걸을 彳)

좋

좋을(好) 호 : 好爵自縻 (여자 女 아들 子)
좋을(吉) 길 : 永綏吉邵 (선비 士 입 口)
좋을(良) 량 : 男效才良 (그칠 艮 점 丶)

좌

좌 읍(阝) 부 : (뚫을 丨 갈고리 亅)

주

주(枓) 두 : (말 斗 나무 木)
주검(尸) 시 : (삐침 丿 둘 二)
주검(𡰪) 시 : (주검 尸 뚫을 丨)
주검(屍) 시 : (죽을 死 주검 尸)
주낼(註) 주 : (주인 主 말씀 言)
주름(褶) 습 : (익힐 習 옷 衤)
주름(皴) 준 : (가죽 皮 모양 夋)
주름살(皺) 추 : (꼴 芻 가죽 皮)

주릴(飢) 기 : 飢厭糟糠 (안 석 几 밥 食)
주릴(饑) 기 : 饑厭糟糠 (밥 食 몇 幾)
주릴(餓) 아 : (나 我 밥 食)
주릴(餒) 뇌 : (온당할 妥 밥 食)

주머니(囊) 낭 : 寓目囊箱 (돈을 襄 덮을 冖 입 口)
주먹(拳) 권 : (뭉칠 𠔉 손 手)
주발(盌) 완 : (뒹굴 夗 그릇 皿)
주사(硃) 주 : (붉을 朱 돌 石)
주살(弋) 익 : (점 丶 한 一 파임 乀)
주살(矰) 증 : (오랠 曾 화살 矢)
주석(錫) 석 : (쉬울 易 쇠 金)
주인(主) 주 : 禪主云亭 (임금 王 점 丶)
주인(宔) 주 : (흙 土 하나 一)

주일(週) 주 : (두루 周 갈 辶)
주을(拾) 습 : (합할 合 손 扌)
주을(捃) 군 : (임금 君 손 扌)
주춧돌(礎) 초 : (돌 石 초나라 楚)

죽

죽(糜) 미 : (삼 麻 쌀 米)
죽(粥) 죽 : (강할 弓 쌀 米)
죽순(篛) 약 : (약할 弱 대 竹)
죽순(筍) 순 : 藍筍象牀 (열흘 旬 대 竹)
죽은(殭) 강 : (지경 畺 뼈 歹)
죽은 어미(妣) 비 : (견줄 比 여자 女)
죽을(斃) 폐 : (해질 敝 죽을 死)
죽을(殞) 운 : (죽을 死 수요 員)
죽을(喪) 상 : (부르짖을 吅 옷 衣)
죽을(死) 사 : (비수 匕 뼈 歹)
죽을(歹) 알 : (저녁 夕 한 一)
죽을(歺) 알 : (저녁 夕 점 卜)
죽일(屠) 도 : (주검 尸 놈 者)
죽일(殊) 수 : 樂殊貴賤 (붉을 朱 뼈 歹)
죽일(戕) 장 : (창 戈 조각 爿)
죽일(戮) 륙 : (높을 翏 창 戈)
죽일(杀) 살 : (벨 乂 나무 木)
죽일(殺) 살 : (죽일 杀 창 殳)
죽일(劉) 류 : (쇠 釗 토끼 卯 칼 刀)

준 걸(俊) 준 : 俊乂密勿 (사람 亻 모양 夋)
준 걸(儁) 준 : (영리할 雋 사람 亻)
준마(駿) 준 : (말 馬 모양 夋)
준할(準) 준 : (강 이름 淮 열 十)

줄

줄(線) 선 : (실 糸 샘 泉)

줄(繩) 승 : (맹꽁이 黽 실 糸)
줄(絃) 현 : 絃歌酒讌 (검을 玄 실 糸)
줄(鑢) 려 : (생각할 慮 쇠 金)
줄(付) 부 : (사람 亻 마디 寸)
줄(贛) 공 : (뒤져올 夊 받칠 貢 글 章)
줄(畁) 비 : (대 丌 밭 田)
줄(授) 수 : (받을 受 손 扌)
줄(給) 급 : 家給千兵 (합할 合 실 糸)
줄(贈) 증 : (일찍 曾 조개 貝)
줄(與) 여 : 曰嚴與敬 (마주들 舁 더불 与)
줄(稟) 품 : (곳집 㐭 벼 禾)
줄(賜) 사 : (쉬울 易 조개 貝)
줄(遺) 유 : (귀할 貴 갈 辶)
줄(蔣) 장 : (장수 將 풀 艹)
줄(列) 렬 : 辰宿列張 (뼈 歹 칼 刂)

줄기(幹) 간 : (햇빛 倝 방패 干)
줄기(巠) 경 : (장인 工 개미허리 巛 한 一)
줄기(莖) 경 : (줄기 巠 풀 艹)
줄기(梃) 정 : (나무 木 조정 廷)
줄기(脈) 맥 : (살 月 갈래 𠂢)

줄일(縮) 축 : (잘 宿 실 糸)
줄풀(菰) 고 : (외로울 孤 풀 艹)

중

중(僧) 승 : (오랠 曾 사람 亻)
중매(媒) 매 : (아무 某 여자 女)
중얼거릴(譫) 섬 : (볼 詹 말씀 言)
중요할(要) 요 : 賤牒簡要 (덮을 覀 여자 女)
중의 글(梵) 범 : (무릇 凡 숲 林)

쥐

쥐(子) 자 : 猶子比兒 (마칠 了 하나 一)

쥐(鼠) 서 : (절구 臼 갈고리 ㅣ 얼음 冫ㄴㅋ 파임 乀)

쥐 털(鼴) 렵 : (골 巤 갈고리 ㅣ 얼음 冫ㄴㅋ 파임 乀)

쥘

쥘(握) 악 : (손 扌 집 屋)

쥘(搤) 액 : (더할 益 손 扌)

즉

즉시(卽) 즉 : 林皐幸卽 (향기로울 皀 병부 卩)

즐

즐거울(愉) 유 : (점점 兪 마음 忄)

즐길(歡) 환 : 感謝歡招 (황새 雚 하품 欠)

즐길(僖) 희 : (기쁠 喜 사람 亻)

즐길(肯) 긍 : (그칠 止 달 月)

즐길(耽) 탐 : 耽讀翫市 (망설일 尤 귀 耳)

즐길(娛) 오 : (나라 吳 여자 女)

즐길(樂) 락 : 樂殊貴賤 (흰 皐 작을 幺)

증

증거(證) 증 : (오를 登 말씀 言)

증세(症) 증 : (바를 正 병 疒)

지

지게(戶) 호 : 戶封八縣 (삐침 丿 주검 尸)
지게미(糟) 조 : 饑厭糟糠 (쌀 米 무리 曹)
지껄일(啁) 조 : (두루 周 입 口)
지껄일(譟) 조 : (시끄러울 喿 말씀 言)

지경(域) 역 : (혹시 或 흙 土)
지경(畺) 강 : (밭 畕 셋 三)
지경(彊) 강 : (활 弓 지경 畺)
지경(疆) 강 : (지경 彊 흙 土)
지경(界) 계 : (낄 介 전 田)
지경(竟) 경 : 籍甚無竟 (어질 儿 소리 音)
지경(境) 경 : (흙 土 지경 竟)
지극할(摯) 지 : (잡을 執 손 手)
지나갈(軼) 일 : (잃을 失 수레 車)
지날(過) 과 : 知過必改 (갈 辶 삐뚤 咼)
지날(厤) 력 : (성글 秝 언덕 厂)
지날(歷) 력 : 渠荷的歷 (그칠 止 지날 厤)
지날(經) 경 : 漆書壁經 (줄기 巠 실 糸)

지느러미(鰭) 기 : (늙을 耆 고기 魚)
지도리(樞) 추 : (나눌 區 나무 木)
지라(脾) 비 : (낮을 卑 살 月)
지렁이(蚯) 구 : (언덕 丘 벌레 虫)
지렁이(蚓) 인 : (끌 引 벌레 虫)
지레(杆) 간 : (방패 干 나무 木)
지레(槓) 공 : (바칠 貢 나무 木)

지름길(蹊) 혜 : (어찌 奚 발 足)
지름길(健) 첩 : (디딜판 聿 사람 亻)
지름길(徑) 경 : (걸을 彳 줄기 巠)

지아비(夫) 부 : 夫唱婦隨 (큰 大 한 一)

지을(作) 작 : 克念作聖 (잠깐 乍 사람 亻)

지을(做) 주 : (옛 故 사람 亻)
지을(製) 제 : (옷 衣 마름 制)
지을(制) 제 : 始制文字 (소 牛 덮을 冖 칼 刂)
지을(造) 조 : 造次弗離 (고할 告 갈 辶)
지을(述) 술 : (갈 辶 삽주 朮)
지을(罪) 죄 : 弔民罰罪 (아니 非 그물 罒)

지지(子) 자 : 猶子比兒 (마칠 了 하나 一)
지지(丑) 축 : (뚫을 丨 돼지 彐)
지지(寅) 인 : (있을 宀 말미암을 由 여덟 八)
지지(卯) 묘 : (토끼 夘 병부 卩)
지지(辰) 진 : 辰宿列張 (언덕 厂 하나 一 옷 衣)
지지(巳) 사 : (새 乙 둘 二)
지지(午) 오 : (열 十 사람 人)
지지(未) 미 : (나무 木 한 一)
지지(申) 신 : (가로 曰 뚫을 丨)
지지(酉) 유 : (가로 曰 우뚝할 兀)
지지(戌) 술 : (천 간 戊 한 一)

지지(亥) 해 : (머리 亠 다할 ㄠ 사람 人)
지질(烙) 락 : (각각 各 불 火)
지칠(疲) 피 : 心動神疲 (병 疒 가죽 皮)
지킬(守) 수 : 守眞志滿 (마디 寸 집 宀)
지킬(戍) 수 : (천 간 戊 점 丶)
지킬(保) 보 : (지킬 呆 사람 亻)
지킬(呆) 보 : (나무 木 입 口)
지킬(衛) 위 : (다닐 行 가죽 韋)
지탱할(支) 지 : (또 又 열 十)
지팡이(杖) 장 : (어른 丈 나무 木)
지혜(智) 지 : (가로 曰 알 知)
지혜(慧) 혜 : (비 彗 마음 心)

직

직분(職) 직 : 攝職從政 (찰흙 戠 귀 耳)
직분(耽) 직 : (귀 耳 창 戈)

직업(業) 업 : 榮業所基 (풀 무성할 丵 나무 木)

진

진(液) 액 : (밤 夜 물 氵)
진(陣) 진 : (언덕 阝 수레 車)
진나라(秦) 진 : 百郡秦幷 (클 夫 벼 禾)
진동할(震) 진 : (용 辰 비 雨)
진보(進) 진 : (갈 辶 새 隹)
진보(步) 보 : (그칠 止 밟을 少)
진실로(允) 윤 : (어질 儿 나 厶)
진실로(苟) 구 : (풀 艹 글 句)
진압할(鎭) 진 : (참 眞 쇠 金)
진액(汁) 즙 : (열 十 물 氵)
진지(饋) 궤 : (귀할 貴 밥 食)
진찰할(診) 진 : (검은 털 彡 말씀 言)
진칠(屯) 둔 : (삐침 丿 입 凵 숨을 乚)
진홍(絳) 강 : 凌摩絳霄 (항복할 夅 실 糸)

진흙(堇) 근 : (흙 土 가죽 革)
진흙(泥) 니 : (물 氵 여승 尼)
진흙(淖) 뇨 : (높을 卓 물 氵)
진흙(濘) 녕 : (편안 寧 물 氵)
진흙(淤) 어 : (어조사 於 물 氵)
진흙(塗) 도 : (흙 土 도랑 涂)

질

질(負) 부 : (쌀 勹 조개 貝)
질(膣) 질 : (막을 窒 살 月)
질그릇(垚) 요 : (달 月 장군 缶)
질그릇(陶) 도 : 有虞陶唐 (질그릇 匋 언덕 阝)
질그릇(匋) 도 : (쌀 勹 장군 缶)
질그릇(甗) 희 : (범 虍 콩 豆)
질문할(問) 문 : 坐朝問道 (입 口 문 門)

질펀할(漫) 만 : (끌 曼 물 氵)

짐

짐 새(鴆) 짐 : (망설일 尤 새 鳥)
짐승(毚) 참 : (견줄 比 입 㺃)
짐승(獸) 수 : 圖寫禽獸 (개 犬 짐승 嘼)
짐승(嘼) 수 : (머무를 留 뜻 口)
짐승 발자국(内) 유 : (멀 冂 나 厶)
짐승(离) 리 : (흉할 凶 짐승 발자국 内)
짐승(畜) 축 : (검을 玄 밭 田)

집

집(堂) 당 : 虛堂習聽 (숭상할 尙 흙 土)
집(宇) 우 : 宇宙洪荒 (집 宀 어조사 于)
집(宙) 주 : 宇宙洪荒 (말미암을 由 집 宀)
집(室) 실 : (이를 至 집 宀)
집(宅) 택 : 奄宅曲阜 (부탁할 乇 집 宀)
집(家) 가 : 家給千兵 (돼지 豕 집 宀)
집(宮) 궁 : 宮殿盤鬱 (등골 呂 집 宀)
집(宸) 신 : (용 辰 집 宀)
집(屋) 옥 : (이를 至 주검 尸)
집(院) 원 : (완전할 完 언덕 阝)
집(邸) 저 : (낮을 氐 언덕 阝)
집(戶) 호 : 戶封八縣 (주검 尸 점 丶)
집(房) 방 : 侍巾帷房 (모 方 집 戶)
집(广) 엄 : (머리 亠 삐침 丿)
집(館) 관 : (밥 食 벼슬 官)
집(舍) 사 : 丙舍傍啓 (사람 人 혀 舌)
집(巢) 소 : (꿩 巛 나무 木)
집(閣) 각 : (각각 各 문 門)
집(宀) 면 : (덮을 冖 점 丶)
집(軒) 헌 : (수레 車 방패 干)
집(闕) 궐 : (상기할 欮 문 門)

집(殿) 전 : (펼 展 창 殳)
집을(拈) 념 : (차지할 占 손 扌)

짓밟을(躪) 린 : (골풀 藺 발 足)
징계할(懲) 징 : (부를 徵 마음 心)
짖을(吠) 폐 : (개 犬 입 口)
짙을(濃) 농 : (물 氵 농사 農)
짚신(屣) 사 : (옮길 徙 주검 尸)

짝

짝(疋) 필 : (아래 下 사람 人)
짝(伴) 반 : (반 半 사람 亻)
짝(偶) 우 : (원숭이 禺 사람 亻)
짝(耦) 우 : (원숭이 禺 쟁기 耒)
짝(伉) 항 : (사람 亻 목 亢)
짝(侶) 려 : (등골 몸 사람 亻)
짝(匹) 필 : (어질 儿 상자 匚)
짝(配) 배 : (닭 酉 몸 己)
짝(逑) 구 : (구할 求 갈 辶)

짤

짤(鹹) 함 : 海鹹河淡 (다 咸 소금 鹵)
짤(織) 직 : (찰흙 哉 실 糸)
짤(組) 조 : 解組誰逼 (또 且 실 糸)

짧

짧을(咫) 지 : (다만 只 자 尺)
짧을(短) 단 : 罔談彼短 (화살 矢 콩 豆)
짧을(孑) 궐 : (마칠 了 하나 一)

쪼

쪼릴(煎) 전 : (불 灬 앞 前)

쪽

쪽(藍) 람 : 藍筍象牀 (볼 監 풀 艹)
쪽문(閤) 합 : (합할 合 문 門)

쫄

쫄(啄) 탁 : (돼지 豕 입 口)

쫓

쫓을(逐) 축 : 逐物意移 (갈 辶 돼지 豕)

쫓을(遵) 준 : 何遵約法 (갈 辶 높을 尊)

쬘

쬘(曝) 폭 : (사나울 暴 날 日)

쭉

쭉정이(秕) 비 : (견줄 比 벼 禾)

쭉정이(粃) 비 : (건줄 比 쌀 米)

찌

찌를(衝) 충 : (무거울 重 다닐 行)

찌를(激) 격 : (물 氵 노래할 敫)

찌를(羊) 임 : (초 두 艹 열 十)

찌를(刺) 자 : (가시 朿 칼 刂)

찔

찔(蒸) 증 : 祭祀蒸嘗 (김 오를 烝 풀 艹)

찡그릴(頻) 빈 : (걸음 步 머리 頁)

찡그릴(嚬) 빈 : 工嚬姸笑 (찡그릴 頻 입 口)

찢

찢을(磔) 책 : (홰 桀 돌 石)

찢을(裂) 렬 : (벌일 列 옷 衣)

찡

찧을(舂) 용 : (클 丰 절구 臼)

차

차(茶) 다 : (풀 艹 사람 人 나무 木)
차 싹(茗) 명 : (이름 名 풀 艹)

차례(秩) 질 : (잃을 失 벼 禾)
차례(序) 서 : (나 予 집 广)
차례(敍) 서 : (글 攴 나 余)
차례(番) 번 : (분별할 釆 밭 田)
차례(第) 제 : (조상할 弔 대 竹)
차례(節) 절 : 節義廉退 (곧 卽 대 竹)
차례(次) 차 : 造次弗離 (얼 冫 하품 欠)

차조(朮) 출 : (삼 朩 점 丶)
차지할(占) 점 : (입 口 점 卜)
차차(漸) 점 : (벨 斬 물 氵)

차

착할(善) 선 : 福緣善慶 (양 羊 초 두 丷 입 口)
착할(臧) 장 : (신하 臣 조각 爿 창 戈)
찬성할(贊) 찬 : (먼저 兟 조개 貝)

찰

찰(洞) 형 : (멀 冂 물 氵)
찰(滿) 만 : 守眞志滿 (물 氵 평평할 㒼)
찰(盈) 영 : 日月盈昃 (남을 及 그릇 皿)
찰(贏) 영 : (무릇 凡 썩을 肦 노 㐬)
찰(福) 복 : 福緣善慶 (볼 示 찰 畐)
찰(充) 충 : 適口充腸 (어질 儿 이를 云)
찰(佩) 패 : (사람 亻 두루 帀 안 석 几)
찰(冱) 호 : (얼 冫 서로 互)
찰(冷) 랭 : (얼 冫 영 令)
찰(凜) 름 : (줄 稟 얼 冫)

찰(寒) 한 : 寒來暑往 (얼 冫 틈 寒)
찰벼(糯) 나 : (구할 需 쌀 米)
찰흙(埴) 식 : (곧을 直 흙 土)
찰흙(戠) 시 : (창 戈 소리 音)

참

참(眞) 진 : 守眞志滿 (갖출 具 비수 匕)
참람할(僭) 참 : (일찍 替 사람 亻)
참빗(篦) 비 : (정수리 囟 견줄 比 대쪽 竹)
참새(雀) 작 : (작을 小 새 隹)
참선(禪) 선 : 禪主云亭 (볼 示 홑 單)

참소할(聑) 집 : (귀 耳 입 口)
참소할(譖) 참 : (일찍 替 말씀 言)
참소할(讒) 참 : (토끼 毚 말씀 言)
참소할(懺) 참 : (부추 韱 마음 忄)
참소할(讖) 참 : (부추 韱 말씀 言)

참여할(參) 참 : (검은 털 彡 담쌓을 厽)
참여할(與) 여 : (마주들 舁 더불 与)
참을(忍) 인 : (칼 刃 마음 心)
참혹할(慘) 참 : (참여할 參 마음 忄)

창

창(凵) 창 : (입 벌릴 凵 구결 丷)
창(牕) 창 : (바쁠 悤 조각 片)
창(牖) 창 : (클 甫 집 戶 조각 片)
창(窓) 창 : (나 厶 마음 心 구멍 穴)
창(屢) 루 : (포갤 婁 주검 尸)
창(戈) 과 : (삐침 丿 주살 弋)
창(殳) 수 : (또 又 안 석 几)
창(槊) 삭 : (초하루 朔 나무 木)
창(槍) 창 : (곳집 倉 나무 木)

창(矛) 모 : (삐침 丿 나 予)
창(鋊) 윤 : (쇠 金 고깔 允)

창녀(娼) 창 : (창성할 昌 여자 女)
창성할(昌) 창 : (가로 曰 가로 曰)
창자(腸) 장 : 適口充腸 (볕 昜 살 月)
창졸(猝) 졸 : (마칠 卒 개 犭)
창포(菖) 창 : (창 성할 昌 풀 艹)

찾

찾을(探) 탐 : (무릅쓸 罙 손 扌)
찾을(搜) 수 : (늙을 叟 손 扌)
찾을(覓) 멱 : (볼 見 손톱 爫)
찾을(訪) 방 : (모 方 말씀 言)
찾을(索) 색 : 索居閑處 (열 十 덮을 冖 실 糸)
찾을(彐) 심 : (돼지 彐 마디 寸)
찾을(尋) 심 : 求古尋論 (찾을 彐 장인 工 입 口)

채

채색(彩) 채 : 畫彩仙靈 (캘 采 털 彡)
채울(充) 충 : 適口充腸 (어질 儿 이를 云)
채찍(鞭) 편 : (편할 便 가죽 革)

책

책(籍) 적 : 籍甚無竟 (대 竹 호적 耤)
책(冊) 책 : (멀 冂 스물 廿)
책(卷) 권 : (뭉칠 龹 병부 㔾)
책(篇) 편 : (넓적할 扁 대 竹)
책력(曆) 력 : (책력 厤 날 曰)
책력(厤) 력 : (성글 秝 언덕 厂)
책받침(辶) 착 : (갈 之 점 丶)
책받침(辵) 착 : (털 彡 발 止)

책 펴낼(刊) 간 : (칼 刂 방패 干)
책상(机) 궤 : (나무 木 안 석 几)
책상(案) 안 : (편안 安 나무 木)
책상(榥) 황 : (밝을 晃 나무 木)
책상다리할(趺) 부 : (지아비 夫 발 足)
책상다리할(跏) 가 : (더할 加 발 足)
책임(責) 책 : (주인 主 조개 貝)

처

처마(檐) 첨 : (이를 詹 나무 木)
처마(簷) 첨 : (이를 詹 대 竹)
처음(初) 초 : 篤初誠美 (칼 刀 옷 衤)
처음(始) 시 : 始制文字 (나 台 여자 女)
처자(孥) 노 : (종 奴 아들 子)
처자(帑) 노 : (종 奴 수건 巾)

천

천 간(甲) 갑 : 甲帳對楹 (뚫을 丨 가로 曰)
천 간(乙) 을
천 간(丙) 병 : 丙舍傍啓 (안 內 한 一)
천 간(丁) 정 : 說感武丁 (갈고리 亅 하나 一)
천 간(戊) 무 : (삐침 丿 창 戈)
천 간(己) 기 : 麾忖己長 (새 乙 둘 二)
천 간(庚) 경 : (집 广 맏 尹 파임 乀)
천 간(辛) 신 : (설 立 열 十)
천 간(壬) 임 : (삐침 丿 선비 士)
천 간(癸) 계 : (등질 癶 하늘 天)

천거할(推) 추 : (손 扌 새 隹)
천거할(薦) 천 : (해태 廌 풀 艹)
천단할(擅) 천 : (믿음 亶 손 扌)
천둥(雷) 뢰 : (비 雨 말미암을 由)
천묘할(祧) 조 : (볼 示 조짐 兆)
천자(皇) 황 : 鳥官人皇 (흰 白 임금 王)
천장(囱) 창 : (에울 囗 뒤져올 夂 삐침 丿)
천천히(徐) 서 : (나 余 걸을 彳)
천천히 걸을(夊) 쇠 : (쌀 勹 파임 乀)
천천히 걸을(彳) 척 : (비침 丿 사람 亻)
천하(寰) 환 : (놀랄 睘 집 宀)
천할(傖) 창 : (곳집 倉 사람 亻)
천할(賤) 천 : 樂殊貴賤 (해칠 戔 조개 貝)

철

철할(綴) 철 : (연할 叕 실 糸)

첩

첩(妾) 첩 : 妾御績紡 (설 立 여자 女)

청

청렴할(廉) 렴 : 節義廉退 (겸할 兼 집 广)
청맹과니(矇) 몽 : (어릴 蒙 눈 目)
청할(請) 청 : (푸를 靑 말씀 言)

초

초(酸) 산 : (닭 酉 모양 夋)
초(醯) 혜 : (닭 酉 거칠 㐬 그릇 皿)
초나라(楚) 초 : 晉楚更霸 (발 疋 숲 林)
초대할(招) 초 : 感謝歡招 (부를 召 손 扌)
초 두(亠) 두 : (온 丶 한 一)
초두머리(艹) 초 : (열 十 열 十)
초례(醮) 초 : (그을릴 焦 닭 酉)
초막(庵) 암 : (가릴 奄 집 广)
초목(莽) 망 : 園莽抽條 (풀 芔 맞잡을 廾)
초석(硝) 초 : (닮을 肖 돌 石)
초하루(朔) 삭 : (거스를 屰 달 月)

촘

촘촘할(數) 촉 : (포갤 婁 글 攵)
촘촘할(密) 밀 : 俊乂密勿 (성 宓 뫼 山)
촛불(燭) 촉 : 銀燭煒煌 (나라 蜀 불 火)

총

총(銃) 총 : (채울 充 쇠 金)

추

추녀(軒) 헌 : (방패 干 수레 車)
추창할(趨) 취 : (가질 取 달릴 走)
추할(推) 휴 : (새 隹 사람 亻)

춤

춤출(娑) 사 : (모래 沙 여자 女)
춤출(舞) 무 : (어그러질 舛 마흔 卌 한 一 사람 人)

충

충성(忠) 충 : 忠則盡命 (마음 心 가운데 中)

측

측량할(測) 측 : (물 氵 법칙 則)
측백나무(柏) 백 : (흰 白 나무 木)

취

취할(寽) 률 : (손톱 爫 마디 寸)

층

층(層) 층 : (일찍 曾 주검 尸)

치

치마(裙) 군 : (임금 君 옷 衤)
치마(裳) 상 : 乃服衣裳 (숭상할 尙 옷 衣)
치우칠(偏) 편 : (넓적한 扁 사람 亻)
치우칠(詖) 피 : (말씀 言 가죽 皮)
치일(轢) 력 : (즐길 樂 수레 車)
치질(痔) 치 : (절 寺 병 广)

칙

칙서(勅) 칙 : 勞謙謹勅 (묶을 束 힘 力)
칙서(敕) 칙 : (묶을 束 글 攵)

친

친압할(狃) 뉴 : (개 犭 소 丑)
친압할(狎) 압 : (개 犭 갑옷 甲)
친척(戚) 척 : 親戚故舊 (천 간 戊 아재비 尗)
친할(親) 친 : 親戚故舊 (볼 見 친할 亲)
친할(亲) 친 : (설 立 나무 木)

침

침(唾) 타 : (드리울 垂 입 口)
침(涎) 연 : (끌 延 물 氵)
침(音) 부 : (설 立 입 口)
침(部) 부 : (침 音 고을 阝)
침(鍼) 침 : (다 咸 쇠 金)
침범할(侵) 침 : (범할 𠬶 사람 亻)

칠

칠(伐) 벌 : 弔民伐罪 (사람 亻 창 戈)
칠(征) 정 : (바를 正 걸을 彳)

칠(撞) 당 : (아이 童 손 扌)
칠(撲) 박 : (번거로울 業 손 扌)
칠(濬) 준 : (슬기 睿 물 氵)
칠(渫) 설 : (물 氵 잎 枼)
칠(攵) 복 : (벨 乂 사람 人)
칠(攴) 복 : (또 又 점 卜)
칠(攻) 공 : (글 攵 장인 工)
칠(討) 토 : (마디 寸 말씀 言)
칠(肇) 조 : (열 啓 붓 聿)
칠(牧) 목 : 起翦頗牧 (칠 攵 소 牛)
칠(拍) 박 : (흰 白 손 扌)
칠(打) 정 : (손 扌 못 丁)

칠할(涂) 도 : (나 余 물 氵)
칠할(塗) 도 : (칠할 涂 흙 土)

칡

칡(葛) 갈 : (어찌 曷 풀 艹)
칡베(綌) 격 : (실 糸 골 谷)
칡베(絺) 치 : (바랄 希 실 糸)

칭

칭송할(頌) 송 : (귀할 公 머리 頁)

칼

칼(劍) 검 : 劍號巨闕 (다 僉 칼 刂)
칼(刀) 도 : (삐침 丿 갈고리 亅)
칼(刂) 도 : (뚫을 丨 갈고리 亅)
칼날(刃) 인 : (칼 刀 점 丶丶)
칼날(鋒) 봉 : (끌 夆 쇠 金)
칼날 담글(焠) 쉬 : (마칠 卒 불 火)
칼집(鞘) 초 : (닮을 肖 가죽 革)

캐

캐물을(劾) 핵 : (돼지 亥 힘 力)

캘

캘(採) 채 : (캘 采 손 扌)

캘(采) 채 : (손톱 爫 나무 木)

코

코(鼻) 비 : (스스로 自 줄 畀)
코끼리(象) 상 : 藍筍象牀 (돼지 豕 쌀 勹 입 口)
코피(衄) 뉵 : (소 丑 피 血)

콧

콧마루(頞) 알 : (편안 安 머리 頁)

콩

콩(尗) 숙 : (작을 小 윗 上)
콩(叔) 숙 : (또 又 콩 尗)

콩(菽) 숙 : (콩 叔 풀 艹)
콩(豆) 두 : (초 두 亠 뜻 口)
콩잎(藿) 곽 : (빠를 霍 풀 艹)
콩팥(腎) 신 : (어질 臤 살 月)

쾌

쾌할(快) 쾌 : (터놓을 夬 마음 忄)
쾌할(悜) 선 : (베풀 宣 마음 忄)

큰

큰(大) 대 : 四大五常 (사람 人 하나 一)
큰거문고(瑟) 슬 : 鼓瑟吹笙 (반듯이 必 쌍 옥 珏)
큰기러기(鴻) 홍 : (강 江 새 鳥)
큰길(逵) 규 : (갈 辶 언덕 坴)
큰 돼지(豦) 거 : (범 虍 돼지 豕)

큰 물(洰) 거 : (물 氵 클 巨)
큰 도랑(巜) 괴 : (봇도랑 〈 〈)
큰 물결(澐) 운 : (구름 雲 물 氵)
큰 물결(濤) 도 : (목숨 壽 물 氵)
큰 물결(瀾) 란 : (막을 闌 물 氵)
큰 바다(洋) 양 : (양 羊 물 氵)
큰 바다(瀛) 영 : (찰 嬴 물 氵)

큰 배(舸) 가 : (오를 可 배 舟)
큰 배(舶) 박 : (흰 白 배 舟)
큰 뱀(巴) 파 : (뚫을 丨 뱀 巳)
큰 비(潦) 료 : (횃불 尞 물 氵)
큰 산(岳) 악 : (뫼 山 언덕 丘)
큰 산(嶽) 악 : 嶽宗恒岱 (감옥 獄 뫼 山)
큰소리(訇) 굉 : (쌀 勹 말씀 言)
큰소리(吴) 화 : (큰 大 입 口)
큰 자라(鼇) 오 : (거만할 敖 맹꽁이 黽)

큰집(廈) 하 : (여름 夏 집 广)
큰창자(胴) 동 : (한가지 同 살 月)

클(弘) 홍 : (나 厶 활 弓)
클(丕) 비 : (한 一 아니 不)
클(侊) 광 : (빛 光 사람 亻)
클(倬) 탁 : (높을 卓 사람 亻)
클(夫) 대 : (지아비 夫 하나 一)
클(夳) 대 : (세 三 사람 人)
클(大) 대 : 四大五常 (사람 人 한 一)
클(奕) 혁 : (또 亦 클 大)
클(奭) 석 : (큰 大 백 百 백 百)
클(巨) 거 : 劍號巨闕 (상자 匚 둘 二)
클(郭) 곽 : (누릴 享 고을 阝)
클(廓) 확 : (클 郭 집 广)
클(恢) 회 : (마음 忄 재 灰)
클(悳) 덕 : (곧을 直 마음 心)
클(德) 덕 : 德建名立 (클 悳 걸을 彳)
클(泰) 태 : (클 夳 물 氺)
클(甫) 보 : (달 月 열 十 점 丶)
클(碩) 석 : (돌 石 머리 頁)
클(譚) 담 : (미칠 覃 말씀 言)
클(鉅) 거 : 鉅野洞庭 (클 巨 쇠 金)
클(賁) 분 : (풀 卉 조개 貝)
클(太) 태 : (클 大 점 丶)

키(箕) 기 : (그 其 대 竹)

타

타락(酪) 락 : (각각 各 닭 酉)
타조(鴕) 타 : (다를 它 새 鳥)

탄

탄식할(嗚) 오 : (까마귀 烏 입 口)
탄식할(嗟) 차 : (어긋날 差 입 口)
탄식할(嘆) 탄 : (입 口 큰 大 가죽 革)
탄식할(戱) 희 : (그릇 虘 창 戈)
탄식할(嘻) 희 : (기쁠 喜 입 口)
탄식할(噫) 희 : (입 口 뜻 意)
탄식할(歎) 탄 : (큰 大 가죽 革 하품 欠)
탄식할(誒) 희 : (어조사 矣 말씀 言)
탄알(彈) 탄 : (활 弓 홑 單)

탈

탈(燃) 연 : (그럴 然 불 火)
탈(馮) 빙 : (얼 冫 말 馬)
탈(乘) 승 : (북녘 北 벼 禾)
탈(搭) 탑 : (대답할 答 손 扌)
탈(搭) 탑 : (좀 콩 荅 손 扌)

탐

탐낼(貪) 탐 : (이제 今 조개 貝)
탐스러울(嬅) 화 : (여자 女 꽃 華)
탐할(淋) 람 : (탐할 婪 물 氵)
탐할(婪) 람 : (여자 女 숲 林)

탑

탑(塔) 탑 : (좀 콩 荅 흙 土)

태

태도(態) 태 : (능할 能 마음 心)
태보(胞) 포 : (쌀 包 살 月)
태어날(誕) 탄 : (늘일 延 말씀 言)

터

터(址) 지 : (그칠 止 흙 土)
터(垈) 대 : 嶽宗恒垈 (대신 代 흙 土)
터(基) 기 : 榮業所基 (그 其 흙 土)
터(墟) 허 : (빌 虛 흙 土)
터놓을(夬) 쾌 : (큰 大 한 一)

터

터럭(髮) 발 : 蓋此身髮 (개 달릴 犮 긴머리 髟)
터럭(彡) 삼 : (삐침 丿 삐침 丿 삐침 丿)
터럭(毫) 호 : (머리 亠 입 口 덮을 冖 털 毛)
터질(坼) 탁 : (흙 土 물리칠 斥)
터질(拆) 탁 : (물리칠 斥 손 扌)
터질(炸) 작 : (잠깐 乍 불 火)
터질(爆) 폭 : (사나울 暴 불 火)

턱

턱(頤) 이 : (신하 臣 머리 頁)
턱(頷) 함 : (머금을 含 머리 頁)
턱살(胡) 호 : (옛 古 살 月)
턱(顎) 악 : (놀랄 咢 머리 頁)

털

털(彡) 삼 : (삐침 丿 삐침 丿 삐침 丿)
털(毛) 모 : 毛施淑姿 (숨을 乚 털 彡)

토

토끼(卯) 묘 : (점 ﹅ 삐침 ﹅)
토끼(卯) 묘 : (삐침 ﹅ 나 卬)
토끼(兎) 토 : (어질 儿 무리 乑 점 ﹅)
토끼(兔) 토 : (면할 免 점 ﹅)
토끼(毚) 참 : (짐승 怠 토끼 兔)
토란(芋) 우 : (풀 艹 어조사 于)
토우(塑) 소 : (초하루 朔 흙 土)

토할(吐) 토 : (입 口 흙 土)
토할(咯) 각 : (각각 各 입 口)
토할(喀) 객 : (손 客 입 口)
토할(嘔) 구 : (구분 區 입 口)
토할(瀉) 사 : (베낄 寫 물 氵)
토할(歐) 구 : (구분 區 하품 欠)

통

통(桶) 통 : (솟을 甬 나무 木)
통(筒) 통 : (한가지 同 대 竹)
통옷(襴) 란 : (막을 闌 옷 衤)
통달할(達) 달 : 左達承明 (어린양 幸 갈 辶)
통발(滬) 호 : (뒤따를 扈 물 氵)
통발(笱) 구 : (대 竹 글 句)
통발(筌) 전 : (온전할 全 대 竹)
통변할(譯) 역 : (엿볼 睪 말씀 言)
통할(通) 통 : 右通廣內 (솟을 甬 갈 辶)
통할(透) 투 : (빼어날 秀 갈 辶)
통할(徹) 철 : (기를 育 글 攵 걸을 彳)
통할(涇) 경 : 浮渭據涇 (줄기 巠 물 氵)

투

투기할(媢) 모 : (무릅쓸 冒 여자 女)

투쟁할(爭) 쟁 : (손톱 爫 붓 聿)

트

트일(疏) 소 : 兩疏見機 (바를 正 깃발 疋)

특

특별할(特) 특 : 驪騾犢特 (절 寺 소 牛)

틀

틀(機) 기 : 兩疏見機 (몇 幾 나무 木)

틈

틈(鬲) 격 : (뜻 口 그물 凹 뚫을 丨)
틈(寏) 하 : (함께 共 집 宀 하나 一)
틈(闖) 틈 : (말 馬 문 門)
틈(尒) 틈 : (작을 小 가로 曰 작을 小)
틈(間) 간 : (가로 曰 문 門)
틈(隙) 극 : (틈 尒 언덕 阝)
틈(罅) 하 : (울부짖을 虖 장군 缶)
틈(暇) 가 : (빌 叚 날 日)

티

티(瑕) 하 : (빌 叚 임금 王)
티끌(塵) 진 : (흙 土 사슴 鹿)
티끌(埃) 애 : (어조사 矣 흙 土)

파

파견할(遣) 견 : 欣奏累遣 (갈 辶 흙덩이 㠯)
파낼(容) 준 : (밝을 㪃 하나 一)
파리(蠅) 승 : (벌레 虫 맹꽁이 黽)

파리할(悴) 췌 : (마칠 卒 마음 忄)
파리할(憔) 초 : (그을릴 焦 마음 忄)
파리할(瘠) 척 : (등 脊 병 疒)

파임(乀) 불
파초(芭) 파 : (땅 巴 풀 艹)
파초(蕉) 초 : (그을릴 焦 풀 艹)

판

판(局) 국 : (볼기 尻 갈고리 亅)
판단할(彖) 단 : (돼지 豕 머리 彑)
판단할(彖) 단 : (더위잡을 豖 머리 彑)
판단할(判) 판 : 捕獲判亡 (반 半 칼 刂)
판목(版) 판 : (되돌릴 反 조각 片)

팔

팔(沽) 고 : (옛 古 물 氵)
팔(販) 판 : (되돌릴 反 조개 貝)
팔(賣) 매 : (살 買 선비 士)
팔(售) 수 : (새 隹 입 口)
팔(臂) 비 : (임금 辟 살 月)
팔(掘) 굴 : (굽을 屈 손 扌)
팔뚝(腕) 완 : (굽을 宛 살 月)
팔뚝(厷) 굉 : (나 厶 하나 一)
팔뚝(叒) 굉 : (또 又 나 厶)
팔뚝(厷) 굉 : (팔뚝 乙 삐침 丿)
팔뚝(肱) 굉 : (팔뚝 厷 살 月)

팔꿈치(肘) 주 : (마디 寸 살 月)
팔짱 낄(拱) 공 : 垂拱平章 (함께 共 손 扌)

팥
팥죽 (鬻) 죽 : (죽 粥 솥 鬲)

패
패(牌) 패 : (낮을 卑 조각 片)
패할(敗) 패 : (조개 貝 글 攵)
패려 할(狼) 한 : (그칠 艮 개 犭)
패려 할(很) 흔 : (그칠 艮 걸을 彳)
패 옥(玦) 결 : (터놓을 夬 임금 王)
패 옥소리(瑢) 용 : (임금 王 얼굴 容)

팽
팽팽할(膨) 팽 : (살 月 성 彭)

퍼
퍼낼(舀) 요 : (절구 臼 손톱 爫)
퍼낼(滔) 도 : (퍼낼 舀 물 氵)
퍼낼(稻) 도 : (퍼낼 舀 벼 禾)
퍼질(衍) 연 : (다닐 行 물 氵)

펄
펄럭일(翩) 편 : (납작할 扁 깃 羽)
펄럭일(翻) 번 : (깃 羽 차례 番)

편

한글을 읽으면 한자를 안다

편안(安) 안 : 言辭安定 (여자 女 집 宀)
편안(寁) 년 : (집 宀 마음 心 그릇 皿)
편안(寧) 녕 : 多士寔寧 (편안 寁 못 丁)
편안(康) 강 : 悅豫且康 (미칠 隶 집 广)
편안(恬) 념 : 恬筆倫紙 (혀 舌 마음 忄)
편안(憺) 담 : (이를 詹 마음 忄)
편안(逸) 일 : 性靜情逸 (갈 辶 토끼 兎)
편안(靖) 정 : (설 立 푸를 靑)
편안(耴) 접 : (귀 耳 귀 耳)
편안(佚) 일 : (잃을 失 사람 亻)
편안(便) 편 : (고칠 更 사람 亻)
편안(綏) 수 : 永綏吉邵 (온당할 妥 실 糸)
편안할(晏) 안 : (가로 曰 여자 女)
편할(便) 편 : (고칠 更 사람 亻)

편지(札) 찰 : (숨을 乚 나무 木)
편지(牒) 첩 : 牋牒簡要 (나뭇잎 枼 조각 片)
편지(牘) 독 : (팔 賣 조각 片)
편지(簡) 간 : 牋牒簡要 (대 竹 사이 間)

펼

펼(伸) 신 : (납 申 사람 亻)
펼(佈) 포 : (베 布 사람 亻)
펼(尃) 부 : (클 甫 마디 寸)
펼(展) 전 : (주검 尸 함께 廾 옷 衣)
펼(攄) 터 : (생각할 慮 손 扌)
펼(攤) 탄 : (어려울 難 손 扌)
펼(敍) 서 : (글 攴 나 余)
펼(舒) 서 : (나 予 집 舍)
펼(鋪) 포 : (클 甫 쇠 金)
펼(演) 연 : (범 寅 물 氵)
펼(疋) 소 : (아래 下 사람 人)

평

평상(床) 상 : 藍筍象床 (집 广 나무 木)
평상(牀) 상 : 藍筍象牀 (조각 爿 나무 木)
평탄할(坦) 탄 : (아침 旦 흙 土)
평평할(㒼) 만 : (두 兩 스물 卄)
평평할(平) 평 : 垂拱平章 (방패 干 삐침 丿 점 丶)
평평할(幵) 견 : (방패 干 방패 干)
평론할(評) 평 : (평평할 平 말씀 言)

폐

폐단(弊) 폐 : 韓弊煩刑 (해질 敝 맞잡을 卄)
폐할(廢) 폐 : (필 發 집 广)

포

포갤(婁) 루 : (여자 女 가운데 中 꿸 毌)
포갤(累) 루 : (실 糸 밭 田)

포

포대기(褓) 보 : (보호할 保 옷 衤)
포대기(襁) 강 : (굳셀 强 옷 衤)
포도(葡) 포 : (길 匍 풀 艹)

폭

폭(幅) 폭 : (찰 畐 수건 巾)
폭발할(爆) 폭 : (사나울 暴 불 火)
폭포(瀑) 폭 : (사나울 暴 물 氵)

푸

푸닥거리(祓) 볼 : (개 달릴 犮 볼 示)
푸닥거리(禊) 계 : (맺을 契 볼 示)
푸른(藍) 람 : 藍筍象牀 (볼 監 풀 艹)
푸를(滄) 창 : (창고 倉 물 氵)
푸를(蒼) 창 : (풀 艹 창고 倉)
푸를(碧) 벽 : (호박 珀 돌 石)
푸를(翠) 취 : 枇杷晚翠 (무리 卒 깃 羽)
푸를(綠) 록 : (미칠 彔 실 糸)
푸를(靑) 청 : 馳譽丹靑 (주인 主 둥글 円)
푸성귀(蔬) 소 : (트일 疏 풀 艹)

풀

풀(丷) 초 : (온 丷 하나 一)
풀(艹) 초 : (열 十 열 十)
풀(艸) 초 : (왼손 屮 왼손 屮)
풀(草) 초 : 化被草木 (일찍 早 풀 艹)
풀(卉) 훼 : (맞잡을 廾 열 十)
풀(芺) 망 : (개 犬 풀 艹)
풀(莽) 망 : 園莽抽條 (맞잡을 廾 풀 芺)
풀(糊) 호 : (턱살 胡 쌀 米)
풀(繹) 역 : (엿볼 睪 실 糸)
풀(解) 해 : 解組誰逼 (뿔 角 칼 刀 소 牛)
풀(釋) 석 : 釋紛利俗 (엿볼 睪 분별할 釆)
풀(卸) 사 : (사람 人 바를 正 병부 卩)

풀 많을(萑) 추 : (새 隹 풀 艹)
풀 무성할(丵) 착 : (업 業 찌를 丰)
풀 무성할(萋) 처 : (아내 妻 풀 艹)
풀 무성할(苒) 염 : (나아갈 冄 풀 艹)
풀 벨(乂) 예 : (삐침 丿 점 丶)
풀 벨(芟) 삼 : (창 殳 풀 艹)
풀 벨(刈) 예 : (벨 乂 칼 刂)

풀 벨(芳) 우 : (벗 友 풀 艹)
풀 이름(莆) 용 : (쓸 用 풀 艹)

품

품삯(賃) 임 : (맡길 任 조개 貝)
품수(品) 품 : (입 口 입 口 입 口)
품을(褱) 회 : (옷 衣 그물 罒 물 氺)
품을(懷) 회 : 孔懷兄弟 (품을 褱 마음 忄)
품을(櫰) 회 : (품을 褱 나무 木)
품팔(雇) 고 : (새 隹 집 戶)
품팔(傭) 용 : (쓸 庸 사람 亻)

풍

풍년(豊) 풍 : (굽을 曲 콩 豆)
풍류(樂) 악 : 樂殊貴賤 (작을 幺 흰 白)
풍속(俗) 속 : 釋紛利俗 (골 谷 사람 亻)
풍족할(穰) 양 : (돈을 襄 벼 禾)
풍칠(噓) 허 : (빌 虛 입 口)
표(票) 표 : (볼 示 덮을 襾)
표(標) 표 : (표 票 나무 木)
표절(驃) 표 : (표 票 말 馬)
표주박(瓢) 표 : (오이 瓜 표 票)

피

피(血) 혈 : (삐침 丿 그릇 皿)
피(稷) 직 : 我藝黍稷 (날카로울 畟 벼 禾)
피곤할(疲) 피 : 心動神疲 (가죽 皮 병 疒)
피리(龠) 약 : (책 冊 합할 合 입 口)
피리(籥) 약 : (피리 龠 입 口)
피리(籲) 약 : (대 竹 피리 龠)
피리(笛) 적 : (말미암을 由 대 竹)
피트(呎) 척 : (자 尺 입 口)

피할(避) 피 : (갈 辶 임금 辟)

피할(辟) 피 : (매울 辛 볼기 㞋)

필

필(乄) 발 : (또 又 파임 乀 삐침 丿 丿)
필(發) 발 : 周發殷湯 (필 乄 활 弓 창 殳)
필(疋) 필 : (사람 人 아래 下)

핍

핍박할(偪) 핍 : (찰 畐 사람 亻)
핍박할(逼) 핍 : 解組誰逼 (찰 畐 갈 辶)

하

하고자 할(欲) 욕 : 器欲難量 (하품 欠 골 谷)
하관할(窆) 폄 : (가난할 乏 구멍 穴)
하나(一) 일
하나(壹) 일 : 遐邇壹體 (선비 士 덮을 冖 콩 豆)

하늘(乾) 건 : (햇빛 倝 새 乙)
하늘(天) 천 : 天地玄黃 (큰 大 한 一)
하늘(宙) 주 : 宇宙洪荒 (말미암을 由 집 宀)
하늘(昊) 호 : (가로 曰 하늘 天)
하늘(穹) 궁 : (활 弓 구멍 穴)
하늘(霄) 소 : 凌摩絳霄 (닮을 肖 비 雨)

하래(賀) 하 : (더할 加 조개 貝)
하루살이(蜉) 부 : (미쁠 孚 벌레 虫)
하루살이(蝣) 유 : (놀 斿 벌레 虫)
하물며(況) 황 : (물 氵 형 兄)
하물며(矧) 신 : (끌 引 화살 矢)
하소연할(愬) 소 : (초하루 朔 마음 心)
하소연할(訴) 소 : (내칠 斥 말씀 言)
하여금(使) 사 : 信使可覆 (이방 吏 사람 亻)
하인(厮) 시 : (이 斯 언덕 厂)
하인(皂) 조 : (흰 白 일곱 七)
하인(皁) 조 : (흰 白 열 十)
하품(欠) 흠 : (쌀 勹 사람 人)

학

학(鶴) 학 : (높이 날 寉 새 鳥)
학교(校) 교 : (사귈 交 나무 木)
학대할(虐) 학 : (범 虍 상자 匚 한 一)
학질(瘧) 학 : (사나울 虐 병 疒)

한

한(一) 일
한(壹) 일 : 遐邇壹體 (선비 士 덮을 冖 콩 豆)
한가할(閒) 한 : (문 門 달 月)
한가할(閑) 한 : 索居閑處 (문 門 나무 木)

한가지(同) 동 : 同氣連枝 (들 冂 한 一)
한가지(洞) 동 : (한가지 同 물 氵)
한가지(銅) 동 : (한가지 同 쇠 金)
한가지(桐) 동 : 梧桐早凋 (한가지 同 나무 木)
한가지(侗) 동 : (한가지 同 사람 亻)

한계(限) 한 : (머무를 艮 언덕 阝)
한배(倧) 종 : (사람 亻 마루 宗)
한 쌍의 옥(珏) 각 : (임금 王 구슬 玉)
한 수(漢) 한 : 綺回漢惠 (물 氵 큰 大 가죽 革)
한숨 쉴(喟) 위 : (입 口 밥통 胃)
한탄할(號) 호 : 劍號巨闕 (부를 号 범 虎)
한할(恨) 한 : (그칠 艮 마음 忄)
한할(憾) 감 : (느낄 感 마음 忄)
한할(懊) 오 : (속 奧 마음 忄)

할

할(爲) 위 : 露結爲霜 (손톱 爫 갈고리 亅 불 灬)
할미(婆) 파 : (물결 波 여자 女)
할미(嫗) 구 : (나눌 區 여자 女)
할미(媼) 온 : (온화할 昷 여자 女)

할미새 (鴒) 령 : (영 令 새 鳥)
할미새 (鶺) 척 : (등 脊 새 鳥)
할미새(雝) 옹 : (화할 邕 새 隹)
할아버지(祖) 조 : (또 且 볼 示)

핥

핥을(舐) 지 : (각시 氏 혀 舌)

함

함(匭) 궤 : (귀할 貴 상자 匸)
함(櫃) 궤 : (나무 木 함 匭)
함(櫝) 독 : (팔 賣 나무 木)
함(函) 함 : (입 니 물 氺 한 一)

함께(俱) 구 : (갖출 具 사람 亻)
함께(偕) 해 : (다 皆 사람 亻)
함께(妭) 반 : (지아비 夫 지아비 夫)
함께(廾) 공 : (느낄 廾)
함께(共) 공 : (함께 廾 여덟 八)
함께(感) 감 : 說感武丁 (다 咸 마음 心)

함정(臽) 함 : (쌀 勹 절구 臼)

합

합(盒) 합 : (합할 合 그릇 皿)
합할(合) 합 : 桓公匡合 (사람 人 입 口 한 一)
합할(協) 협 : (힘 합할 劦 열 十)

항

항구(港) 항 : (물 氵 거리 巷)
항복할(夅) 항 : (뒤져올 夂 걸을 夅)
항복할(降) 항 : (항복할 夅 언덕 阝)
항상(恒) 항 : 嶽宗恒岱 (뻗칠 亘 마음 忄)
항상(常) 상 : (숭상할 尙 수건 巾)
항쇄(枷) 가 : (더할 加 나무 木)
항아(姮) 항 : (뻗칠 亘 여자 女)

항아리(缸) 항 : (장인 工 장군 缶)

해

해(日) 일 : (에울 口 하나 一)
해(歲) 세 : 閏餘成歲 (걸음 步 개 戌)
해(年) 년 : 年矢每催 (한 一 낮 午)
해 기울(昃) 측 : (여섯 六 가로 曰)
해그림자(晷) 구 : (허물 咎 가로 曰)
해달무리(暈) 운 : (가로 曰 무리 軍)
해 돋을(暘) 양 : (날 日 볕 昜)
해 돋을(暹) 섬 : (갈 辶 날 日 새 隹)
해 돋을(旰) 간 : (햇빛 倝 방패 干)
해 뜰(晸) 정 : (가로 曰 정사 政)

해골(骸) 해 : 骸垢想浴 (돼지 亥 뼈 骨)
해골(顱) 로 : (검을 盧 머리 頁)
해골(髏) 루 : (포갤 婁 뼈 骨)
해골(髑) 촉 : (나라 蜀 뼈 骨)

해당화(棠) 당 : 存以甘棠 (숭상할 尙 나무 木)
해리(浬) 리 : (물 氵 마을 里)
해산할(娩) 만 : (면할 免 여자 女)
해서(楷) 해 : (다 皆 나무 木)

해오라기(鷺) 로 : (길 路 새 鳥)
해자(戶) 호 : 戶封八縣 (주검 尸 점 丶)
해자(壕) 호 : (호걸 豪 흙 土)
해자(濠) 호 : (호걸 豪 물 氵)
해자(隍) 황 : (임금 皇 언덕 阝)

해질(俉) 폐 : (나눌 八 수건 巾)
해질(敝) 폐 : (해질 俉 칠 攵)
해질(旰) 간 : (날 日 방패 干)
해칠(戔) 잔 : (창 戈 창 戈)
해태(豸) 치 : (삐침 丿 점 丶丶 개 犭)

해할(害) 해 : (입 口 예쁠 丰 집 宀)

핼
핼쑥할(愀) 초 : (가을 秋 마음 忄)

햇
햇빛(昊) 대 : (큰 大 가로 曰)
햇빛(暐) 위 : (날 日 가죽 韋)
햇빛(旰) 간 : (아침 旱 사람 人 열 十)
햇빛(曦) 희 : 曦暉朗耀 (복 羲 날 日)
햇빛(爔) 희 : (복 羲 화 火)
햇살(昜) 양 : (말라 勿 아침 旦)
햇살(景) 경 : 景行維賢 (서울 京 가로 曰)

행
행랑(廂) 상 : (서로 相 집 广)
행랑(廊) 랑 : 俯仰廊廟 (사내 郎 집 广)
행할(行) 행 : 景行維賢 (걸을 彳 자축거릴 亍)

향
향기(芬) 분 : (나눌 分 풀 艹)
향기(薰) 훈 : (풀 艹 연기 熏)
향기(香) 향 : (날 日 벼 禾)
향기(馥) 복 : (갈 复 향기 香)
향기로울(皀) 급 : (흰 白 비수 匕)
향기로울(馨) 형 : 似蘭斯馨 (소리 殸 향기 香)
향응(饗) 향 : (시골 鄕 밥 食)
향응(應) 응 : (응할 応 추할 催)
향할(向) 향 : (삐침 丿 들 同)
향할(鄕) 향 : (향할 向 시골 鄕)

허

허깨비(幻) 환 : (작을 幺 갈고리 亅)
허락할(許) 허 : (낮 午 말씀 言)
허락할(諾) 락 : (같을 若 말씀 言)
허리(腰) 요 : (요긴할 要 살 月)
허물(愆) 건 : (퍼질 衍 마음 心)
허물(瑕) 하 : (빌 叚 임금 王)
허물(疵) 자 : (이 此 병 疒)
허물(罪) 죄 :弔民伐罪 (그물 罒 아닐 非)
허물(辜) 고 : (옛 古 매울 辛)
허물(尤) 우 : (절름발이 尢 점 丶)
허물(咎) 구 : (뒤져올 夂 사람 人 입 口)
허물(辥) 설 : (위태할 峜 매울 辛)
허 출할 (惄) 녁 : (아재비 叔 마음 心)
허파(肺) 폐 : (고기 月 시장 市)

헌

헌데(癰) 옹 : (할미새 雝 병 疒)

헐

헐(毀) 훼 : 豈敢毀傷 (장인 工 창 殳 절구 臼)
헐(毀) 훼 : 豈敢毀傷 (흙 土 창 殳 절구 臼)
헐떡일(喘) 천 : (입 口 끝 耑)
헐뜯을(詆) 저 : (낮을 氐 말씀 言)
헐뜯을(謗) 방 : (두루 旁 말씀 言)
헐뜯을(誹) 비 : (말씀 言 아니 非)
헐어말할(訾) 자 : (이 此 말씀 言)

험

험할(嶮) 음 : (감히 敢 언덕 厂)

험할(險) 험 : (다 僉 고을 阝)
험할(阻) 조 : (또 且 고을 阝)
험할(陀) 타 : (다를 它 고을 阝)

헤

헤아릴(勘) 감 : (심할 甚 힘 力)
헤아릴(忖) 촌 : (마음 忄 마디 寸)
헤아릴(揆) 규 : (손 扌 천 간 癸)
헤아릴(料) 료 : (쌀 米 말 斗)
헤아릴(量) 량 : 器欲難量 (마을 里 아침 旦)
헤아릴(測) 측 : (물 氵 법칙 則)
헤어질(另) 령 : (입 口 힘 力)
헤엄칠(游) 유 : (놀 斿 물 氵)
헤엄칠(泳) 영 : (길 永 물 氵)
헤칠(披) 피 : (손 扌 가죽 皮)

혀

혀(舌) 설 : (일천 千 입 口)

현

현판(扁) 편 : (책 冊 집 戶)

혐

혐의할(嫌) 혐 : (겸할 兼 여자 女)

협

협박할(脅) 협 : (힘 합할 劦 살 月)

형

형(兄) 형 : 孔懷兄弟 (어질 儿 입 口)
형(昆) 곤 : (견줄 比 가로 曰)

형벌(罪) 죄 : 弔民罰罪 (아니 非 그물 罒)
형벌(刑) 형 : 韓弊煩刑 (열 开 칼 刂)
형벌(罰) 벌 : 弔民罰罪 (그물 罒 소리 詈)

형상(形) 형 : 形端表正 (열 开 털 彡)
형상(像) 상 : (사람 亻 코끼리 象)
형상(狀) 상 : (개 犬 조각 爿)
형세(勢) 세 : (심을 埶 힘 力)
형수(嫂) 수 : (늙을 叟 여자 女)
형통할(亨) 형 : (입 口 마칠 了 머리 亠)

호

호걸(豪) 호 : (돼지 豕 머리 亠 입 口 덮을 冖)
호궤할(犒) 호 : (높을 高 소 牛)
호미(鉏) 서 : (또 且 쇠 金)
호미(鋤) 서 : (호미 鉏 힘 力)
호미(錤) 기 : (그 其 쇠 金)
호박(琥) 호 : (범 虎 임금 王)
호박(珀) 박 : (흰 白 임금 王)
호반(武) 무 : 說感武丁 (바를 正 주살 弋)
호소할(訴) 소 : (내칠 斥 말씀 言)
호수(湖) 호 : (턱살 胡 물 氵)
호위할(衛) 위 : (다닐 行 가죽 韋)
호피(虎) : (일곱 七 언덕 厂 점 卜)
호협할(俠) 협 : (낄 夾 사람 亻)

혹

혹독할(酷) 혹 : (고할 告 닭 酉)

혹시(倘) 당 : (숭상할 尙 사람 亻)
혹시(或) 혹 : (창 戈 한 一 입 口)
혹시(惑) 혹 : (혹시 或 마음 心)

혼

혼(魂) 혼 : (이를 云 귀신 鬼)
혼(魄) 백 : 晦魄環照 (흰 白 귀신 鬼)
혼(神) 신 : 心動神疲 (볼 示 납 申)
혼인(婚) 혼 : (어두울 昏 여자 女)
혼인(姻) 인 : (인할 因 여자 女)
혼탁할(沌) 돈 : (진칠 屯 물 氵)

홀

홀(圭) 규 : (흙 土 흙 土)
홀로(獨) 독 : 遊鯤獨運 (나라 蜀 개 犭)

홍

홍역(痲) 마 : (삼 林 병 疒)
홍익(弘) 홍 : (나 厶 활 弓)

홑

홑(單) 단 : (부르짖을 吅 뚫을 丨 아침 旦)

회

회복할(復) 복 : (갈 复 걸을 彳)

회

회충(蛔) 회 : (돌아올 回 벌레 虫)

회칠(膾) 회 : (모일 會 고기 月)
회화나무(槐) 괴 : 路夾槐卿 (귀신 鬼 나무 木)

효

효(爻) 효 : (벨 乂 벨 乂)
효도(孝) 효 : 孝當竭力 (늙을 耂 아들 子)
효험(效) 효 : (사귈 交 글 攵)

화

화(禍) 화 : 禍因惡積 (볼 示 삐뚤 咼)
화끈거릴(炘) 흔 : (도끼 斤 불 火)
화려할(華) 화 : 都邑夏華 (풀 艹 뚫을 丨丨丨 셋 三)
화로(爐) 로 : (검을 盧 불 火)
화문 놓을(縟) 욕 : (욕 辱 실 糸)
화목할(睦) 목 : 上和下睦 (눈 目 언덕 坴)
화목할(穆) 목 : (무늬 㣎 벼 禾)

화살(矢) 시 : 年矢每催 (큰 大 사람 人)
화살(箭) 전 : (대 竹 앞 前)
화살(翦) 전 : 起翦頗牧 (깃 羽 앞 前)

화창할(暢) 창 : (납 申 볕 昜)
화폐(幣) 폐 : (해질 敝 수건 巾)

화할(化) 화 : 化被草木 (비수 匕 사람 亻)
화할(協) 협 : (힘 합할 劦 열 十)
화할(和) 화 : 上和下睦 (벼 禾 입 口)
화할(俐) 화 : (화할 和 사람 亻)
화할(濈) 즙 : (거둘 戢 물 氵)
화할(燮) 섭 : (또 又 불꽃 炊 말씀 言)
화할(誾) 은 : (말씀 言 문 門)
화할(諧) 해 : (다 皆 말씀 言)
화할(邕) 옹 : (고을 邑 내 巛)

확

확실할(確) 확 : (높이 날 崔 돌 石)
환할(晫) 탁 : (높을 卓 날 日)
환할(瓏) 롱 : (임금 王 용 龍)
환할(明) 명 : 左達承明 (날 日 달 月)

활

활(弓) 궁 : (갈고리 亅 둘 二)
활시위(弦) 현 : (검을 玄 활 弓)

황

황급할(汒) 망 : (망할 亡 물 氵)
황달(疸) 달 : (아침 旦 병 疒)
황충(蝗) 황 : (임금 皇 벌레 虫)
황홀할(怳) 황 : (형 兄 마음 忄)
황홀할(恍) 황 : (빛 光 마음 忄)
황홀할(惚) 홀 : (갑자기 忽 마음 忄)

왜

왜(桀) 걸 : (어그러질 舛 나무 木)
왜(榤) 걸 : (왜 桀 나무 木)

횃

횃불(炬) 거 : (클 巨 불 火)
횃불(尞) 료 : (삼갈 昚 작을 小)

혀

혀(舌) 설 : (옛 古 삐침 丿)

훈

훈채(葷) 훈 : (무리 軍 풀 艹)
훈할(燻) 훈 : (연기 熏 불 火)

훔

훔쳐볼(睇) 제 : (아우 弟 눈 目)
훔칠(偷) 투 : (점점 兪 사람 亻)
훔칠(竊) 절 : (구멍 穴 분별할 釆 사람 禼)
훔칠(盜) 도 : 誅斬賊盜 (하품 欠 그릇 皿 물 氵)

휑

휑할(曠) 광 : (넓을 廣 날 日)

휘

휘두를(揮) 휘 : (무리 軍 손 扌)
휘어질(撓) 뇨 : (높을 堯 손 扌)
휘장(帳) 휘 : 甲帳對楹 (길 長 수건 巾)
휘장(帷) 유 : 侍巾帷房 (새 隹 수건 巾)
휘파람(嘯) 소 : 嵇琴阮嘯 (엄숙할 肅 입 口)

휠

휠(揉) 유 : (부드러울 柔 손 扌)

흉

흉격(膈) 격 : (틈 鬲 살 月)
흉년(饉) 근 : (진흙 堇 밥 食)
흉할(凶) 흉 : (벨 乂 입 凵)
흉할(匈) 흉 : (흉할 凶 쌀 勹)
흉할(㐫) 흉 : (흉할 凶 머리 亠)

흉할(兇) 흉 : (흉할 凶 어질 儿)

흐

흐느낄(欷) 희 : (하품 欠 바랄 希)
흐느낄(歔) 허 : (빌 虛 하품 欠)

흐를(汩) 율 : (날 日 물 氵)
흐를(涇) 경 : 浮渭據涇 (물 氵 줄기 巠)
흐를(洹) 원 : (뻗칠 亘 물 氵)
흐를(流) 류 : 川流不息 (거칠 充 물 氵)

흐리멍덩할(惛) 혼 : (어두울 昏 마음 忄)
흐릴(渾) 혼 : (물 氵 무리 軍)
흐릴(混) 혼 : (섞일 昆 물 氵)
흐릴(溷) 혼 : (가축 圂 물 氵)
흐릴(濁) 탁 : (나라 蜀 물 氵)
흐릴(曖) 애 : (사랑 愛 날 日)

흔

흔들(掉) 도 : (높을 卓 손 扌)
흔들(搖) 요 : (손 扌 질그릇 䍃)
흔들(撼) 감 : (느낄 感 손 扌)
흔적(痕) 흔 : (머무를 艮 병 疒)
흔적(跡) 적 : (또 亦 발 足)

흘

흘겨볼(睥) 비 : (낮을 卑 눈 目)
흘겨볼(睨) 예 : (아이 兒 눈 目)
흡사할(恰) 흡 : (합할 合 마음 忄)

흙

흙(土) 토 : 踐土會盟 (뚫을 ㅣ 둘 二)
흙다리(圯) 이 : (뱀 巳 흙 土)
흙덩이(坴) 륙 : (어질 儿 홀 圭)
흙덩이(塊) 괴 : (흙 土 귀신 鬼)
흙덩이(凷) 괴 : (입 벌릴 凵 흙 土)
흙덩이(畠) 견 : (가운데 屮 써 臼)
흙덩이(壤) 양 : (돋을 襄 흙 土)
흙 삼태기(畚) 분 : (떨칠 奋 나 厶)
흙손(圬) 오 : (이지러질 亏 흙 土)
흙손(墁) 만 : (끌 曼 흙 土)

흠

흠(瑕) 하 : (빌 叚 임금 王)
흠(疵) 자 : (이 此 병 疒)

흩

흩어질(澳) 환 : (빛날 奐 물 氵)
흩을(俵) 표 : (사람 亻 겉 表)
흩을(散) 산 : 散慮逍遙 (함께 艹 달 月 칠 攵)
흩을(撒) 산 : (흩을 散 손 扌)

힐

힐난할(詰) 힐 : (좋을 吉 말씀 言)

힘

힘(力) 력 : 孝當竭力 (삐침 丿 갈고리 亅)
힘줄(筋) 근 : (갈비 肋 대 竹)
힘쓸(圣) 골 : (또 又 흙 土)
힘쓸(贔) 비 : (조개 貝 貝 貝)

272

힘쓸(努) 노 : (종 奴 힘 力)
힘쓸(務) 무 : 務玆稼穡 (창 矛 칠 攵 힘 力)
힘쓸(勖) 욱 : (무릅쓸 冒 힘 力)
힘쓸(強) 강 : (비록 虽 활 弓)
힘쓸(楙) 무 : (창 矛 숲 林)
힘쓸(懋) 무 : (힘쓸 楙 마음 心)
힘쓸(辦) 판 : (따질 辡 힘 力)
힘쓸(敃) 민 : (백성 民 글 攵)
힘쓸(勉) 면 : 勉其祗植 (면할 免 힘 力)
힘쓸(勵) 려 : (갈 厲 힘 力)
힘쓸(勱) 매 : (일만 萬 힘 力)
힘입을(賴) 뢰 : 賴及萬方 (묶을 束 조개 貝 칼 刀)
힘 합할(劦) 협 : (힘 力 力 力)

희

희롱할(戲) 희 : (질그릇 虘 창 戈)
희롱할(弄) 롱 : (맞잡을 廾 임금 王)
희롱할(揶) 야 : (간사할 邪 손 扌)
희롱할(謔) 학 : (사나울 虐 말씀 言)
희생(犧) 희 : (복 羲 소 牛)
희생(牲) 생 : (소 牛 날 生)

흰

흰(白) 백 : 白駒食場 (삐침 丿 날 日)
흰(皛) 백 : (흰 白 작을 小)
흰(皋) 목 : (흰 白 나무 木)
흰 비단(縞) 호 : (높을 高 실 糸)
흰쌀(粲) 찬 : (남을 奴 쌀 米)
흰 흙(堊) 악 : (버금 亞 흙 土)

힐

힐(皎) 교 : (흰 白 사귈 交)
힐(皤) 파 : (흰 白 차례 番)

힐(皓) 고 : (흰 白 고할 告)
힐(皚) 애 : (어찌 豈 흰 白)
힐(皜) 호 : (높을 高 흰 白)
힐(皦) 교 : (노래할 敎 흰 白)
힐(素) 소 : 孟軻敦素 (실 糸 주인 主)

제2부
PART

部首索引
(부수색인)

部首索引(부수색인)

ㄱ

가로(曰) 왈 : (한 一 입 口)
가를(支) 지 : (또 又 열 十)
가죽(皮) 피 : (또 又 뚫을 丨 언덕 厂)
가죽(革) 혁 : (스물 廿 입 口 열 十)
가죽(韋) 위 : (나 吾 뚫을 丨 둘 二)
가지런할(齊) 제 : (칼 刀 옷 衣 가닥 丫 달 月)

각시(氏) 씨 : (삐침 丿 점 丶 파임 乀 한 一)

갈(行) 행 : (자축거릴 彳 걸을 彳)
갈(辶) 착 : (갈 之 점 丶)
갈(辵) 착 : (그칠 止 털 彡)
갈고리(亅) 궐

감출(匚) 혜 : (두 二)

갓(宀) 면 : (덮을 冖 점 丶)

개(犬) 견 : (큰 大 점 丶)
개(犭) 견 : (삐침 丿 丿 갈고리 亅)
개미허리(巛) 천 : (내 川)

거북(龜) 귀 : (쌀 勹 맹꽁이 黽)

걸을(彳) 척 : (삐침 丿 사람 亻)
검을(玄) 현 : (작을 幺 머리 亠)
검을(黑) 흑 : (붉을 赤 그물 罒)

견줄(比) 비 : (비수 匕 윗 上)

계집(女) 녀 : (점 丶 한 一 삐침 丿)

고기(肉) 육 : (멀 冂 엉길 仌)
고을(邑) 읍 : (땅 巴 입 口)
고을(阝) 읍 : (뚫을 丨 갈고리 亅)

골(谷) 곡 : (사람 人 입 口 삐침 丿 점 丶)

그릇(皿) 명 : (멀 冂 뚫을 丨 丨 한 一)
그물(罒) 망 : (丨 丨 뚫을 입 口)
그물(罓) 망 : (멀 冂 다섯 乂)
그물(网) 망 : (멀 冂 효 爻)
그칠(止) 지 : (뚫을 丨 윗 上)
그칠(艮) 간 : (문 尸 파임 乀 삐침 丿)

글(攵) 문 : (벨 乂 사람 人)
글(攴) 문 : (점 卜 또 又)
글월(文) 문 : (벨 乂 머리 亠)

구멍(穴) 혈 : (여덟 八 집 宀)

구슬(玉) 옥 : (임금 王 점 丶)

귀(耳) 이 : (뚫을 丨 丨 넷 三)
귀신(鬼) 귀 : (나 厶 어질 儿 귀신 甶)

기와(瓦) 와 : (서로 互 점 丶)
기운(气) 기 : (사람 人 새 乙 한 一)
기장(黍) 서 : (물 氺 벼 禾)

긴 머리털(髟) 표 : (어른 長 털 彡)
길(長) 장 : (뚫을 丨 셋 三 옷 衣)
길게 걸을(廴) 인 : (삐침 丿 丿 파임 乀)
깃(羽) 우 : (익힐 习 익힐 习)

ㄴ

나(厶) 사 : (점 丶 점 丶)

나무(木)목 : (사람 人 열 十)

날(斤) 근 : (당길 ⻠ 뚫을 丨)
날(日) 일 : (입 口 한 一)
날(生) 생 : (흙 土 사람 人)
날(飛) 비 : (사람 亻 뚫을 丨 날 飞 飞)
날(辰) 신 : (언덕 厂 한 一 옷 衣)

낯(面) 면 : (구결 ⼅ 돌아올 囬)

내(川) 천 : (삐침 丿 뚫을 丨 丨)

높을(高) 고 : (머리 亠 들 冋 입 口)

누를(黃) 황 : (스물 廿 한 一 말미암을 由 여덟 八)

눈(目) 목 : (입 口 둘 二)

늙을(耂) 로 : (삐침 丿 흙 土)
늙을(老) 로 : (늙을 耂 비수 匕)

ㄷ

다닐(行) 행 : (자축거릴 彳 두 사람 亍)
다룬 가죽(韋) 위 : (나 吾 걸을 韋)
달(月) 월 : (멀 冂 둘 二)
달(甘) 감 : (스물 廿 한 一)

닭(酉) 유 : (우뚝할 兀 가로 曰)

달릴(走) 주 : (그칠 止 흙 土)

대(竹) 죽 : (망치 竹 망치 竹)

덮을(冖) 멱 : (점 丶 구결 冖)
덮을(襾) 아 : (멀 冂 입 凵 한 一)

도끼(斤) 근 : (당길 斤 뚫을 丨)

돌(石) 석 : (구결 丆 입 口)

돼지(豕) 시 : (더위잡을 豕 한 一)
돼지머리(亠) 두 : (점 丶 한 一)
돼지머리(彐) 계 : (셋 三)
돼지머리(彐) 계 : (셋 三)
돼지머리(彑) 계 : (셋 三)

두(二) 이 : (한 一 한 一)
두 사람(彳) 척 : (삐침 丿 사람 亻)

뒤져올(夂) 치 : (또 又 삐침 丿)

들(入) 입 : (삐침 丿 파임 乀)

등 글월(攵) 문 : (벨 乂 사람 人)
등 글월(攴) 문 : (또 又 점 卜)

등질(癶) 발 : (또 又 삐침 丿 丿 파임 乀)

또(又) 우 : (삐침 丿 점 丶)

뚫을(丨) 곤

◻

마늘모(厶) 사 : (점 丶 점 丶)
마디(寸) 촌 : (열 十 점 丶)
마을(里) 리 : (흙 土 밭 田)
마음(⺗) 심 : (갈고리 亅 점 丶 丶 丶)
마음(心) 심 : (숨을 乚 점 丶 丶 丶)
마음(忄) 심 : (뚫을 丨 점 丶 丶)

말(斗) 두 : (점 丶 丶 열 十)
말(毋) 무 : (뚫을 丨 여 女)
말(馬) 마 : (뚫을 丨 갈고리 亅 한 一 예쁠 丰 불 灬)
말라(毋) 무 : (뚫을 丨 여 女)
말 이을(而) 이 : (말 이을 而 하나 一)
말씀(言) 언 : (입 口 넉 三)

맞잡을(廾) 공 : (칼 刂 한 一)

매울(辛) 신 : (설 立 열 十)

맹꽁이(黽) 맹 : (멀 冂 절구 臼 숨을 乚 뚫을 丨)

머리(亠) 두 : (점 丶 한 一)
머리(頁) 혈 : (구결 丆 조개 貝)
머리(首) 수 : (초 두 丷 스스로 自)
머무를(艮) 간 : (문 ⺕ 파임 乀 삐침 丿)

먹을(食) 식 : (좋을 良 사람 人)

멀(冂) 경 : (뚫을 丨 갈고리 亅)

모(方) 방 : (쌀 勹 머리 亠)

목맬(旡) 기 : (절름발이 尢 한 一)

몸(己) 기 : (둘 二 새 乙)
몸(身) 신 : (삐침 丿 눈 目 귀 耳 스스로 自)

몽둥이(殳) 수 : (또 又 안 석 几)

뫼(山) 산 : (입 벌릴 凵 뚫을 丨)

문(門) 문 : (문 𦊆 문 𦊇)

물(水) 수 : (삐침 丿 丿 파임 乀 갈고리 亅)
물(氺) 수 : (삐침 丿 갈고리 亅 점 丶 丶 丶)
물(氵) 수 : (얼 冫 점 丶)
물(冫) 빙 : (점 丶 점 丶)
물고기(魚) 어 : (밭 田 쌀 勹 불 灬)

민(厂) 엄 : (삐침 丿 한 一)
민 갓머리(冖) 멱 : (점 丶 한 一)
민 책받침(廴) 인 : (삐침 丿 丿 파임 乀)
민 책받침(辶) 착 : (갈 之 점 丶)
민 책받침(辵) 착 : (그칠 止 털 彡)

미칠(隶) 이 : (붓 聿 물 氺)

바느질할(黹) 치 : (업 业 해질 㡀)

바람(風) 풍 : (벌레 虫 안 석 几)

발(止) 지 : (뚫을 ㅣ 윗 上)
발(足) 족 : (그칠 止 입 口)
발(疋) 소 : (아래 下 사람 人)
발 없는 벌레(豸) 치 : (개 犭 개 犭 점 丶)

밥(食) 식 : (좋을 良 사람 人)
방패(干) 간 : (뚫을 ㅣ 둘 二)
방향(方) 방 : (쌀 勹 머리 亠)

밭(田) 전 : (에울 口 열 十)

배(舟) 주 : (마칠 丹 점 丶 뚫을 ㅣ)

벌레(虫) 충 : (가운데 中 점 丶)
벌레(豸) 치 : (개 犭 개 犭 점 丶)

범(虍) 호 : (점 卜 언덕 厂 일곱 七)

벼(禾) 화 : (삐침 丿 나무 木)

뼈(骨) 골 : (뼈 발라낼 冎 살 月)
뼈 앙상할(歹) 알 : (한 一 저녁 夕)
뼈(歺) 알 : (점 卜 저녁 夕)

별(辰) 진 : (언덕 厂 하나 一 옷 衣)

병들어 앓을(疒) 녁 : (얼 冫 집 广)
병부(卩) 절 : (뚫을 ㅣ 갈고리 亅)
병부(㔾) 절 : (숨을 乚 갈고리 亅)

보리(麥) 맥 : (올 來 저녁 夕)
보일(示) 시 : (작을 小 둘 二)
보일(礻) 시 : (점 丶 아니 不)

볼(示) 시 : (작을 小 둘 二)
볼(見) 견 : (어질 儿 눈 目)

부추(韭) 구 : (하나 一 아닐 非)

북(鼓) 고 : (칠 攴 악기 壴)

분별할(釆) 변 : (쌀 米 벼 禾)
불(火) 화 : (점 丶 丶 사람 人)
불(灬) 화 : (점 丶 丶 丶 丶)

붉을(赤) 적 : (불 灬 흙 土)

뿔(角) 각 : (쓸 用 쌀 勹)

붓(聿) 율 : (두 二 붓 肀)

비(雨) 우 : (두루 帀 얼음 冫 冫)
비수(匕) 비 : (삐침 丿 새 乙)

삐침(丿) 별

빛(色) 색 : (쌀 勹 땅 巴)

사(厶) 사 : (점 丶 丶)
사귈(爻) 효 : (벨 乂 벨 乂)
사람(人) 인 : (삐침 丿 파임 乀)
사람(亻) 인 : (삐침 丿 뚫을 丨)
사슴(鹿) 록 : (덮을 庀 느낄 艹)

싸울(鬥) 투 : (잡을 𢼭 잡을 𠲿)

쌀(勹) 포 : (삐침 丿 갈고리 亅)
쌀(包) 포 : (이미 已 쌀 勹)
쌀(米) 미 : (나무 木 여덟 八)

삼(麻) 마 : (집 广 숲 林)

상자(匚) 방 : (둘 二)
새(乙) 을
새(隹) 추 : (살 住 한 一)
새(鳥) 조 : (까마귀 烏 한 一)

선비(士) 사 : (열 十 한 一)

설(立) 립 : (초 두 艹 머리 亠)

성(氏) 씨 : (삐침 丿 점 丶 파임 乀 한 一)

소(牛) 우 : (열 十 사람 人)
소금 밭(鹵) 로 : (구결 氵 차지할 占)
소리(音) 음 : (설 立 가로 曰)

쇠(金) 금 : (임금 王 사람 人 온 丷)

손(手) 수 : (털 彡 갈고리 亅)
손(扌) 수 : (두 二 갈고리 亅)
손톱(爪) 조 : (파임 乀 뚫을 丨 삐침 丿 丿)

솥(鬲) 력 : (뜻 冂 그물 罒 뚫을 丨)
솥(鼎) 정 : (조각 片 조각 爿 눈 目)

수건(巾) 건 : (덮을 冖 뚫을 丨)
수래(車) 거 : (뻗칠 亘 뚫을 丨)
수래(車) 차 : (뻗칠 亘 뚫을 丨)

쉬엄쉬엄 갈(辶) 착 : (갈 之 점 丶)
쉬엄쉬엄 갈(辵) 착 : (그칠 止 털 彡)

스스로(自) 자 : (삐침 丿 눈 目)

쓸(用) 용 : (뚫을 丨 달 月)

신하(臣) 신 : (뚫을 丨 丨 클 匡)

심방(忄) 심 : (뚫을 丨 삐침 丿 점 丶)

실(糸) 사 : (적을 幺 적을 小)

아닐(非) 비 : (상투 卝 두 二 二)
아들(子) 자 : (마칠 了 한 一)
아비(父) 부 : (벨 乂 여덟 八)

안 석(几) 궤 : (삐침 丿 새 乙)

양(羊) 양 : (가장 귀 丫 셋 三)

어그러질(舛) 천 : (저녁 夕 걸을 朰)
어긋날(艮) 간 : (문 丮 파임 丶 삐침 丿)
어금니(牙) 아 : (삐침 丿 두 二 갈고리 亅)
어진 사람 (儿) 인 : (비침 丿 새 乙)

에울(囗) 위 : (뚫을 丨 두 二)

언덕(厂) 한 : (삐침 丿 한 一)
언덕(阜) 부 : (쌓을 自 열 十)
언덕(阝) 부 : (뚫을 丨 갈고리 亅)

얼굴(面) 면 : (구결 丆 돌아올 囬)
얼음(冫) 빙 : (점 丶 점 丶)

엄호 집(广) 엄 : (언덕 厂 점 丶)

없을(无) 무 : (절름발이 尢 한 一)

여덟(八) 팔 : (삐침 丿 파임 乁)

연화(灬) 발 : (점 丶 丶 丶 丶)

열(十) 십 : (뚫을 丨 한 一)
오이(瓜) 과 : (사사 厶 삐침 丿 丿 파임 丶)

오직(聿) 율 : (붓 聿 둘 二)

옷(衣) 의 : (머리 亠 옷 衣)
옷(衤) 의 : (삐침 丿 볼 衤)

용(龍) 용 : (달 月 설 立 털 彡 몸 己 점 卜)
용(辰) 신 : (언덕 厂 한 一 옷 衣)

왼손(屮) 좌 : (입 벌릴 凵 뚫을 丨)

우(阝) 읍 : (뚫을 丨 갈고리 亅)

울창 주(鬯) 창 : (창 凶 비수 匕)

육 달(月) 월 : (멀 冂 둘 二)
육 달(肉) 육 : (멀 冂 엉길 㐆)

위튼 입구 몸(凵) 감 : (뚫을 丨 한 一)

이(齒) 치 : (이 凵 그칠 止)
이(氺) 수 : (물 水)
이수(冫) 빙 : (점 丶 丶)
이를(至) 지 : (팔뚝 厶 흙 土)
이미(旡) 기 : (한 一 절름발이 尢)

임금(王) 왕 : (흙 土 한 一)

입(口) 구 : (뚫을 丨 둘 二)
입 벌릴(凵) 감 : (뚫을 丨 한 一)

ㅈ

자기(己) 기 : (둘 二 새 乙)

작을(小) 소 : (갈고리 亅 삐침 丿 점 丶)
작을(幺) 요 : (작을 厶 점 丶)

장군(缶) 부 : (낮 午 입 凵)
장수(爿) 장 : (점 丶 丶 뚫을 丨)
장수(丬) 장 : (숨을 乚 구결 𠃌 뚫을 丨)
장인(工) 공 : (뚫을 丨 둘 二)

재방(재주)(扌) 재 : (삐침 丿 한 一 갈고리 亅)

쟁기(耒) 뢰 : (아닐 未 삐침 丿)

저녁(夕) 석 : (쌀 勹 점 丶)

절구(臼) 구 : (깍지낄 臼)
절름발이(尢) 왕 : (한 一 새 乙 삐침 丿)
절름발이(兀) 왕 : (어질 儿 하나 一)

점(丶) 주
점(卜) 복 : (뚫을 丨 점 丶)
점괘(爻) 효 : (벨 乂 벨 乂)

정돈할(齊) 제 : (옷 衣 가닥 丫 칼 刀 刂 두 二)

조각(片) 편 : (삐침 丿 뚫을 丨 둘 二)
조각(丬) 장 : (숨을 乚 구결 𠃌 뚫을 丨)
조개(貝) 패 : (여덟 八 눈 目)
조금 걸을(彳) 척 : (삐침 丿 사람 亻)

좌(阝) 부 : (뚫을 丨 갈고리 亅)

주검(尸) 시 : (삐침 ノ 둘 二)
주살(弋) 익 : (파임 乀 점 丶 한 一)

죽을(死) 사 : (죽을 歹 비수 匕)
죽을(歹) 알 : (저녁 夕 한 一)
죽을(歺) 알 : (저녁 夕 점 卜)

쥐(鼠) 서 : (절구 臼 ㄴ ㄹ 갈고리 ㄴ ㄹ 파임 乀)

지게(戶) 호 : (주검 尸 점 丶)
지탱할(支) 지 : (또 又 열 十)

짐승 발자국(内) 유 : (멀 冂 나 厶)

집(广) 엄 : (언덕 厂 점 丶)
집(宀) 면 : (덮을 冖 점 丶)
집(戶) 호 : (주검 尸 점 丶)

大

창(戈) 과 : (삐침 ノ 주살 弋)
창(矛) 모 : (삐침 ノ 나 予)
창(殳) 수 : (또 又 안 석 几)

책받침(辶) 착 : (갈 之 점 丶)
책받침(辵) 착 : (그칠 止 털 彡)

천천히 걸을(夂) 쇠 : (쌀 勹 파임 乀)
천천히 걸을(彳) 척 : (삐침 ノ 사람 亻)

초두머리(艹) 초 : (열 十 열 十)

칠(攴) 복 : (또 又 점 卜)
칠(攵) 복 : (벨 乂 사람 人)

칼(刀) 도 : (삐침 ノ 갈고리 亅)
칼(刂) 도 : (뚫을 丨 갈고리 亅)

코(鼻) 비 : (줄 畀 스스로 自)

콩(豆) 두 : (뜻 口 초두 丷)

큰(大) 대 : (사람 人 한 一)

ㅌ

터럭(彡) 삼 : (삐침 ノ ノ ノ)

털(毛) 모 : (숨을 乚 털 彡)

ㅍ
파임(乀) 불

펼(疋) 소 : (사람 人 아래 下)

푸를(靑) 청 : (둥글 円 주인 主)

풀(艹) 초 : (열 十 열 十)
풀(艸) 초 : (왼손 屮 왼손 屮)
풀(草) 초 : (일찍 早 풀 艹)

피(血) 혈 : (삐침 ノ 그릇 皿)
피리(龠) 약 : (피리 龠 입 口)

필(癶) 발 : (또 又 삐침 ノ ノ 파임 乀)

ㅎ

하품(欠) 흠 : (사람 人 쌀 勹)

한(一) 일

해(日) 일 : (입 口 한 一)

향기(香) 향 : (날 日 벼 禾)

화살(矢) 시 : (큰 大 사람 人)

활(弓) 궁 : (둘 二 갈고리 亅)

혀(舌) 설 : (삐침 丿 옛 古)

흙(土) 토 : (열 十 한 一)

흰(白) 백 : (삐침 丿 날 日)

힘(力) 력 : (삐침 丿 갈고리 亅)